AS MULHERES ESTÃO COM RAIVA

Jennifer Cox

AS MULHERES ESTÃO COM RAIVA

Por Que Escondemos Nossa Raiva.
Por Que Isso nos Deixa Doentes.
Como Devemos Extravasá-la.

Tradução
Martha Malvezzi Leal

Editora
Cultrix
SÃO PAULO

Título do original: *Women are Angry – Why Your Rage is Hiding and How to Let It Out.*

Publicado originalmente em inglês no Reino Unido por Lagom, um selo da Bonnier Books UK Company.

1ª edição 2025.

Editor: Adilson Silva Ramachandra
Gerente editorial: Roseli de S. Ferraz
Preparação de originais: Adriane Gozzo
Gerente de produção editorial: Indiara Faria Kayo
Editoração eletrônica: Join Bureau
Revisão: Bárbara Parente

Dados Internacionais de Catalogação na Publicação (CIP)
(Câmara Brasileira do Livro, SP, Brasil)

Cox, Jennifer
As mulheres estão com raiva: por que escondemos nossa raiva: por que isso nos deixa Doentes: como devemos extravasá-la / Jennifer Cox; tradução Martha Malvezzi Leal. – 1. ed. – São Paulo: Editora Cultrix, 2025.

Título original: Women are angry: why your race is hiding and how to let It out

ISBN 978-65-5736-360-7
1. Emoções – Aspectos psicológicos 2. Mulheres – Aspectos psicológicos 3. Raiva – Aspectos psicológicos I. Título.

25-247584 CDD-152.47

Índices para catálogo sistemático:
1. Raiva: Emoções: Psicologia 152.47
Cibele Maria Dias – Bibliotecária – CRB-8/9427

Direitos de tradução para o Brasil adquiridos com exclusividade
pela EDITORA PENSAMENTO-CULTRIX LTDA., que se reserva a
propriedade literária desta tradução.
Rua Dr. Mário Vicente, 368 – 04270-000 – São Paulo, SP – Fone: (11) 2066-9000
http://www.editoracultrix.com.br
E-mail: atendimento@editoracultrix.com.br
Foi feito o depósito legal.

Às minhas mulheres e, claro, aos meus homens.
Que me apoiam e sonham com o melhor.

Sumário

Nota da autora

Os estudos de caso deste livro são inspirados nas várias histórias contadas por mulheres que foram minhas pacientes. Converti essas mulheres em inúmeras pacientes fictícias, com nomes etnicamente ambíguos e sobre as quais dou poucas informações quanto à herança. É intencional. Trabalho com um grupo diversificado de mulheres no que diz respeito à etnia, à classe social, à sexualidade, à educação, à maternidade, ao estado civil e à profissão. Entretanto, suas histórias são universais, e qualquer uma delas poderia ser você.

Introdução

Sou terapeuta e tenho algo perturbador para lhe dizer. As mulheres estão em perigo. Uma condição autoimune assola nosso corpo e nossa mente. Testemunho essa devastação todos os dias. Os sintomas variam de transtorno obsessivo-compulsivo (TOC) à ansiedade, de enxaqueca à depressão e até ao eczema. E há uma causa comum: a raiva. A raiva nos consome de dentro para fora. As pressões sofridas pelas mulheres em todos os níveis da sociedade, e seus respectivos sistemas, nos deixam furiosas. Mas fomos condicionadas a não reconhecer nossa ira, por isso ela arde nos bastidores. E de lá nos destrói.

Alcancei a maioridade na Grã-Bretanha sonhadora dos anos 1990 e aprendi que havíamos superado o mal insidioso dos limites sexistas. Em uma época valorizada por veludo cotelê, penteados andróginos, música *pop* britânica e picles de tubarão, a velha e enfadonha misoginia era mais difícil de detectar. O problema é que existia; não desapareceu. Como confundimos a fronteira não regulamentada da cultura *ladette* com uma irônica utopia pós-misógina? Fomos muito tolas.

Aqueles que mais odeiam as mulheres atualmente, pregando suas mensagens descaradas de violência a uma nova geração de milhões de indivíduos, nos alertam quanto à magnitude do ódio às mulheres pelo mundo afora. Também provocam um desvio de atenção, pois permitem que uma espécie de misoginia mais furtiva, atemporal, ganhe espaço, sem ser vista. Assim como em qualquer outra década (a exemplo dos confusos anos 1990), atos ocultos de sexismo se imiscuem nas múltiplas pequenas interações do cotidiano da mulher. Hoje, porém, as regras são mais sofisticadas. E entramos nesse jogo.

Bem, quanto a mim, parei de jogar. Em minha prática profissional, utilizo teoria informada por psicanálise e neurociência para ajudar mulheres de várias partes do mundo a compreender por que sofrem. Em muitos sentidos, porém, é como se eu usasse um Band-Aid para estancar uma hemorragia. Quando um ecossistema inteiro está doente, questionamos o valor de tratar um único organismo.

Escrevi este livro porque quero oferecer a todas nós um meio de desafiar nossa agonia individual, além de abrir uma conversa mais generalizada sobre por que isso acontece conosco e como podemos acabar com essa situação.

Para essa finalidade, preciso especificar as razões pelas quais um sexismo insidioso, em vez de óbvio, se enraizou na psique das mulheres e como nossa formação ajuda a assegurá-lo. Em parte, é porque nos dizem que o sexismo não existe mais; as vastas políticas de igualdade comprovam isso. Mas outra razão é que as mulheres são condicionadas a *não* sentirem o sinal mais óbvio da injustiça: a raiva. Assim, quando a frustração ou a confusão irritada sobe à superfície em algum incidente sexista antiquado, não aceitamos essa emoção como ela é; ao contrário, nós a sufocamos, ignoramos, tentamos explicá-la como algo banal, geralmente em níveis profundamente inconscientes, e o corpo tenta entender o que está acontecendo.

Infelizmente, nosso pobre corpo é muito básico nesse aspecto. Não tem muitas opções para expressar dor e sofrimento. O próprio cérebro tem caminhos distintos para comunicar a desordem. Como psicoterapeuta, vejo a evidência disso, todos os dias, em meu trabalho. Minhas clientes se sentem tristes e ansiosas ou sofrem dos mais variados sintomas somáticos, desde ataques de pânico até dores de cabeça por tensão, da síndrome do intestino irritável (SII) até transtornos alimentares. As mulheres são duas vezes mais propensas que os homens a sofrer de depressão, três vezes mais passíveis de ter enxaqueca e quatro vezes mais suscetíveis a doenças autoimunes.

Há tempos venho me embrenhando em livros de história em busca de pistas sobre a origem desse sofrimento. Parece que houve uma reviravolta global da igualdade sexual depois que as economias agrícolas começaram a dominar e nos adaptamos a um estilo de vida mais sedentário. O próprio Darwin tinha certas posições sobre a diferença entre os sexos e, de fato, difundiu a visão de que as mulheres eram inferiores no corpo e na mente. Ele nos deu a "seleção natural", que fundamentou a diferença de remuneração conforme o gênero, direitos reprodutivos limitados e injustiças legais.

Mas não podemos culpar Darwin por tudo. Já houve inúmeras oportunidades de abordarmos essas questões, desde que a palavra "sexismo" foi imortalizada pela feminista estadunidense Caroline Bird Mahoney, mais de meio século atrás, no discurso: "Sobre Nascer Mulher". A verdadeira mudança parece fugir de nós. Mesmo antes de nascermos, somos marcadas pelas projeções e expectativas da sociedade, as quais acabam nos distorcendo em nível quase celular. Chegamos ao mundo sabendo o que nos aguarda; é algo incutido na malha delicada de nossa psique. A própria palavra "sexismo" parece tão irrisória agora, após o uso exagerado; entretanto, é também estranhamente pouco usada. Perde o significado e aliena. Eu mesma fico um pouco *envergonhada* por escrevê-la aqui. Não podemos inventar uma versão mais chamativa?

Um "sexismo" para os nossos tempos? Algo que transmita a destreza do patriarcado, o modo como ele está sempre um passo adiante...

Em minha clínica em Londres, trabalho com mulheres das mais variadas demografias. Observo a constante interação reforçadora de estruturas sociais "sexistas" e suas diversas permutas específicas de família, passadas por gerações, como um guarda-roupa feio que pertenceu à avó e hoje é grande ou desajeitado demais para ser jogado fora. Então, fica ali, e formamos em torno dele todo tipo de narrativa de culpa e tradição. Talvez o odiemos, mas parece que estamos presas a ele. Nossos pais, igualmente, nasceram à sombra dessas estruturas. Como os pais deles antes, também se movem nesse edifício que range e se tornam os formadores inconscientes de nosso destino. Frases do tipo "Filho é filho até o dia em que arruma uma esposa; a filha é sua pelo resto da vida" têm raízes profundas. Apenas *sabemos* que é assim; sabemos o que se espera de nós sem que alguém precise nos dizer. Mas é um conhecimento em nível tão profundo que nem sequer notamos que sabemos.

Nossa capacidade de questionar sofre a emboscada da falta de confiança: sentimos que há algo errado, mas nem podemos imaginar o que é. Falo das expectativas da *boa menina*: fazer o que mandam, pensar primeiro nos outros, desculpar o mau comportamento das pessoas, sentir que certas disciplinas escolares são mais as *suas* disciplinas. Falo da noção de que é falta de educação dizer *não* às pessoas ou não fazer alguma coisa só porque você não quer. Falo do sentimento de que você está sempre errada; um instinto de que *você* é quem deve pedir perdão. De que, se você não se sente à vontade com uma pessoa, o problema é seu. Quando você passa gerações ouvindo que as coisas *são* assim – e pronto! –, é quase impossível escapar. E afundamos. Internalizamos.

A medicina contemporânea prescreve medicamentos que, infelizmente, são instrumentos inócuos na hora de tratar dor psicológica. Quando o cérebro é incapaz de distinguir entre estados de raiva e estados de depressão, é difícil para o profissional de saúde ajudar a decifrar a diferença. Nós, mulheres, ainda não temos a capacidade de reconhecer nossa raiva pessoal.

Insisto em trabalharmos imediatamente com a intenção de identificar tanto a raiva quanto suas causas se quisermos evitar resultados prejudiciais à saúde. Boa parte de nossa raiva individual parece derivar da tentativa de ser mulher em um mundo que ainda dificulta muito a vida para as mulheres. Um mundo *patriarcal*; um mundo onde história, geografia, privilégio e estrutura têm sido dominados pelos homens. Com a identificação de temas repetidos e compartilhados entre inúmeras pacientes internacionais de todas as idades, quero ajudar você a se sintonizar com seus sentimentos de frustração e ira impotente.

O conhecimento científico de que a raiva pode ser prejudicial quando não reconhecida é essencial para minhas sugestões de tratamento da doença. Como revelam os estudos de caso neste livro, nossa abordagem precisa focar nas formas físicas e expressivas de extravasamento. O impacto marcante sobre a vida e a saúde, quando finalmente lidamos com a raiva, deve ser privilégio de todas as pessoas. Mas nossa primeira tarefa é compreender a causa. Nossa raiva vem do engodo que nos cerca desde o nascimento, da falsa premissa de vivermos em um mundo que já mudou para melhor.

Parte 1

A SITUAÇÃO

CAPÍTULO 1

Você Está Sendo Ludibriada

Sofremos, mas estamos tão acostumadas com os sintomas da doença que nem mais pensamos na causa. Talvez *nunca* tenhamos pensado na causa, pois os sintomas parecem ter validade própria. Fibromialgia (condição que causa dor generalizada e cansaço), depressão pós-parto e enxaqueca são diagnósticos convincentes, não são? Nós os aceitamos como flagelos comuns da feminilidade. Mas e se não forem? E se nosso sofrimento nos cala e nos impede de perguntar *por que* as coisas são sentidas com tanta violência em nosso corpo?

Existe um incentivo comum para essa negação geral. Se as políticas de igualdade de gênero destinadas a eliminar o desequilíbrio de poder não funcionam, talvez nada funcione. A realidade é amarga demais para a encararmos. Então, damos-lhe as costas e preferimos não pensar nela. Fingimos que ela não existe; examinamos todos os meios pelos quais as mulheres *parecem* "estar com tudo", embora o corpo falhe, e, em muitos casos, a mente também. As "soluções" são abundantes: vá a um retiro de yoga! Tome um antidepressivo! Isso está acontecendo porque você não faz jejum suficiente!

Essa é uma enganação conjunta em grande escala; e ser ludibriada é algo que faz uma pessoa sentir raiva. O uso correto dessa enganação denota o modo como a mente pode ser manipulada até que seu sentido de realidade seja afetado. É a descrição dessa ferida que ouço todos os dias em meu trabalho: as realidades da vida *verdadeira* das mulheres, não as versões imaginadas que elas dizem a si mesmas que desejavam e, portanto, devem ter. Esse engodo duplo de *não ter* algo necessário e viver com as consequências disso (ao mesmo tempo que nos dizem que *temos* tudo) é um conflito que, no fim, carregamos conosco. Nós o guardamos no íntimo porque ninguém se oferece para tirá-lo de nós. Precisamos mudar o rumo dessa conversa.

Então, vamos começar agora. Aqui.

Juntas, aprenderemos a identificar nossos sentimentos de ira, a compreender o que eles nos dizem, a elaborar uma linguagem para exprimir essa raiva e, enfim, a falar. Mas não é apenas tarefa da mulher; não se trata de sobrecarregá-la com mais trabalho.

Homens, juntem-se a nós! Por favor, entendam que estamos falando de um *sistema*. É o sistema mais conhecido como "patriarcado", no qual vocês também cresceram. Um sistema que sempre nos pegou pelo pescoço e quis que nós, mulheres, elaborássemos um meio de "estar com tudo", mas nunca estendeu o mesmo desafio aos homens.

Talvez você, homem, até queira muito dividir "a carga" com as mulheres, mas seu trabalho não lhe permite ter uma licença-paternidade realista, você é olhado com suspeita se é o único pai em uma festa infantil, e a escola mandava os meninos saírem da sala de aula quando era hora de falar com as meninas sobre os "períodos". Por essas e outras, você ainda se sente um tanto confuso quanto ao que eles significam. Sabemos que você também tem raiva; o patriarcado não facilita sua vida. Mas falamos aqui de pessoas que, no decorrer de toda a história, sempre foram proibidas de demonstrar raiva. Por favor, entenda que este livro não é uma acusação ressentida, vingativa. Esse problema precisa ser *nosso* problema. Peço-lhe que fique do nosso lado; do lado de sua irmã, namorada, esposa e mãe. Nos ajude a descobrir o que fazer. Porque *isso* que ainda acontece hoje está literalmente nos matando.

No mesmo sentido, preciso pedir às mulheres que leiam este livro para baixarem a guarda. Parem de proteger as pessoas. As mulheres de que falo neste livro não vieram para a terapia com palavras como "ódio", "raiva" e "desgosto". Diziam que amavam a família "até demais" e eram "a melhor amiga" de suas mães. Mas quero que você se permita sentir a verdade enquanto estiver aqui comigo. Permita-se experimentar aquilo que bate com fúria à porta do seu inconsciente. Respire de verdade. Extravase o vocabulário poderoso, instintivo. Como fizeram as mulheres neste livro.

O alívio de nos livrarmos do manto sexista e percebermos que não estamos loucas é visceral. Observo um número crescente de mulheres que entendem que, na realidade, algo sistematicamente opressivo ganhou poder com a concordância delas. A luta de nossas mães e avós sem dúvida nos deu privilégios. Claro que temos mais liberdade. Contudo, à medida que o monstro se desenvolve e evolui, a fortaleza que o mantém longe deve ser reforçada. É estranho que eu faça uma analogia entre o poder crescente das mulheres e um monstro? O poder feminino assusta o patriarcado, e muito. É uma força desconhecida que pode, em teoria, derrubar os homens de seus tronos confortáveis. É muito perturbador e bestial. É coisa de bruxa. Portanto, eles precisam criar novos mecanismos de opressão para restringir as mulheres. Somos uma força muito perigosa.

As mulheres podem até concordar que têm mais presença nos cenários que elas próprias escolheram. Mas as experiências nessas áreas parecem também ressaltar sentido de enfraquecimento, de fim, de desigualdade, bem ao contrário da mensagem que se passa sobre a igualdade que tanto esperamos e vivem nos dizendo que já conseguimos.

Afinal, que diabo está acontecendo?

Minhas pacientes chegam confusas, a princípio, porque acreditaram na enganação. Esperaram tanto pela mudança que precisaram acreditar na mentira. Dê-lhes um subsídio financeiro para cuidar do recém-nascido, assim elas pensarão que as queremos de volta ao trabalho. Na realidade, os custos significam que as mulheres estão, *na melhor das hipóteses*, mal se equilibrando durante os primeiros anos da vida da criança. O que acontece é que *perdemos* dinheiro para manter nossa carreira até a criança ir para a escola.* E quanto às férias? E o fim do expediente às três da tarde? A diferença de remuneração entre os gêneros é ainda maior quando acrescentamos a despesa com a educação de uma criança, que, em geral, pesa no salário da mulher, pois as contas aumentam quando ela volta a receber o salário normal.

E as horas de trabalho? Ora, que trabalhem meio período! (Não vamos pagar pelo inevitável dia e meio que elas trabalham sem ser vistas, por medo de demissão, se não agirem assim.) Não, não temos nenhuma discriminação contra mães!

Ao contrário, apresento aqui minhas inúmeras pacientes que passaram a ganhar menos depois da licença-maternidade, ou, pior ainda, retornaram ao trabalho para um "acordo" de demissão, ou simplesmente foram demitidas sem acordo. De fato, dados recentes da campanha Pregnant Then Screwed ("Grávida e Depois Ferrada") indicam que 52% das mulheres enfrentam discriminação durante a gravidez, a licença-maternidade ou a volta ao trabalho.

A sociedade finge que faz concessões, apoia, *compreende* os problemas e tenta solucioná-los. Quando ouço uma mulher dizer que não pode exigir nem reclamar porque já lhe fizeram tantas concessões, quero chorar. Parece uma enganação sistemática e em larga escala. Muito profissional, com abusos polidos, mas criadora de precedentes.

---

* A autora está se referindo a uma espécie de licença-maternidade praticada em seu país, o Reino Unido. (N. da T.)

Cedo ou tarde, o efeito agregado de tantas experiências aparentemente isoladas pesa. Este livro é dedicado ao fenômeno resultante que vejo dilacerando as mulheres na última década. Raiva. Uma fúria febril, incessante, soterrada sob uma miríade de sintomas, tanto psicológicos quanto físicos, conhecidos pelos mais variados nomes, desde ansiedade até dispneia noturna paroxística, os quais, obviamente, são diagnósticos válidos. Rótulos simples, porém, podem impedir a investigação mais profunda. Médicos aprendem a escutar o paciente, ou seja, "o paciente lhe dirá". Essas pacientes *estão* dizendo. Mas eles não as ouvem.

Em meu trabalho como psicoterapeuta, tento corrigir esse erro. Escuto, e o que apresento aqui é um conjunto de temas que ouço repetidas vezes de como essa raiva deixa as mulheres doentes e deriva dos sistemas que nos cercam; enraízam-se em nós, mesmo antes de nascermos.

Nossa raiva não se apresenta sempre de maneira clara. Tem disfarces psicológicos, como ataques de pânico ou TOC, e fisiológicos, como dor crônica, enxaqueca ou fadiga. É raiva *mal direcionada*. Outras emoções surgem, ainda, como uma muralha protetora: tristeza, excesso de choro, vergonha, apatia, culpa. Empurram a raiva para trás e se assentam melhor na mente e na função que a sociedade criou para nós. E, quando cavamos mais fundo, grande parte da raiva parece surgir da tentativa de navegar em um mundo construído pelos homens e para os homens. Diante da aparente impossibilidade de qualquer mudança, somos obrigadas a fazer o melhor possível para enfrentar os oceanos da raiva insuportável, com ondas tão intoleráveis que precisamos reprimi-las, prontas para viver mais um dia contraditório. Esse terreno não é novo. O trabalho incrível do especialista em trauma Gabor Maté e do psiquiatra Bessel van der Kolk também identificou a ligação entre mente e corpo, estresse e doença. Mas o que tenho visto nas mulheres exige expansão dessas ideias. Creio que as estruturas da sociedade em si contribuem para a arquitetura de nossa saúde fraca. Acredito que a expressão adequada de nossos sentimentos quanto ao que acontece conosco nos níveis social e familiar nos ajudará a encontrar a cura.

A expressão das necessidades é o oposto da repressão. Instintivamente, conhecemos essa verdade. E temos de voltar justamente a esses instintos condicionados que antecedem a sociedade. Precisamos nos sintonizar e transferir o excesso de energia negativa para fora. Com conversas, sim, mas, quando as palavras não bastam ou não as encontramos, será por meio da fisicalidade do igual, que capta e armazena esses sentimentos desconfortáveis. Às vezes, um pouco de energia vigorosa e direcionada para fora é exatamente o que o médico prescreveu, sobretudo quando enfrentamos vastos volumes de enganação geracional e social. Carregamos em nosso íntimo esse tipo de trauma. A raiva contida e autoflageladora induzida por esse trauma precisa ser expurgada antes de assumirmos o controle.

CAPÍTULO 2

O Que a Raiva Faz com Nosso Corpo

Milhares de anos de evolução ancestral ancoraram a raiva em nosso repertório psicológico. Como mostra qualquer documentário sobre a natureza, com destaque para os gorilas, a raiva (uma das cinco "emoções básicas") é vital para a organização hierárquica, a reprodução e o sustento. A motivação é a mesma no nível humano. A raiva pode ser pró-social. Ela nos permite impor estrutura, defender os suprimentos e calcular as ameaças. Pode ser uma força para nosso benefício quando a canalizamos. Em termos muito básicos, a raiva se define no circuito cerebral de recompensa. Quando ocorre disparidade entre nossas expectativas e a realidade, entre o que visualizávamos como "recompensa" e a frustração desta, a amígdala cerebral (região do cérebro envolvida nos processos emocionais) é alertada, e os sentimentos de raiva fluem. O comportamento seguinte é moderado pelo córtex pré-frontal, que, na verdade, só está plenamente formado quando já temos quase trinta anos, e é uma espécie de gerente comportamental.

Quando falamos sobre a raiva, referimo-nos a um multiverso de sentimentos. "Raiva" engloba as mais variadas emoções, desde a agressão suprimida até a violência flagrante, da frustração ou impotência a um sentido de mágoa, amargura ou perda; padecemos por causa de eventos que consideramos injustos, percebemos que as pessoas nos feriram, e a experiência sofrida nos faz sentir humilhados, explorados, manipulados, esmagados...

A química por trás dos estados de "raiva" é compartilhada por condições geralmente consideradas depressivas ou ansiosas. Enquanto na depressão a raiva é invertida e oculta, podemos ver uma semelhança mais clara entre a raiva e os sintomas de ansiedade. Da fobia à ansiedade social e ao pensamento obsessivo, observamos ritmo cardíaco elevado, suor e respiração curta. O corpo zangado demonstra os mesmos sinais. Não é nenhuma surpresa se nos lembrarmos de que ambos contam com os hormônios do "estresse" adrenalina e cortisol no núcleo químico. Os psicólogos Stanley Schachter e Jerome Singer foram figuras importantes no esforço de ilustrar até que ponto a *interpretação* das emoções é essencial para a experiência. Em um experimento influente em 1962, eles detalharam o modo como os participantes contaram duas narrativas diferentes após um pico de adrenalina. Um grupo sentiu "euforia", e o outro, "raiva". Esse experimento evidencia a necessidade de enxergarmos os estados de excitação por um prisma diferente: podemos chamar a ansiedade de "excitação", dadas as corretas circunstâncias, por exemplo?

Inflamação é a explicação física tanto da raiva quanto da depressão e, hoje, minha candidata favorita para os sintomas muito semelhantes das duas. A raiva pode ser comparada à inflamação, especificamente com níveis de sangue elevados dos indicadores inflamatórios, a proteína *c*-reativa e as citocinas, como a interleucina-6. Inúmeras meta-análises indicam que os níveis dessas mesmas proteínas de fase aguda e citocinas inflamatórias são elevados em pacientes com depressão grave.

Consideremos a função ordinária da inflamação. Ela ocorre quando mediadores químicos produzidos pelos glóbulos brancos do corpo entram na corrente sanguínea e nos tecidos. A liberação imediata das substâncias químicas, da histamina à prostaglandina, forma um exército de defesa que protege o corpo de invasão viral ou bacteriana. O tecido danificado envia os próprios sinais químicos, aos quais os glóbulos brancos respondem liberando compostos que incitam a divisão celular e novo crescimento de tecido. O processo inflamatório pode ser agudo, desaparecendo em poucas horas, ou crônico, durando meses ou até anos. As condições associadas à inflamação crônica variam do câncer ao Alzheimer. Em doenças autoimunes como artrites, o sistema imunológico desencadeia inflamação desnecessária, causando danos ao combater tecido regular como se estivesse infectado ou doente.

Embora a inflamação seja uma resposta fisiológica típica, necessária para possibilitar a cura do tecido lesionado, nos casos crônicos, o processo não termina mesmo depois de curada a ferida. Pode até começar quando não há ferida alguma. A inflamação crônica, às vezes, surge depois de infecções de longa duração ou de reações imunológicas atípicas ao tecido saudável. Entretanto, elevações mais duradouras da inflamação também podem estar associadas à experiência de sentimentos crônicos como a raiva. Com o passar do tempo, níveis mais elevados de inflamação podem impactar o DNA celular, e sabe-se que eles têm relação com doenças como diabetes e câncer e até obesidade.

A correlação entre depressão e doença autoimune é fato reconhecido, o que significa que pessoas com essas doenças – de esclerose múltipla e tireoidite autoimune à síndrome do intestino irritável – também são passíveis de cair em depressão profunda. No entanto, em sentido crucial, pacientes com depressão têm mais probabilidade de desenvolver doenças autoimunes. O cérebro sofre com o corpo, e vice-versa.

Veja aí a correspondência. Raiva e depressão compartilham dos mesmos substratos químicos. Os dois estados mentais também parecem ocorrer com inflamação, e a raiva reprimida pode funcionar, em parte, como fator de predisposição. Interessante para nosso estudo, o impacto de um trauma com inflamação nos primeiros anos de vida é observado em pacientes com depressão profunda. Muitos pesquisadores defendem que há ricas evidências clínicas e pré-clínicas de que eventos negativos na infância resultam em elevação progressiva de inflamação. O cenário é claro, embora a linguagem da ciência ainda separe raiva e depressão ao identificar a compatibilidade delas com inflamação. Isso precisa ser abordado. Um dano no cérebro desencadeia inflamação. Da mesma forma, a inflamação no corpo resulta em dor psicológica. Assim como a dor no corpo e a dor na mente são dois lados da mesma moeda, o mesmo ocorre com a raiva e a depressão.

A fisiologia é bastante simples; a causa-raiz é muito mais complexa. Um diagnóstico equivale a um desligamento. A "Ansiedade" torna-se a "histeria" de nossos tempos, uma ferramenta com a qual podemos sufocar e que somos capazes de suprimir. E os rótulos, os diagnósticos e os comprimidos transformam-se no manicômio. "Chame as doenças de esclerose múltipla, síndrome do intestino irritável ou transtorno obsessivo-compulsivo e jogue fora a chave..."

A relação inquestionável entre mente e corpo, raiva e dor, é sentida nas condições cotidianas que nós, mulheres, enfrentamos constantemente. Um clínico geral com consultório no centro da cidade, colega meu, tem observado como as mulheres internalizam e somatizam os sentimentos. Por exemplo, armazenamos raiva nos músculos, geralmente manifestada como dor e tensão. A eletromiografia de superfície (que mede a ativação muscular) indica a constrição dos músculos nos antebraços e nos ombros durante a experiência emocional da raiva. O que acontece quando não extravasamos nessas situações? O que acontece quando esse sentimento não é reconhecido, mas fica aprisionado no corpo? Quando a tensão encontra um reservatório desconfortável no maxilar, no pescoço ou nos ombros, sabemos que logo virá uma dor de cabeça. Estudos enfocam a associação entre enxaqueca e problemas com a expressão da raiva, mas abordaremos isso mais tarde.

E os outros órgãos? O que se passa furtivamente neles, provocado por sentimentos de fúria igualmente acumulados? Em várias instituições globais dedicadas à pesquisa da saúde biocomportamental, estudos têm demonstrado o impacto e as conexões de estresse psicológico no corpo humano, em geral por meio de indicadores inflamatórios. De tempos em tempos, trazem evidências daquilo que observo na linha de frente.

Veja, por exemplo, o coração. Quando o batimento cardíaco e a pressão arterial sobem em reação à raiva, surge a possibilidade de hipertensão. É o momento em que a pressão nos vasos sanguíneos aumenta. Pronto! Os hormônios do estresse associados à raiva (cortisol e adrenalina) geram aumento nos níveis de açúcar e ácidos graxos na corrente sanguínea. Isso contribui para o acúmulo de placa arterial e degradação dos vasos sanguíneos. De modo geral, o estado prolongado de raiva suprimida pode aumentar a probabilidade de derrame, diabetes tipo 2, doenças cardiovasculares e infartos. Nada bom.

Mas nem abordei nossos pobres pulmões ainda... Segure-se.

Níveis elevados de hostilidade são associados a leituras basais mais negativas da função pulmonar e, por fim, à redução acelerada dessa função, mesmo entre não fumantes. Novamente, cientistas apontam a inflamação como resultado físico desses índices mais altos de hostilidade. Mal começamos a aprender que as leituras de inflamação elevada são fisicamente destrutivas. Nesse caso, podem aumentar o risco de doença pulmonar.

Sendo a dor e a raiva controladas pelas mesmas partes do cérebro, não se surpreenda ao ler que pesquisadores associam as duas experiências também a outros aspectos. As mesmas áreas do córtex acendem como sinais luminosos em estudos com ressonância magnética que exploram rejeição social e dor emocional, assim como na dor física. Parece que surge um único caminho evolucionário econômico que nos alerta para o sofrimento físico e emocional. A experiência da fibromialgia, a encefalomielite miálgica (também conhecida como síndrome da fadiga crônica) ou a dor facial atípica podem ser debilitantes e insuportáveis ao paciente. Essa categoria de "dor nociplástica" crônica descreve dor não específica, sem causa óbvia, como lesão de tecido. Embora essas condições sejam complexas e eu não possa afirmar que todas seriam perfeitamente curadas pela solução da raiva reprimida, penso que precisamos examinar com cuidado a provável relação. Pesquisas mostram que a parte do cérebro envolvida na comunicação da dor nociplástica tem a ver, na realidade, com a regulação das emoções. Se, por exemplo, você tem a infelicidade de sofrer de dor nas costas crônica e inexplicável, note como esse estado piora com a raiva. Pesquisadores observaram que as sensações de dor física podem ser incitadas por emoção negativa forte. Além disso, uma inflamação maior provoca níveis piores de dor. Espero que você comece a ver a complicação da raiva sufocada e não tratada, além da tensão que ela exerce sobre o pobre corpo humano...

Quando a sociedade proíbe a expressão de determinado sentimento em metade da população, e quando a ciência aponta claramente uma associação entre as dificuldades de expressar emoção negativa e os gritantes resultados ruins, seríamos estúpidos se não déssemos atenção a eles.

Nosso corpo está *realmente tentando* nos induzir a isso. Ele sabe que algo acontece. Algumas coisas são aceitas sem questionamento: o fato de que uma pessoa ansiosa ou nervosa, por exemplo, sente náusea. Mas será que deixamos o corpo nos contar a história toda? Ou, quando nos sentimos um pouco melhor, tocamos o barco e tentamos esquecer o que aconteceu? Pois escute! Deixe o corpo falar! O estômago e os dois intestinos abrigam o sistema nervoso conhecido como sistema entérico, parte do sistema nervoso autônomo (SNA). Esse sistema separado pode, de fato, funcionar de maneira independente do cérebro, com mais neurônios que toda a medula espinhal (por volta de 400-600 milhões). O sistema nervoso entérico compreende cadeias de neurônios alojados nos nove metros e pouco da parede intestinal. Esses neurônios controlam as funções motoras e sensoriais do trato gastrointestinal e as contrações envolvidas no processo digestivo.

Esse sistema e o cérebro dialogam, governados basicamente pelo nervo vago, o mais longo do sistema nervoso autônomo, responsável pela digestão, pelo ritmo cardíaco e pela respiração, entre outras funções físicas. Portanto, se vivemos em constante estado emocional alterado, o cérebro pode, de fato, influenciar as contrações envolvidas na digestão, o que resulta em transtornos gástricos como diarreia e constipação, problemas tipicamente associados à raiva. Claro que também podem estar associados a outros meios de manifestação da raiva, ou seja, "estresse" e "ansiedade". Mesmo que não estejamos cientes de que as pressões à nossa volta estão elevando nosso estado psicológico, porque esse estado se tornou normal para nós, nosso trato gastrintestinal sabe. O caminho do nervo vago compartilha informações entre o cérebro e o aparelho gastrintestinal por meio de neurotransmissores e hormônios (todos juntos, com papel fundamental no sono, no estresse, na dor e na regulação do humor). Sabe por que, quando você dorme mal, o estômago sofre? Porque tudo está ligado. Úlceras, síndrome do intestino irritável, refluxo do esôfago e doença do intestino irritável (DIR) são os prováveis resultados dessa relação íntima. Não é lastimável? Você já se sente horrível, enfim, por causa das imposições de todo o lixo da sociedade; e, ainda por cima, como não pode expressar esse sentimento terrível, ele encontra outro caminho, que acaba ferindo você ainda mais.

Agora você já sabe do reconhecimento científico de nossos trilhões de bactérias do aparelho gastrintestinal (o microbioma intestinal) e de como elas são essenciais para a saúde. O microbioma conversa com o sistema nervoso entérico, o qual, por sua vez, se comunica com o sistema nervoso central, composto do cérebro e do cordão espinhal. Enfim, há evidências suficientes desse incrível jardim intestinal e de que seus derivativos exercem influência significativa sobre o comportamento e o estado de espírito. Se essa relação for prejudicada por raiva suprimida, a qual induz sintomas como SII, esses problemas retornarão ao cérebro, e a pessoa ficará presa em um círculo vicioso. Espero que agora você esteja convencida da importância de se ligar! O instinto que vem de dentro é real. Precisamos proteger essa relação.

Assim como a reatividade no trato intestinal, a pele pode se ferir com a sobrecarga emocional e a liberação invertida de elementos inflamatórios como a raiva. Condições como psoríase, acne, rosácea ou eczema são todas suscetíveis ao impacto da emoção turbulenta. Determinados estudos abordam a ocorrência de urticárias severas e psoríase associadas à comunicação da raiva. O objetivo não é traçar uma relação direta de causa e efeito entre a raiva e os problemas de pele, mas, sim, ressaltar a pesquisa que aponta a tendência que a repressão de sentimentos negativos fortes tem de resultar em alguns tipos de inflamação, que se manifestam de várias maneiras por meio da pele. A influência também pode vir do comportamento, quando há raiva. Se quando sente raiva você tem o hábito de cutucar a pele ou exibir linhas de preocupação no rosto, provavelmente esse hábito exacerbará quaisquer condições que comecem a vir à superfície. A raiva soterrada impactará outros aspectos de seu estilo de vida, desde o sono até a dieta. Se você tem sono perturbado ou sua alimentação inclui excesso de açúcar (elemento inflamatório conhecido) porque precisa de um cobertor interno para acalmar a raiva, sua pele é que sofrerá, sem dúvida. Tipicamente, atribuímos essas experiências ao "estresse". Pois afirmo que, como a excitação e a ansiedade podem ser confundidas, nós, mulheres, aprendemos a aceitar a raiva como "estresse", o que parece servir de evidência suficiente de que o problema emana de nosso interior, e, portanto, *cabe a nós* lidar com ele. Declaro aqui o contrário: nosso corpo tem sido usado como depósito de lixo para aquilo que a sociedade não consegue compreender. Basta, mulheres! O que vamos fazer a respeito?

CAPÍTULO 3

O Que Podemos Fazer

Terapeutas veem tudo. E, se você trabalha com demografia e toda a fase adulta do ser humano, se trabalhou durante a pandemia de covid-19 e lidou com a crise de saúde mental que veio com ela enquanto as pessoas lutavam para obter auxílio do governo, viu mais que tudo.

Hoje, graças ao trabalho *on-line*, entramos nas casas e nos escritórios, sentamo-nos com as pessoas nos carros ou caminhamos com elas nos parques. Grande parte de nosso trabalho é internacional, e minhas pacientes vêm das mais diversas culturas, origens e campos de atuação profissional, têm variadas orientações sexuais, vidas familiares e estilos de vida. Mas ouço as mesmas histórias, com a mesma raiva recorrente.

Por mais que deteste admitir, não posso reescrever sozinha as questões que ainda nos assolam em nível sistêmico. Contudo, em nível individual, posso começar pelo fim e trabalhar de trás para a frente, retrocedendo pelos caminhos, entendendo o sintoma a partir da causa e ajudando a separar os problemas, de modo que as próprias mulheres se sintam mais confiantes para questionar a realidade em que estão inseridas. Por exemplo, como identificar a enganação, o engodo. Você verá, ao ler sobre minhas pacientes, que, quando os sintomas estão mais controlados, podemos, com calma, convidar pessoas de nosso círculo a se unirem a nós para fazermos mudanças em benefício de todos, desde parceiros românticos até filhos, pais e amigos. Desse modo, um efeito borboleta começa, aos poucos, a alterar as expectativas endêmicas de uma sociedade, imbuídas em nós há milênios, embora já a tenhamos superado.

Então, agora, quero ajudar *você*.

Fazer mudanças em nível pessoal pode ajudar a alterar as coisas em níveis sociais e políticos. E é assim que os efeitos benéficos da psicoterapia, que ajudam na cura da mente, podem influenciar a saúde da mente coletiva. Percepção gera percepção. Que gera entendimento. Que gera mudança.

Meu palpite é que as próprias ferramentas que a opressão incutiu em nós, mulheres, são aquelas que agora nos equipam melhor para o domínio. Na condição de mulheres, aprendemos a fazer uma infinidade de coisas ao mesmo tempo, sem esperar por respeito. Aprendemos a vigiar e a aguardar. Nos bastidores, nosso poder cresceu. Somos, de fato, o monstro. O problema é que o monstro mastiga o próprio braço em grande desespero.

Se a raiva é a base da saúde precária das mulheres, precisamos descobrir de onde ela vem. Como as causas de nossa raiva parecem tão impossíveis de corrigir, geralmente negamos o próprio sentimento usando a retórica sexista internalizada de que *não temos raiva*: "Raiva? Acabei de voltar de um retiro de atenção plena!". A conversa interna é um estratagema pessoal brilhante que nos mantém resignadas. Nós mesmas nos silenciamos.

Isso ocorre porque parte do mecanismo persistente de disfarce do sexismo declara que as mulheres não têm permissão para sentir raiva. A sociedade ainda não nos permite usar um vocabulário que expresse a raiva. Se permitisse, o próprio sexismo levaria uma surra. Usaríamos nossos sentimentos para identificar e expulsar o sexismo. Mas a atual estrutura da sociedade o permite. O sexismo disfarçado impede a articulação da raiva. Ninguém quer uma esposa ou filha zangada. Ninguém quer *ser* uma esposa ou filha zangada. E, enquanto nossa raiva for sublimada, o sexismo permanecerá forte.

Vamos agora fazer um passeio por nossa vida, do nascimento à morte. Por meio das narrativas das mulheres que auxiliei, quero ajudar *você* a enxergar as forças em jogo, desde o início de sua existência, que a moldam de maneira que parece corriqueira e "natural". Quero ajudá-la a questionar essas forças, a notar o impacto que tiveram e ainda têm sobre sua mente e seu corpo. E especular se há meios de rechaçá-las, agir diferente ou exigir algo melhor, de uma vez por todas.

Parte 2

NOSSA HISTÓRIA, DO NASCIMENTO À MORTE

CAPÍTULO 4

Bebê

Desde que ensinaram à mulher que ela deve reconhecer o fato de não sofrer mais discriminação nenhuma, ela baixou a guarda. Essa situação provoca incapacidade de identificar e diagnosticar muitos sentimentos confusos e, no fim, irados. O mais chocante é que a sorte está lançada antes mesmo de nascermos. "Você está grávida de uma menina? Fantástico! Terá alguém para cuidar de você na velhice", ou "Assim você nunca estará sozinha", ou "Poderão fazer compras juntas!".

Ou, talvez, o comentário mais realista seja: "Você terá de vê-la se empenhar ao máximo em todos os exames que prestar, sabendo que um dia o cérebro dela explodirá (literalmente) com a pressão de ter que cuidar das necessidades emocionais e físicas dos outros, sentindo que deveria ter deixado de se esforçar tanto na escola. Porque, no emprego que ela tem na fábrica/no setor de artes/na produção de manufaturados/no banco, *com certeza* recebe remuneração muito inferior à dos homens que não tinham desempenho bom como o dela na escola!".

Ou: "Ah! É menina? Então, certamente você não vê a hora de acompanhar o desenvolvimento dela e conversar quando ela se sentir desgostosa com um corpo que parece aprisioná-la, com o selo de Propriedade da Sociedade! Parabéns!".

Quem é a menina ainda bebê e o que acontece com uma pessoa sobrecarregada com o peso de expectativas impossíveis, uma verdadeira bagagem de *deveres*, antes mesmo de respirar pela primeira vez?

Para início de conversa, tudo para ela é cor-de-rosa. Bebês mostram clara preferência por cor já com 12 semanas de vida. Sendo a familiaridade um enorme motivador na formação de nossos gostos, se a cor rosa sempre vibra à sua frente, mesmo antes daquela idade, é claro que se tornará seu *locus*. E ainda se insiste em impor o cor-de-rosa às meninas. Até os cartões com o nome do bebê feitos na hora do parto e colados nos berços da maternidade são dessa cor. Procure a sessão de roupas de bebês nas lojas e será sufocada pelas variações do tema; não há como errar o que deve comprar para quem. Esse é apenas um dos hábitos embutidos na sociedade que fingimos ter mudado. Eu sei, é bonitinho. Também amo a cor! Mas será que somos treinadas para amá-la? Os homens não a amam. Você não ouve um homem dizendo: "Ah, quero aquele pijaminha cor-de-rosa com orelhas de coelhinho". Bem, se ele gosta, prefere ficar quieto...

Enquanto as mulheres carregarem e alimentarem um bebê, parece impossível que alcancem igualdade genuína. Essa é uma realidade que não se discute. Aliás, o fingimento em torno dela só serve para alimentar a enganação. Essas linhas de projeção ainda significam que nós nos identificamos, quando não nos fundimos, com nossa mãe. Se o poder do cor-de-rosa persiste, mesmo em famílias que já tentaram eliminá-lo, devemos ser realistas com outras transferências. O problema não é a cor em si, mas o que ela representa; são as associações e os significados que seguem o caminho dessa cor.

Se existissem carros, caminhões, dinossauros e jogos de montar também cor-de-rosa, não haveria problema. Mas somos instruídas no simbolismo feminino desde a mais tenra infância. Suavidade, meiguice, beleza, insipidez, infantilidade, *cuidado*; todo pijama cor-de-rosa ou toda sandália brilhante ou borracha escolar com *glitter* diz isso. Tudo tem o objetivo de lembrar a você quem é e o que deve seguir. Os seres humanos sempre são atraídos para o que é familiar, mesmo que não lhes faça bem, porque o cérebro gasta menos energia assim; é seu *modus operandi* evolucionário.

Consideremos como a mente das meninas começa a se desenvolver de maneira diferente, de acordo com essa influência e modelagem, e com o reforço das expectativas da família e da sociedade. Ao ler nossos estudos de caso, observe como esse diferencial influencia o comportamento. As sementes da censura social são plantadas e polinizadas em um jardim de raiva reprimida. Desde o princípio, somos sutilmente coagidas e cooptadas em diversas funções na família, no casal, nas amizades e nos locais de trabalho. Exploremos juntas o que precisamos fazer para desafiar isso.

Eis o exemplo de uma paciente cuja luta com o corpo de bebê do sexo feminino no qual nasceu a deixou com cicatrizes durante uma vida inteira de pseudossoluções deturpadas. E que queria desfazer a experiência, tentando corrigi-la na geração seguinte.

Robin

Raiva como enxaqueca. Estratégia = a frieza

Robin acabara de ter o segundo filho, mais um menino, quando iniciou a terapia comigo. Estava estressada. "Queria uma menina, tinha visualizado uma menina. E o pior é que minha mãe fez a mesma coisa comigo." Ironicamente, ela era a segunda filha não escolhida. A mãe de Robin visualizara um menino e tinha tanta certeza de que seria um que nem fizera o ultrassom. Esperava, de verdade, que o bebê fosse do sexo masculino.

A família de Robin parecia progressista em termos de valores (seja qual for o *verdadeiro* significado disso, quando você pensa na profundidade de nosso condicionamento. Aquele velho guarda-roupa desajeitado...). Entretanto, a mãe dela desejava tanto um menino que já escolhera o nome e começara a tricotar tudo nas roupinhas com figuras masculinas.

"Para pessoas tão supostamente abertas, meus pais eram rígidos demais em relação a itens infantis, segundo o gênero", Robin admitiu. "Minha mãe estava tão certa do sexo do bebê que pediu ao meu pai que comprasse um Lego. Pintaram o quarto do bebê de acordo com o que julgavam ser temas de menino etc." Robin virou os olhou e demonstrou ojeriza. "Mas veja o que aconteceu em seguida..."

Fisicamente, Robin tinha tudo de que precisava. Boa comida, aulas de dança e uma boa casa. Mas, no fundo, não era desejada. E sentia isso. Talvez não conseguisse controlar o fato de não ser menino, mas era inteligente e encontrou uma solução. Poderia, ao menos, ser elogiada por ser a *melhor das garotas*. Sua mente começou a se adaptar ao problema de viver como aquele ser indesejável, que representava algo tão parcial e decepcionante. Robin não chegou a essa narrativa de uma hora para outra. Tivemos de juntar as peças por meio das lembranças, das percepções e da compreensão.

No entanto, uma coisa da qual ela tinha certeza era de que tentara, com todas as forças, reverter o sistema em seu favor, mostrar que estava errado. O cor-de-rosa era quase risivelmente sua carteira de identidade. Sujeira era vista como alergênico. Por fim, nasceu sua priminha, Callie. As duas foram criadas em uma família muito unida. Quando Callie foi diagnosticada com dificuldades de aprendizado, Robin entrou em cena. Agora, seria reconhecida. Agora, teria valor. Em seu estado de solução hiperfeminizada, ela se tornou a melhor ouvinte, a mais bonita, a mais abnegada, a tradutora das necessidades da prima. *As meninas tinham valor, afinal!*

Quando as duas estavam com 20 e poucos anos, Robin conseguiu um fundo de moradia para a prima e tentou incluí-la em eventos sociais (apesar de ameaçar as amizades duramente conquistadas e com as quais ela não se sentia segura). E onde estavam os pais? Ora, afastaram-se dos deveres, satisfeitos com o conhecimento de que haviam cumprido seu papel. "Ah, Robin é muito boa para essas coisas; é melhor que nós na hora de consultar profissionais. Deixe-a cuidar de tudo!" Robin *aprendera* a ser útil para conversar com pessoas em posição de autoridade porque sua sobrevivência psíquica dependia disso. Tão diminuída fora na família que só conseguiu se sentir valorizada quando conquistou respeito fora dela.

Quando Robin teve dois bebês do sexo masculino, percebeu que era a oportunidade de ajustar um legado, de injetar sentido de valor em um bebê do sexo feminino lá do passado, de permitir à sua criança interior se sentir amada, de maneira que nunca experimentara antes. Ela me procurou não só para processar seu atual perfil de decepção, mas, mais importante, para se curar da ferida primária, original, de ser uma mulher indesejada.

O problema apresentado por Robin era físico, e ela o manifestava fisicamente. Sofrera de enxaquecas excruciantes a vida toda. Com dois filhos para criar, já não tinha tempo para o "luxo da dor". Mas sentia que, na realidade, o problema era psicológico, e assim deveria ser tratado. Para ela, conversar era a cura. Robin deu *voz* à história. Entretanto, também precisava fazer algo a respeito da tensão física no pescoço e nos ombros, que se estendia para cima, até beliscar e torcer os nervos em volta do olho esquerdo, perturbando a visão e causando vômitos. Queria se vingar de uma família que a usara, nas palavras dela, como se fosse um bebê "doador de rins", uma cuidadora não remunerada. O condicionamento a obrigou a passar meses controlando a raiva que sentia das pessoas que a mantiveram no cativeiro de suas necessidades, se aproveitaram do sacrifício dela e do modo como se sublimava como mecanismo de sobrevivência.

Sabemos que a raiva reprimida pode ser fator determinante na experiência da dor. Robin também parecia saber disso. Descobertas científicas recentes mostram que pessoas com enxaqueca ou dor de cabeça tensional também apresentam altos níveis de raiva suprimida e estresse emocional.

Robin desconfiava de que, se os sentimentos pudessem vir à tona, a ajudariam a tratar os sintomas.

Quando Robin se permitiu sentir a raiva, perguntou-se: "O que posso fazer com isso? Quero gritar com meus pais, socá-los, perguntar como puderam ser tão egoístas, cruéis e negligentes enquanto aparentavam gentileza e bondade". Pois as mulheres carregam essas feridas dentro de si. Não são apenas cicatrizes que os serviços de proteção à criança ou os assistentes sociais observam. Hoje, permitimos aos cuidadores de crianças seu *status* legítimo. Pelo menos, no nome. Mas o rótulo geralmente é aplicado apenas aos casos mais óbvios. Quando uma pessoa é cuidadora emocional, quando uma criança exerce, em silêncio, a função dos *pais*, não existe um sistema oficial que entra em ação e a protege. Contudo, precisamos reconhecer melhor esses processos familiares, porque eles não são raros. Posso dar inúmeros exemplos de meninas sendo delicadamente exploradas e coagidas de maneira "benigna", alinhada ao que se espera em nível social mais amplo e, por isso mesmo, sem chamar atenção.

A ira de Robin por ter sido forçada a cuidar da família *manifestou-se* como enxaqueca. A inflamação neurogênica – relacionada à raiva, segundo diversos estudos – é a chave para a produção de enxaquecas e pode, inclusive, começar como reação ao estresse psicológico.

No caso de Robin, ela começou a perceber que a raiva era a responsável pela inflamação que culminava nos episódios de enxaqueca ocorridos quase semanalmente.

O que ela poderia fazer a respeito da dor? A inflamação era tão intensa que os batimentos cardíacos pareciam inchar diretamente os capilares: "Nem preciso pensar na situação. É como se minha mente armazenasse isso durante a vida toda, e o fato de saber que fui usada me cerca até hoje. O corpo sabe mesmo antes do cérebro".

Começamos a falar do frio como antídoto. Robin descobriu que pedras de gelo em contato com a artéria carótida e atrás do pescoço, banhos frios duas vezes por dia e visualização, com os olhos fechados, de rios limpos e de baixa temperatura ajudavam a enfrentar o calor pulsante em torno da raiva. Devagar, à medida que Robin mencionava e compreendia melhor o problema, além de insistir na aplicação de gelo e na meditação de locais frios, ela começou a dominar a raiva e a não mais permitir que a raiva a dominasse e definisse sua saúde. Pôde diminuir a medicação para o ciclo de dor, que, até então, não funcionava bem e causava efeitos colaterais. Mais calma, com a respiração tranquila e os ombros relaxados, conforme compreendia a raiva e aliviava o calor no corpo e na mente, Robin sentia a frequência de enxaquecas diminuir pouco a pouco.

Terapias de frio (crioterapia) são usadas como tratamento há mais de cento e cinquenta anos. Já se verificou que cataplasmas frias sobre a carótida e o pescoço diminuem a dor de forma significativa e, de acordo com recentes meta-análises, exercem efeito instantâneo no tratamento da enxaqueca. O panorama da raiva sobre o qual se desenvolveram as enxaquecas de Robin também foi tratado com o uso do frio, por causa da inflamação física associada a níveis crônicos da emoção. Além de lidar com a inflamação do fluxo sanguíneo em si, a crioterapia incentiva a produção de anti-inflamatórios e citocinas pró-inflamatórias. Se conseguirmos reduzir a inflamação associada, romperemos o ciclo de retorno.

A história do nascimento de Robin em um corpo que trabalhava contra ela, e, por isso, dava aos familiares sinal de que poderiam tratá-la como quisessem, é muito comum em meu trabalho. Reflete-se, embora com resultado diferente, no caso de Maya.

Maya

Raiva como anorexia. Estratégia = arte

Maya *era* o bebezinho tão desejado! Infelizmente, sua saúde mental demonstra a realidade calamitosa dessa situação. Maya já era isolada antes mesmo de nascer. Explicou que a mãe tinha medo de andar porque temia deslocar o embrião no útero. E, quando descobriu o sexo do bebê, a ansiedade em torno da fragilidade do feto disparou.

O que os pais viam como proteção era, para Maya, sufocante. O que acreditavam ser cuidado e ternura, Maya achava claustrofóbico e repugnante. A mãe não enxergava a menor separação entre ela e a pobre e frágil garotinha. De bebê sufocado, Maya tornou-se uma adolescente anoréxica. Toda aquela restrição agressiva, aquela *fusão*, exigia um corte drástico. E a única saída seria retirar o próprio corpo do ventre apertado da mãe. Sabemos que os níveis de raiva internalizada são muito mais altos em pacientes anoréxicas que no restante da população. O caso de Maya é um exemplo claro de uma Mulher Jovem que se sente oprimida e debilitada por causa da atenção intrusiva da mãe e precisa desesperadamente fugir.

A superidentificação e as projeções do feminino de seu passado *enojavam* Maya. Ela chegou à minha clínica furiosa, descontou sua raiva em mim, imaginando que eu também queria ser dona dela, esmagá-la com minhas ideias de como deveria ser uma Menina Bebê tão meiga. Não fiz nada disso. Minha atitude, enfim, bastou para desenvolver confiança, ainda que tênue. Guardei em silêncio minhas preocupações e lutei contra meu instinto protetor, embora a paciente fosse, sem dúvida, muito frágil. Em vez de protegê-la, tentei investi-la de força, construir uma estrutura que pudesse abrigar toda aquela raiva.

Como não tinha muita força para canalizar fisicamente a fúria impactada, Maya começou a desenhar. As imagens rabiscadas não denotavam grande habilidade, mas eram autênticas, emocionantes, repletas de significado profundo. Expressavam aos gritos a raiva contida que ela sentia e, com o progresso de nosso trabalho, tornaram-se não menos sombrias, mas muito mais definidas. A voz de Maya na terapia tornou-se mais confiante; os sentimentos são expressados com mais clareza. Aos poucos, seu corpo ganhou mais força. Ela descrevia o modo como seu apartamento começava a ficar decorado com a arte que produzia; e, de repente, os amigos queriam comprar alguns trabalhos. Ela começou a vender suas produções em pequenas feiras. O objetivo da história aí não é expor sucesso material e lucro, mas, sim, enfatizar o lucro interior de Maya, à medida que ela convertia o que fora tão restritivo em algo que produzia riquezas e aumentava sua independência e poder – um poder que finalmente se projetava para fora.

Apesar de toda incrível complexidade, o cérebro humano tem meios limitados de demonstrar sofrimento. Embora o sabor minucioso da emoção represada seja distinto em cada vítima da dor, há caminhos relativamente limitados para o cérebro expressar o que sofre. Portanto, rótulos como "transtorno obsessivo-compulsivo" ou "transtorno de ansiedade generalizada" nos dizem muito pouco, na realidade. Por isso, no tratamento do sintoma, é essencial detectar a causa.

Por exemplo, o TOC precisa ser tratado com inibidores seletivos de recaptação da serotonina (ISRS), remédios antidepressivos. Quando não ajudam, às vezes os médicos receitam um antipsicótico. É isso que chamo de limitação. Assim como o sintoma presente pode ser tão restrito, também não somos muito abertos na hora de medicar o órgão mais complexo do corpo. O diagnóstico perinatal de TOC (durante a gravidez ou no ano após o nascimento) é abordado como um tipo de dispneia paroxística noturna (DPN). Onde fica a pessoa, o ser humano, com toda sua confusão narrativa, nesse quadro? Em nosso sistema de saúde confuso, extenuado, quem tem tempo de perguntar a uma paciente como era sua relação com a mãe, ou como foram seus primeiros anos de vida, antes de prescrever comprimidos?

Veja que abordagem equivocada. Não culpo as pessoas individualmente. Mais uma vez, lamento um *sistema* que só pensa em economizar dinheiro seguindo atalhos medicamentosos. Nestes, as mulheres sempre perdem. Em geral, os profissionais estão sobrecarregados e cansados demais para procurar evidências que apontem uma solução melhor; por exemplo, um tratamento diferente que investigue os mecanismos subjacentes ao sintoma. Parece um luxo abrir os olhos para os altos níveis de raiva em pessoas com sintomas de TOC. Nós, os mesmos profissionais, poderíamos até responder: "Não pode ser assim tão simples! Nem tudo é culpa da raiva!". Será que *não*? É verdade que a "raiva" talvez não seja a única palavra para esse sentimento que é um dos mais violentos e poderosos. É verdade também que o termo tem significado amplo e pode se referir à agressão, à violência, ao desprazer, à insatisfação, ao ódio, à frustração, à irritação, à inveja, à ira, ao aborrecimento... e a todas as outras emoções negativas entre essas. O problema é que nenhuma delas está disponível para nós, mulheres. De fato, não. É mais fácil e cômodo falar em termos de "TPM", "manha", "chatice" ou "TOC perinatal". Assim, esse espectro de emoção é o menos vivenciado de maneira consciente pelas mulheres. Como aprendemos sobre nossos sentimentos por meio de uma linguagem ensinada pela sociedade e pelas lentes da medicina, esse módulo tem sido o currículo definitivo. Mas precisa mudar. Agora. Deixe-me apresentar, então, Shar e sua filha, Rae, como exemplo do que você consegue quando "usa as próprias palavras".

Shar

Raiva como TOC. Estratégia = xingar

Rae, ainda bebê, e a mãe vieram juntas. Shar fora diagnosticada com TOC; portanto, Rae recebeu o mesmo tratamento. O sonho secreto dos terapeutas é ter acesso ao bebê antes de as coisas ficarem complicadas para ele. Terapeutas de adultos não costumam trabalhar diretamente com bebês. De certa forma, claro que sempre lidamos com a família, mas, se você consegue que o membro mais vulnerável do núcleo familiar entre no consultório, isso vale ouro.

Tivemos que trabalhar a raiva de Shar com a própria mãe para proteger Rae da versão herdada, não menos tóxica, envolvida no sintoma presente do TOC. A mãe de Shar era apática e fria. Não via a filha como pessoa, mas, sim, como uma espécie de vergonha, que tinha que provar seu valor. Em desespero, Shar queria agir diferente com a filha. Como a mente humana tende a direcionar a pessoa aos ensinamentos originais, e já que não existe um *manual* para lidar com bebês, voltamos no tempo, até encontrarmos na vida o *conceito de bebê* que nos pareça mais familiar. Para a maioria das pessoas, esse é o momento em que eram bebês. Embora não tenhamos lembranças conscientes dessa fase, nossa mente faz o possível para apurar a quantidade máxima de dados e, às vezes, nos inunda com eles. As mulheres são particularmente vulneráveis ao impacto de eventos inconscientes avassaladores após o parto, pelo fato, até certo ponto, de serem viradas ao avesso, tanto em termos físicos quanto psicológicos. Se a psique de uma mulher tenta ignorar como era a fase de bebê, ela se torna menos protegida que nunca. Se quando bebê ela sentia medo e abandono, agora, na condição de mãe, esses efeitos são como um tsunâmi.

Para complicar ainda mais, é uma situação comum a mãe estar por perto, ciente de que errou no passado, querendo, de maneira inconsciente (ou até consciente), uma nova chance, talvez sem perceber que vai repetir os mesmos erros. Algumas pessoas são afortunadas por terem vivido experiências boas quando bebês. Mas eu diria que são muito poucas, porque bebês exigem muito e precisam, como minúsculos mamíferos, ser segurados, alimentados e dormir perto de nós. Ou seja: são como macaquinhos. Brincadeiras à parte, na realidade, quantas mães são capazes de suportar essa situação? Quando temos um chefe bufando em nossas orelhas e parceiros que só conseguem poucos dias de licença para nos ajudar, provavelmente temos de aceitar o fato de que nossos bebês não recebem tudo de que precisam.

A preocupação de Shar vinha do dilema básico quanto ao tipo de mãe que era. Vivia tão ansiosa por afastar do cenário atual qualquer raiva que tivesse da mãe no passado, e queria tanto proteger Rae da inveja que ela, Shar, sentia da filha por não ser a bebê Shar com a mãe *dela*, que sufocava quaisquer sentimentos traiçoeiros e poderosos dentro de si e os carregava em silêncio.

Para o tratamento de Rae e Shar, era preciso expelir aquela fúria. Esse sentimento tinha que sair do local no qual se instalara por tanto tempo, de modo tão desconfortável: a mente de Shar, mas com implicações cada vez maiores para Rae. A menina começava a ter uma experiência lactente menor que aquela de que precisava. Enquanto Shar se perdia em repetições e no medo do que aconteceria se não calibrasse de maneira obsessiva o mundo da filha, tornava-se cada vez menos capaz de proporcionar à criança aquela experiência animal desajeitada e íntima de amor tão necessária. *Não existe* medicamento ou composto químico para a condição de Shar: uma nova mãe cauterizada após o *check-up* e pronta para um bebê indefeso, do qual não conseguia cuidar de modo que lhe suprisse as necessidades. Não há medicamento, mas há tratamento.

Na realidade, o elemento contaminante não era o TOC de Shar. A entidade tóxica forçando para entrar no novo relacionamento era a raiva decorrente da longa relação de Shar com a mãe. E, provavelmente, se formos realistas, esse dano se estendia havia muitas gerações.

Então, como descarregar essa ira agora, de maneira segura? O resultado foi surpreendente. *Por meio de xingamentos!* Quando Shar aprendeu a chamar a mãe de vaca pelo que fizera com ela, e enxergou que a frieza fora desastrosa para uma menina bebê em desenvolvimento, começou a sair, aos poucos, da areia movediça intergeracional.

Encontramos essa estratégia por acaso. A palavra um dia lhe saiu da boca em uma sessão, de forma inesperada, quando Shar descrevia o comportamento agressivo de uma pessoa quando ela tentava subir com Rae os degraus da plataforma de um trem. Em seguida, Shar começou a falar da mãe e de como ela não a ajudara quando Rae nasceu, jamais se oferecendo para colaborar e, ainda por cima, reclamando.

A partir daí, Shar percebeu que não se lembrava de já ter recebido um abraço da mãe. "Quando fui promovida a gerente no salão, ela apenas *balançou* a cabeça, em sinal afirmativo. Mas nunca disse que me amava. Nunca." A pontada de dor e a raiva subsequente foram espantosas. "*Ela* é que é a vaca! Para que trazer um ser humano ao mundo se você sabe que não vai conseguir amá-lo? Sei que na hora de morrer ela dirá: 'Claro que eu a amava!'. Mas de que adianta se não sabe dizer isso em vida? Como eu poderia saber? Enfim, não sabia. Meu único meio de obter algum afeto era correndo atrás."

Depois dessa conversa, todos os dias Shar dizia "vaca". "Pois os outros que sejam gratos, se puderem. Veja onde estou por causa disso." O TOC de Shar logo começou a perder potência. O sintoma foi finalmente verbalizado com quase a mesma força que o sufocara. Igualmente notável foi o fato de o relacionamento dela com a mãe ter melhorado. Shar já não tinha mais medo da genitora. A temível gaiola erigida ao redor de Shar era a melhor estratégia da mãe para proteger a filha de um mundo que ela sentia como inseguro e punitivo para as mulheres. Shar perdeu o medo de dizer o que pensava, libertou-se da raiva contida que lhe causava uma revolução interna e conseguiu explorar as motivações da mãe por tratá-la daquele jeito.

Enfim, começamos a entender que a maneira como tratamos as Meninas Bebês, os sonhos e as projeções que lançamos sobre elas, desde o momento em que sabemos que vamos dar à luz, vai moldá-las para sempre e forçá-las a sofrer o peso de uma série de expectativas; uma *marca*, que se mostra difícil de conciliar com a mensagem que cedo ou tarde as alcançará. Esqueçamos a bobagem de que o mundo é a ostra das garotas; as mulheres são acorrentadas, mesmo antes de nascerem, por uma narrativa que faz parte de todas as instituições patriarcais. Agora, você pode ver que assim começam os rótulos. A cor rosa é sinal das ideias que se acumulam por trás desses rótulos.

Antes de um bebê nascer, devemos afastar as "fantasias", ao mesmo tempo que estamos totalmente ligadas e perdidas no "devaneio" que os psicanalistas chamam de olhares cruzados, no qual as mães parecem prender o olhar do bebê no próprio olhar. Esse interesse obsessivo é neurologicamente vital. É onde a teoria da mente e o espelhamento mental começam – ou seja, quando o bebê compreende que está no pensamento de outra pessoa. A experiência compartilhada de adoração ajuda a desenvolver aquelas partes do cérebro capazes de se projetar para fora e se conectar com outro ser humano. É onde começam a empatia e o relacionamento; é por isso que, quando as mães andam de um lado para outro grudadas no celular, enquanto o bebê tenta desesperadamente fazer contato visual, o resultado pode ser catastrófico ao desenvolvimento humano. Também é por esse motivo que bebês em orfanatos se apegam a lâmpadas como "mães". O cérebro deles tem desespero por conexão; eles anseiam por ela. Devemos isso aos nossos bebês. Essa conexão é a base da futura capacidade de apegos saudáveis.

Se essa conexão prepara as meninas, de maneira inconsciente, para suas futuras funções, com a expectativa de que sejam "boazinhas", "quietas" e "calmas", já a diferenciamos do irmão, cujas exigências são mais toleradas e atendidas, ainda que de forma velada. Na realidade, a menina é um monte de neurônios não formados, sem diferenças significativas em relação ao irmão. Repito: não há diferenças importantes entre o cérebro da menina e o do menino quando nascem. Existem mais diferenças entre o cérebro de *outras meninas* que entre o de garotos e garotas. O restante é o que mundo faz com a menina; é o treinamento que *não* lhe damos para brincar com blocos de montar e jogar bola. Claro que, quando uma pessoa pratica tarefas espaciais, desenvolve destreza nelas; quando você dá às meninas bonecas cor-de-rosa e aos meninos, *kits* de construção, os cérebros se diferenciam. Talvez a Associação de Futebol soubesse disso quando proibiu as mulheres de jogar futebol em 1921. Libertas, somos concorrentes e ameaçadoras às estruturas que favorecem os homens. Melhor para eles manterem as feras acorrentadas.

O que podemos fazer pela Menina Bebê

Como já vimos, as projeções começam antes do nascimento do bebê. Mas, quando sabemos disso, podemos tomar alguma providência. Mesmo que você não tenha no presente a menor ligação com um bebê, seu cérebro um dia pertenceu a uma versão bebê do que é hoje. Refletir sobre os pontos a seguir ajudará você a compreender o que lhe aconteceu quando era bebê e a perguntar se ideias e comportamentos podem ser mudados, já que atualmente não lhe servem mais.

- Em um relacionamento heterossexual, você e o parceiro perguntam: "*Podemos* ter tudo? Como *vamos* lidar com isso?".
- Prepare-se para os brindes da sociedade, como licença-maternidade e expectativas sobre como você deve dividir o tempo. Parte da "igualdade" em casa envolve planejamento para essas coisas.

- Criar uma criança é *muito difícil*. Tentamos ao máximo sobreviver e passar inteiras pela experiência. Mas podemos pensar no passado e entender como fomos criadas se quisermos ser mais conscientes do que estamos impondo.
- Examine seu eu sexista interior: quem você espera que sua Menina Bebê seja e por quê? Interromper o ciclo intergeracional de expectativa de gênero é uma tarefa hercúlea... Mas, se as regras puderem ao menos ser parcialmente reescritas à nossa vontade, será um grande passo!
- Devemos desviar nossas projeções do bebê e pensar nesses sentimentos em nós. Essa sensação de injustiça pelo modo como fomos criadas, que talvez se estenda ao pós-parto, não seria algo que precisamos resolver pessoalmente, em vez de esperar que outra menina a carregue para nós?
- Cuidado com as palavras. Mesmo que sua filha seja novinha. Como nos dirigimos à menina quando ainda é bebê? É "uma mocinha", ou "uma princesinha", ou "um anjo"? Quando ela chora, você a chama de "má"? Ela só é uma "menina boazinha" quando come e dorme do jeito que você espera? Você conversa com os irmãos mais velhos sobre ela? Eles aprendem a "cuidar dela" ou a "protegê-la"?
- Converse sobre a raiva com naturalidade à medida que a fala se desenvolve no bebê, assim como falamos sobre felicidade e tristeza, dor e alegria.
- Pense nos brinquedos que você compra, misture o espectro. Cor-de-rosa é bonito, mas *existem outras cores*. Lembre-se do tanto de besteiras faladas sobre gênero e na raiva reprimida que você transmite com essas bobagens. Isso não é nada bonito.
- Converse com meninos pequenos sobre os sentimentos complexos que eles têm. Questione as expectativas que você imagina serem necessárias para protegê-los de um espectro emocional mais limitado. Se escutá-los com atenção, eles serão ouvintes melhores.

Agora, siga em frente e procure sua bolsinha cor-de-rosa, o carrinho de boneca e a coroa de plástico. Vamos para a Terra da Garotinha...

CAPÍTULO 5

Garotinha

Da Menina Bebê para a Garotinha... A transição discreta de nossa reclusão começa a se consolidar, e nosso corpo se prepara para absorver a raiva em torno disso. Examinaremos aqui os modos como essa reclusão se desenvolve. Como Garotinhas, recebemos as ferramentas para perpetuar inconscientemente a mordaça à medida que crescemos, consolidando, assim, nosso perverso relacionamento com a raiva. Pedimos perdão e não balançamos o barco. Somos treinadas a não expressar sentimentos negativos. Internalizamos nossa vergonha e nossa culpa. "Desculpe-me por ter gritado, desculpe-me por ter chorado, desculpe-me por falar demais. Desculpe-me por existir."

De fato, este capítulo é basicamente sobre culpa e vergonha e sobre como a sociedade está sempre disposta a defender e explorar essa forma conveniente de raiva internalizada. Sorrateiramente, a sociedade nos impele a aceitar a tirania da autoculpa. A pressão para sermos boazinhas, meigas e zelosas é uma ferramenta brilhante para esse fim. Aprendemos sempre que "os outros vêm primeiro". Nossa raiva é empurrada para dentro, onde causa transtornos aos sistemas psicológico e fisiológico. Por que nos tornamos reféns dessas pressões, dessas expectativas astutas? Culpa e vergonha, que formam uma espécie de fúria invertida e confusa que não pode ser externalizada, voltam-se contra nós. Qualquer coisa representada e mascarada por culpa e vergonha significa que somos obrigadas a passar por tratamento se quisermos acessar o vulcão de sentimentos sob a superfície. Vergonha e culpa são uma forma de violação das mulheres. A sociedade e as pessoas ao nosso redor, na realidade, não precisam fazer nada específico ou óbvio para direcionar nosso comportamento. Basta uma insinuação passiva de que somos "exageradas", ou "falamos demais", ou "questionamos demais". *Engolimos* a referência e vivemos com ela. Os estudos de caso deste capítulo mostram como podemos ensinar as Garotinhas (incluindo aquelas escondidas em nossa mente adulta, que formam a base de toda a programação futura) a ignorar essas mensagens e agir de modo diferente.

A fase da Garotinha é a época em que realmente começamos a usar as palavras para expressar os produtos da mente e dar voz aos sentimentos que o corpo gera em nós como reação a eventos ambientais e aos comportamentos das outras pessoas. Um dos principais obstáculos à identificação do sentimento de raiva nessa idade é o fato de não haver vocabulário próprio. Se a Menina Bebê não tem as palavras, como a Garotinha pode *ter* raiva? Ela deve ser meiga, atenciosa, gentil, altruísta, *boazinha*, bonita e educada. Ninguém nos ensina a linguagem para expressar raiva, mesmo quando nossos irmãos mais velhos usam a vantagem do tamanho ou da voz mais alta contra nós. Aprendemos que é comum ficar quieta e se sentir diminuída, assim como manter a boa aparência do corpo de acordo com parâmetros preestabelecidos. Simplesmente não existe vocabulário para outra coisa além disso. Fico tão abismada com o que ouço na clínica que não consigo disfarçar.

Preciso pedir a uma mulher que repita o que disse. E noto que, ao repetir, ela baixa o tom de voz e tenta se calar. Presume que alguém *duvida* de seus sentimentos, em vez de permitir a si mesma dar mais espaço a eles, e basta pouco para que ela também duvide: "Talvez o problema seja eu", "Acho que não foi tão ruim assim", "Fulano provavelmente tinha razão". A posição básica assumida pelas mulheres é de quem anuncia: "Estou errada!". Seu pensamento é errado, o sentimento é instável, o instinto não é confiável, seu comportamento só lhe causará problemas. E parece que há uma linha infringível conectando essa sensação à infância.

A mulher se depara com uma barreira contra a autoexpressão e a manifestação de ideias por medo de parecer tola, mas profundamente *errada*; não entendeu algum detalhe ou apenas tem uma opinião equivocada. Esses sentimentos de estar errada criam raízes. Logo se convertem em vergonha, e, quando menos se espera, a mulher se apaga, por vontade própria, da arena social. Garotinha é quando as sementes são plantadas para que uma mulher nem tente se candidatar a determinada vaga de emprego porque não tem as qualificações necessárias, não é boa o bastante; ou porque, mesmo que consiga o emprego, por certo fará algo errado e ficará exposta demais. Ótimo! Há um homem pronto para ocupar a vaga. Tudo funciona perfeitamente. E começa aí. Para não parecer totalmente desanimada (tudo bem, um pouco desanimada), um estudo recente sobre mensagens de gênero nas histórias das crianças nos faz pensar na questão do ensinamento persistente da passividade nas Garotinhas. Lembra-nos de que muitos comportamentos de gênero estão presentes de maneira sutil em nossos temas favoritos, e crianças pequenas são muito sugestionáveis às mensagens que nós, adultos, lhes passamos. O estudo de caso a seguir demonstra quanto as pessoas são influenciadas por sinais ocultos.

Juno

Raiva como relacionamento destrutivo. Solução: escrever

Juno é um ótimo exemplo de uma paciente que *parecia* ter recebido a mensagem de que as meninas *podem* fazer o que pensam e reivindicar espaço. Sua experiência não convencional de uma infância fora das costumeiras restrições nucleares poderia ter-lhe facilitado a entrada em uma experiência adulta mais igual. Mas isso não aconteceu.

Ela gostava de escrever em um diário. Sempre incentivo minhas pacientes a usarem diário. Parece fútil, e detesto o tom banal da palavra; por isso, prefiro chamar de "registro de observação". Apelemos para a ciência. Obrigar-se a uma livre associação durante dez minutos por dia é, na realidade, um jeito esplêndido de olhar para dentro e processar. A escrita no "fluxo de consciência" foi um conceito elaborado em 1892 pelo psicólogo William James, que define um modo de acessar os produtos dinâmicos e ocultos da mente. Algumas de minhas pacientes fazem isso entre as sessões e chamam seus cadernos de "meu terapeuta de bolso" ou "meu cérebro por fora". Algumas trazem consigo esse diário. Outras preferem desenhar ou escrever poemas. Outras, ainda, me mostram algo que leram naquela semana ou encontraram na internet e parece articular suas experiências, sobretudo no início da terapia, quando é difícil encontrar palavras que transmitam o teor da emoção. Qualquer coisa que ajude as mulheres a exprimir seus sentimentos, da melhor maneira que conseguirem comunicá-los, é válida. Tudo é matéria-prima.

Juno precisava escrever. A prática a ajudava a separar as coisas, atividade que insisto que as pacientes experimentem. Eu mesma faço isso. Para mim, escrever é como respirar. Se não consigo escrever, meu cérebro sufoca e atrofia. A técnica começa com a separação entre pensamentos e sentimentos, que parece algo básico, mas, na verdade, não aprendemos na infância. E não saber separá-los prejudica nossa vida inteira. Depois que desenvolvemos essa habilidade, podemos dar o passo seguinte: a importância de separar uma questão da outra e decidir como lidar com cada uma delas.

A vida de Juno sempre foi um tanto caótica no seio de uma família artisticamente boêmia, com poucas restrições. Juno descobriu o sexo e as drogas ainda muito jovem, e a falta de limites internos se refletia nos relacionamentos desregulados que ela começou a construir. A vida doméstica na qual foi criada era, na realidade, uma instituição de "sexismo benevolente". A mãe era idolatrada e deificada. A capacidade que tinha de ter filhos era vista quase como um ato santificado. A beleza e a "intuição" terrena da mulher eram veneradas. De novo: tudo muito lisonjeiro, mas prejudicial, na prática. O pai de Juno tornava-se, aos poucos, cada vez mais bem-sucedido na profissão, mas sob os elogios e a adulação do marido a mãe era coagida, de modo consciente ou não, a exercer o papel de dona de casa, em detrimento da realização artística.

Embora, em tese, a mãe de Juno fosse feminista e tenha incutido na filha conceitos de igualdade, não era um bom modelo de feminismo no mundo real. Pelo menos em casa, não o demonstrava, pois precisava cuidar de seis filhos. O pai parecia concordar com a esposa em todas as questões, mas o que Juno via era uma mulher acorrentada ao fogão da maneira mais convencional possível; aliás, era mais presa que muitas das mães das amigas que trabalhavam em escritórios.

O pai também tinha o costume de apagar por completo sua Garotinha. Não olhava os trabalhos artísticos que ela fazia; não frequentava as reuniões de pais para saber do desempenho da filha. Os esforços de Juno para impressioná-lo e persuadi-lo a respeitar o que ela lhe mostrava eram inúteis. Embora ele falasse sobre incentivar, ouvir e elogiar os talentos da filha, comportava-se de modo inibidor. A inveja que tinha do potencial da geração seguinte e o sentimento de que sua posição como O Especial estaria ameaçada o tornavam reservado.

Ao olhar para trás, Juno percebia que esse entrave a condicionara a venerar a criatividade e o poder dos homens. Entende o problema? Uma situação que parecia tão progressista reforçava, porém, o contrário.

Outro problema para Juno como Garotinha era o tabu em torno da raiva. Naquele ambiente doméstico pacato, intelectual, a crueza da raiva não tinha lugar. Juno nem sabia que esse sentimento tinha nome. Mas, sem dúvida, ela o experimentava; alguma coisa borbulhava em seu íntimo enquanto ela era "profundamente respeitada" e elogiada. Parecia *asqueroso*. Mas Juno não tinha como expressar esse sentimento. Começou, então, a cortar o próprio corpo para forçar a saída do que a sufocava por dentro. Conseguia reler o diário mais tarde e perceber que tentava expressar algo que lhe era totalmente fugidio. No papel, as circunstâncias domésticas de Juno podem nos parecer incomuns, mas o diário realça, em termos claros, algo que, tenho certeza, reflete o que muitas de nós vivenciamos: a sensação de ser uma Garotinha furiosa e confusa, sem palavras para a emoção e sem alguém ou lugar algum para acolhê-la.

Quando Juno entrou na faculdade de arte e se mudou para Londres, começou a descobrir o verdadeiro impacto de sua suposta juventude livre de sexismo. A criação em um lar que pregava a emancipação e se colocava acima das convenções e dos limites de gênero, mas que, na realidade, era um lugar quase bíblico em termos de alocação tradicional de funções, roubara-lhe as ferramentas para identificar maus-tratos no presente. Ela estava completamente despreparada. Escrever ajudava a encontrar sentido nas próprias decisões e comportamentos. Mas, quando me procurou, estava totalmente confusa: "Sou feminista! Quero que os homens me tratem como igual!". Contudo, lá estava ela, ferida por outro homem que a invejava e a cortava em pedaços psicologicamente, só para ele mesmo se sentir poderoso. A ferramenta terapêutica de sua escrita "não era mais suficiente". Ela estava disposta a encarar os próprios sentimentos e precisava lidar com o confronto entre as mensagens dos anos de Garotinha e a realidade da mulher adulta.

O que começou a aparecer na terapia era dicotômico. Embora seus valores feministas fossem, em parte, construídos sobre a liberdade que via a mãe exercer, Juno compreendia que tinha muita raiva pela falta de estrutura, pelos limites e pela previsibilidade que vivenciou enquanto crescia. Era capaz de reconhecer que muito de sua criatividade e liberdade de espírito emanavam do ambiente familiar, mas também se via como negligenciada, perdida e invisível. Havia ali um feminismo sem essência, um palavreado em vez de algo concreto.

O tipo de relacionamento que Juno escolhera para si parecia seguir um padrão de homens criativos que davam mais importância às próprias ambições e necessidades do que a ela. Sentir-se desimportante e insignificante era o estado costumeiro de Juno, que ela aceitava como normal. A raiva surgia em paralelo ao autoflagelo a que ela se submetia nesses relacionamentos destrutivos. Juno passou a escrever para si mesma quando criança. Ao lidar com sentimentos de indignação e confusão décadas atrás, ela começou a sentir seu autovalor e a enxergar a justificativa para os sentimentos. Sob a perspectiva adulta, via que o modelo recebido do que significa ser mulher era estranho e contraditório.

Ver Juno desabrochar conforme ela se permitia sentir raiva era, muitas vezes, frustrante e não linear, mas, no fim, gratificante. Com o tempo, Juno começou a ver os efeitos positivos de uma autoconfiança crescente, que se refletia em sua realização profissional. Quando, por fim, entrou em um relacionamento firme com um homem com o qual se sentia igual, nós duas compreendemos que algo duradouro fora alcançado. A Garotinha que aprendera que as mulheres são desertos criativos finalmente enxergara a verdade e conseguiu usar seu histórico de indignação como combustível para a produtividade.

Quem aqui, como Juno, já se sentiu emudecida, interrompida, depreciada ou simplesmente ignorada? Como você se sente quando isso acontece? Talvez não se importe porque já virou hábito. Talvez esteja anestesiada. Pois é algo conhecido desde a idade da Garotinha. Nossas reais necessidades passam despercebidas, nosso volume é baixado pela primeira vez, somos esmagadas, e nossas ideias, diminuídas... Acostumamo-nos a ceder espaço. Talvez você já tenha passado muitas noites, uma carreira ou uma vida inteira ouvindo os *homens lhe explicarem, de modo simples,* algo que você já sabe. Isso acontece de maneira sutil também no casamento ou na família. Na idade da Garotinha, verificamos que as famílias elogiam os meninos de maneira diferente, contribuindo para comportamentos relacionados à autoconfiança mais tarde. Minhas pacientes costumam admitir que, quando eram Garotinhas, os pais esperavam mais delas em questões de limpeza e gentileza, apenas por serem meninas. É tão enfadonho que os preconceitos desses anos mais jovens ainda influenciem a idade adulta, enquanto nos curvamos e rastejamos, pedindo perdão por existirmos; sentindo que nossa função é ordenar e apaziguar.

Sempre nos mesmos cenários familiares, mães e filhas assumem o papel das tolinhas, os alvos de gestos de impaciência e de comentários negativos sutis ("Deve ser a TPM", "Mamãe não sabe lidar com números/mapas", "Lá vem você com a mesma *tagarelice*"). Esses comentários acabam fazendo parte do ecossistema de uma casa. Assusto-me quando ouço mulheres que aparentam força e brilham na carreira descreverem, hoje, como a desigualdade de gêneros ainda impera no orçamento e nos deveres domésticos. Nesses momentos, só posso concluir que ainda não saímos dos anos 1950. Como essas mensagens são internalizadas tanto por Garotinhos como por Garotinhas, possivelmente vemos mais uma geração a conjecturar que as coisas são assim.

Nossa Garotinha *passiva* cresce, mas é compreensível que permaneça ainda em papéis inferiores (posições infantilizadas, apologéticas) e não progrida tanto quanto poderia quando sai de licença-maternidade (enquanto os colegas do sexo masculino recebem promoções). Ela perde oportunidades, fica para trás, mesmo que volte ao trabalho mais determinada, e talvez mais capaz, graças à experiência da maternidade. A questão é que todas as pessoas conhecem essa realidade em termos estatísticos, mas ouço relatos individuais e cotidianos do *porquê* as mulheres se diminuem, algo que teve início ainda na infância, quando é chamada de boba ou carente de atenção, ou rotulada como exibicionista, cheia de "fricote", se seu tom de voz for muito alto. E ninguém a ouve com atenção. Um artigo excelente de Alena Papayanis em *HuffPost* explica tudo. Ser boazinha, gentil e empenhada em agradar as pessoas leva a uma alienação completa das necessidades da mulher. É uma explicação devastadora, porém relevante.

Com o passar dos anos, eu tinha esperança de que essas narrativas diminuíssem, que minha geração as superasse quebrando os tetos de vidro, estreitando o abismo desigual, ganhando confiança e observando mais sucesso; com alegria, as mulheres se beneficiariam das supostas estruturas e políticas elaboradas para garantir nosso sucesso. Em vez disso, parece que vejo as mulheres chegarem a um ponto em que são mastigadas e cuspidas por um sistema que reverenciava o feminismo e a igualdade, mas, hoje, fala mais do que faz.

E, se a Garotinha vê a mãe em dificuldade, embora sutil, com essas mesmas dinâmicas, ela se identifica inconscientemente com elas e as repete, até certo ponto. Mas isso não impede que a raiva cresça. Pacientes da minha idade me contam como eram incrédulas nas descrições da alocação de papéis quando ainda eram jovens. Na escola, ouvimos: "Você pode ser astronauta! E veterinária! E cirurgiã!". Era um tanto estranho, porque não conhecíamos nenhuma mulher que *tivesse* qualquer uma dessas profissões. Evidentemente, não havia linguagem própria para darmos voz às nossas dúvidas. Tínhamos de comparar as duas realidades e aceitá-las. Era *normal*. A versão Garotinha de minhas pacientes adultas testemunhou as mães lavando, cozinhando, fazendo compras e cuidando dos irmãos mais novos, exatamente como acontecera em todas as gerações anteriores. Ainda que a mãe *tivesse* um emprego remunerado, costumava passar a maior parte do tempo em casa. Seja qual for a mensagem na escola, as crianças aprendem por meio da observação, na qual captam padrões de como o mundo funciona.

Uma paciente se lembra de uma conversa, quando ainda era Garotinha, em que tentou falar com a mãe sobre "Por que papai nunca faz o jantar?". E a mãe respondeu: "Ora, papai chega em casa depois de mim. O certo é assim, como estamos fazendo". A mãe era professora não porque adorasse lecionar, mas porque, após a formatura, sabia que precisaria de um emprego que lhe permitisse cuidar da família. Em plenos anos 1970, essa mulher olhou ao redor, viu as poucas opções para ter ganho financeiro e fez uma "escolha sensata", não levando em consideração seus desejos e obrigando-se a repetir o padrão de equilibrar trabalho e vida doméstica. A julgar pelas histórias de minhas pacientes, isso determinou um vigoroso precedente para as gerações posteriores.

Embora, em nível macro, possamos ver mulheres em posições de liderança em áreas dominadas por homens, o que ouço como terapeuta é a realidade granular de como esses hábitos são rígidos e de quanto prejudicam nossa saúde. Atualmente, 41% das mulheres no Reino Unido trabalham em período integral (em comparação com 25%, em 2010). Nos Estados Unidos, 37,3%. Mas nem por isso elas têm menos para fazer na frente doméstica. De acordo com um artigo de 2022 do jornal *The Guardian*, mulheres de casais heterossexuais ainda cuidam de 65% das tarefas de casa. Uma reportagem da CBS indica que, em comparação com os homens, mesmo as esposas que "ganham o pão" passam em torno de 3,5 horas a mais no trabalho doméstico e nos cuidados da família.

Além do modelo que recebemos, alguma coisa acontece em nossa atitude com as crianças e passa uma mensagem relacionada a gênero, preparando-as para esse legado. "Menino é assim mesmo": essa visão aparentemente constante é a responsável pelos meninos se perceberem de modo diverso. Há uma percepção de que a Garotinha, à medida que cresce, é mais confiável, sensata e prestativa que o irmão ou os meninos da escola – e as crianças acabam acreditando nisso. Essa diferenciação se disfarça de elogio: "Você é muito mais emocionalmente *inteligente/empática/instintiva*!". Mas, na verdade, essa é outra mensagem furtiva que acorrenta as mulheres a uma vida de cuidar dos outros e ser responsável por eles. Não importa quantos anos passamos aprendendo ou ganhando dinheiro: nossa função primária na família é alimentar e cuidar, e esse papel ainda tem mais foco em nossa vida. O que noto na maioria das pacientes é quanto entramos como sonâmbulas nesse cenário e como as obrigações começam cedo. Como pudemos dar passos tão grandes desde a realidade de nossa mãe, com um mínimo de escolhas profissionais – "Conseguimos! Somos cirurgiãs e astronautas" (algumas tendo de combater o assédio sexual no caminho) –, e, no entanto, sofrer essa síndrome de *burnout*?

As Garotinhas são ensinadas a zelar e a ser gentis. Cuidar dos outros é algo escrito em nossa formação. Muitas pessoas do convívio de minhas pacientes parecem ainda duvidar de que as mulheres possam ser lógicas, pensar de modo racional e empresarial. Desde o nascimento, somos vistas como emocionalmente habilidosas e sensíveis. De modo geral, nossos irmãos não são assim. Também somos consideradas autossuficientes e psicologicamente capazes. Incrível que, por um lado, sejamos retratadas como frágeis e despreparadas, mas, quando é da conveniência de alguém, somos vistas como confiáveis e tolerantes. Já que a expectativa é a de que sejamos autossuficientes e, ao mesmo tempo, nada exigentes, buscamos um meio de regular a dor. É irônico o fato de os homens serem vistos como aqueles que reprimem as emoções, enquanto nós somos obrigadas a esconder essa raiva desde os tempos em que ficávamos na caverna para tirar o pó das peles de mamute. *Fato*.

Como exemplo dos *tempos modernos* de expectativa programada de cuidar, uma paciente ficou zangada com a insistência dos pais para que tirasse uma folga do trabalho e passasse alguns dias com eles, para "descansar". Ela sabia muito bem o que significariam esses dias, pois a mãe tinha sérias limitações físicas. Minha paciente já tivera envolvimento ativo no auxílio médico de que os pais necessitavam, embora, claro, os dois tivessem recusado a cuidadora que ela providenciara. Outra paciente contou que, após sofrer um acidente leve, a mãe lhe disse: "Não pode deixar que essas coisas aconteçam. Precisamos de você!". Essa paciente tinha filhos pequenos que certamente seriam os mais afetados caso a mãe se ferisse. Mas os pais dela não enxergavam isso. Percebe como o sistema se perpetua? Nenhuma dessas mulheres apontou o egoísmo das afirmações, pois sabiam que "aborreceria as pessoas" e haveria briga. E foram treinadas, como Garotinhas Boazinhas, que assim são as coisas.

Esse é um bom momento para abordarmos de novo a ideia de como a raiva crônica, impactada, pode gerar estados de inflamação interna e quais são seus efeitos em nossa saúde mental.

Minha experiência no trabalho com Nadia é um bom exemplo.

Nadia

Raiva como depressão. Estratégia: violência

Nadia bloqueava tudo. No início de nosso trabalho, ela bloqueou todas as minhas tentativas de fazer contato. Um elemento na vida do qual ela se orgulhava era a carreira. Trabalhava em administração contábil e era respeitada. Até certo ponto. Descobrira pouco tempo atrás que seu salário era bastante inferior ao dos homens da equipe (alguns dos quais mais jovens e menos experientes).

A raiva gerada por essa constatação foi o motivo de ela procurar terapia. "Confio que você possa me ajudar a corrigir isso", foi o desafio agressivo proposto. Ela não tinha a menor confiança. E senti seu profundo desdém. Nadia era brusca, intimidadora e amargurada. Fora casada por algum tempo, quando tinha 30 e poucos anos, mas não "vira sentido" em permanecer em um relacionamento "ineficaz". Rapidamente notei que, se eu não tomasse uma providência, também seria relegada ao campo do ineficaz. Nadia era belicosa, refratária e estranhamente persuasiva. Deixava-me sempre alerta e questionava tudo que eu lhe oferecia. Adorava me torturar porque, como logo compreendi, a vida a torturara. Na escola, fora desesperadamente impopular, e os pais a tratavam de modo ao mesmo tempo possessivo e negligente, preocupados com o bem-estar físico da filha, mas ignorantes quanto à sua saúde mental. Nadia deduziu, sozinha, que essa atitude teria a ver com o irmão mais velho, viciado em jogo. Havia doze anos de diferença entre os dois, e ela sabia que o irmão era o queridinho da mãe. Um "garoto mimado", concluiu. Mesmo quando Garotinha, ela se lembrava de ficar horrorizada com o modo como o irmão falava com os pais, o desprezo que nutria por eles. Ela se sentia responsável por lhes proporcionar uma experiência diferente. Mas também se ressentia por ter essa necessidade. E trouxe esse ressentimento *inteiro* ao meu consultório.

À medida que rastejávamos pelas consultas, um passo adiante e três para trás, percebemos até que ponto a angústia sufocada dos pais haviam impactado Nadia. E ela se sentia ofendida e oprimida por causa disso. Era ao mesmo tempo insuficiente e exagerada. A inocência de seus pensamentos e o bom comportamento eram fonte de terror latente para os pais, mas também invocavam uma espécie de inveja. Eles precisavam protegê-la do mal que assolava o filho, mas também se ressentiam de como a existência sólida da filha realçava a instabilidade do irmão. Sempre lhe pediam que "compreendesse" e "perdoasse" o irmão, insinuando que "estava tudo bem com ela"; a filha não sofria como o filho. Ao passo que, aos olhos de Nadia, aquela era a trilha difícil da disciplina e da atenção que os diferenciava como irmãos.

Por fim, Nadia se cansou. Ficou furiosa com o irmão, cujo comportamento destrutivo projetava uma sombra. Depois de passar uma vida tentando agradar e guardando uma raiva a que tinha direito, sem o menor reconhecimento de quanto se esforçara – tanto para si quanto para os pais –, ela apareceu em meu consultório com uma ira suicida. Parte da raiva que tinha da atitude destrutiva, proposital e impenitente do irmão a contaminara. Era como se ela quisesse dar a outra pessoa uma amostra do que fora obrigada a sentir, sob uma pressão intolerável e nunca suficiente. A terapia era sua chance.

Nadia foi brutalizada pela armadilha na qual se sentia presa desde os tempos de garota. A fúria fria pela injustiça do legado do irmão era tangível. Ela a vestia como um casaco. Enrolava-se com essa fúria durante o dia e usava-a como cobertor à noite. Mas tinha noção de dever. Era uma Garotinha Boazinha; portanto, não podia se rebelar e deixar que os pais sofressem sozinhos. Carregava o peso para que eles não o carregassem. Mas é claro que as emoções não funcionam assim. A dor, a exasperação e a confusão dos pais eram como uma fonte que se reabastecia constantemente. E Nadia sentia que sua função seria para sempre enxugar o poço que se enchia. Como a vida do irmão girava em torno de experiências cada vez mais caóticas e arriscadas, Nadia sentia pressão crescente para se enraizar aos pais e às suas necessidades emocionais. Entretanto, a raiva e o ressentimento precisavam ir para algum lugar.

Meu trabalho com Nadia foi lento e doloroso. Muitas vezes, ela me odiou por representar alguém que parecia se interpor entre ela e a oportunidade da morte. *Eu mesma* sentia dor por vê-la tão ferida e desprezada. Mas não era minha dor, mas, sim, dela. Era um sofrimento de anos, a raiva de uma vida inteira.

Encorajei Nadia a atirar coisas: cubos de gelo no pátio, toalhas úmidas no chuveiro, pedras em alguma trilha de pedregulhos. A princípio, ela pareceu insegura e atirou a vergonha em mim: "Que ideia estúpida! Você encoraja a violência! Não deveria me ajudar a sentir paz ou qualquer besteira assim?". Contudo, finalmente, em harmonia com o trabalho terapêutico suave, porém persistente, de expor os danos causados na juventude, ela sentiu os benefícios.

Após alguns meses de trabalho, perguntei-lhe se ela conseguiria formalizar suas expressões físicas explosivas. Juntas, resolvemos que seria bom ela tentar *kickboxing*. À medida que ganhava autoconfiança e começava a formar amizades na aula, Nadia decidiu ir além e entrar em um programa de esportes extremos. Começou a fazer retiros *fitness*, que parece algo brutal, mas tinha a ver com o caráter extremo de sua experiência interna. No fim, conheceu um homem em um dos acampamentos e os dois tiveram um relacionamento. Sem a terapia e nossos olhares vigilantes unidos, tenho certeza de que teria rompido com ele também.

A depressão de Nadia era uma raiva invertida, profunda. Ao encontrar uma válvula de escape por meio do movimento, ela pôde extravasar, de maneira física, parte da energia e criar espaço suficiente para o autorreconhecimento mais objetivo. Isso também lhe possibilitou a absorção do tratamento terapêutico. O fortalecimento de nossa relação, de sua confiança em mim, ajudou-a a se livrar, pouco a pouco, dos grilhões do pânico claustrofóbico e acusatório próprio dos pais. Com mais separação, ela se tornou menos afetada pelas projeções.

Após três anos de terapia, Nadia não precisou mais tomar antidepressivos, como vinha fazendo em doses cada vez maiores nos últimos trinta anos. Em três anos, seu círculo de amizades expandiu. Agora ela vê os pais de tempos em tempos, com intervalos de alguns meses, e mantém com eles contato leve durante a semana. Mantém o relacionamento com Mark, o homem que conhecera no acampamento, e espera um dia "correr o risco" de morar com ele. Hoje, consegue falar abertamente sobre a raiva, tão profunda e calcificada, que ela apelidou de "Neville", bem como das irritações cotidianas no trabalho com indivíduos que ela costuma chamar de "retardados". Entende que a depressão deriva da ira e sente que, ao externar aquela raiva de uma vida toda, consegue se libertar da forma invertida desse sentimento. Nadia largou o emprego que não a valorizava e agora é autônoma. Embora não fosse essa a batalha profissional para a qual queria minha ajuda, decidiu que a energia da raiva podia ser mais bem direcionada para a realização de sonhos.

Nadia foi prisioneira de uma raiva reprimida em estado de Garotinha. Adulta, essa situação se manifestou como algo atolado e depressivo. Na época, não conhecia nenhum meio de expressar esses sentimentos e, portanto, não dispunha de ferramentas para isso quando adulta. Como vimos na primeira parte do livro, depressão e raiva compartilham um substrato químico, limitado por inflamação e sempre confuso.

Do modo como entendo, a ansiedade também é mal compreendida. Há tempos psicólogos julgam que as características fisiológicas semelhantes da ansiedade e da raiva indicam espaço psíquico sobreposto. Como demonstraram experimentos de "interpretação de emoção" da década de 1960, nosso corpo tem meios limitados de expressar estados complexos de sentimento. Batimentos cardíacos acelerados, músculos tensos, rigidez do peito e dores de cabeça tensionais são sintomas normalmente associados à raiva e à ansiedade. Os dois estados de humor são alimentados por picos de adrenalina e cortisol. Um ou outro pode estar relacionado ao sentido de perda de controle ou à falta de segurança, tanto que, no confronto com um estímulo fora de nossa esfera de conhecimento, pode ocorrer certa trepidação, o sentimento de uma ameaça maior. À medida que essa sensação aumenta com hormônios, podem surgir sentimentos de afronta, ofensa ou raiva. Essa parte provavelmente será ignorada nas mulheres, em troca de um alinhamento com a onda inicial de opressão intimidada. Por exemplo, no trabalho, um gerente grita com você. Dominada pelo congelamento físico da atitude, você tem poucas chances de explorar a audácia desse tratamento em um cenário que deveria ser profissional. São inúmeras as ocasiões em que tenho que ajudar as mulheres a superar os sentimentos instintivos de medo, até conseguirem entrar em contato com algo muito mais próximo da fúria ou da indignação. Não aprendemos isso quando éramos Garotinhas, mas nunca é tarde para aprender. Como foi o caso de Candy.

Candy

Raiva como timidez. Estratégia = conversa

Candy ofereceu outra oportunidade realmente especial de ajudar a intervir, com delicadeza, na vida de uma Garotinha, e em um lugar onde seu caminho parecia conduzir ao desastre. Ela tinha uma filha de 3 anos, Skye. A menina exibia certos surtos de agressividade com a mãe, o que assustava Candy e a fazia retomar uma linguagem que em nada ajudava, além de ser carregada de convenções sociais: "Seja boazinha!", "Seja uma boa Menina!", "Você precisa se acalmar". Para Skye, o "comportamento endiabrado" se tornara a resposta para tudo, desde brincar de maneira violenta com as bonecas até "responder" para a mãe e jogar os brinquedos.

Interessante foi o fato de Candy recorrer à terapia para trabalhar sua baixa autoestima e timidez. Percebia que a atrapalhava na carreira e, provavelmente, pesava no casamento, no qual se sentia subestimada. À medida que fomos lidando com esses sentimentos, Candy começou a notar que projetava na filha os mesmos hábitos enfraquecedores que lhe tinham sido impostos. Ela se lembrou de que fora uma criança "que gritava muito", e os pais a chamavam maldosamente de "menininha chata".

A irmãzinha de Candy fora uma "Garota muito boazinha", e Candy ouvia essa afirmação constantemente. Você sabia que nas famílias se formam lendas de como você era quando criança? E que é assim que a maioria dos membros da família continua vendo você, mesmo quando se torna adulta? Como terapeuta, *lamento* esse modo de aprisionar alguém, por completo, nos confins da infância. Nos nossos cinco primeiros anos de vida, bilhões de conexões neuronais se formam. A fase de Garotinha oferece às famílias uma brecha de oportunidade para moldar a trajetória mais saudável para o nosso desenvolvimento e ergue, para nós, as fundações ideais. É importante para uma família se lembrar de que está construindo a base para gerações futuras, porque, um dia, essa Garotinha também pode ser mãe de outra Garotinha. E ela não será uma coisinha fofa para sempre. Essa noção pode nos ajudar a sair do atoleiro da abordagem de "elas são umas pestinhas". Essa pessoa, que hoje é minúscula, carregará o mesmo cérebro na idade adulta. Lembra-se da questão que vimos antes, de que algo próximo de um manual no cérebro se compõe das informações de nosso passado? Se as famílias puderem tornar esse "ensinamento" construtivo e útil para nós, serão capazes de nos preparar para também sermos bons pais e mães (se ainda quisermos isso! Desculpe-me se faço a situação parecer desagradável; são ossos do ofício).

Como sabemos, bebês não são "bons" nem "maus". O comportamento deles não é maldoso, mas se baseia em sobrevivência. Portanto, se um bebê precisa gritar para ser ouvido, é porque tem um motivo. Se o corpo lhe diz que precisa de comida ou calor, o bebê pensa que morrerá se não obtiver essas coisas logo. Bebês precisam ser programados assim, pois são totalmente vulneráveis e dependentes. E alguns são "mais exigentes" com pais que não têm a capacidade de lidar com essa situação.

> Infelizmente, Candy aprendeu a crer que era exagerada, e a raiva e o sofrimento em torno disso ficaram impactados e internalizados na timidez agressiva que deixava as pessoas desconfortáveis. Eu mesma senti isso no consultório com ela. Há vários tipos de silêncio, e o dela era muito doloroso, devo confessar. Uma espécie de ataque. Aos poucos, porém, ela começou a encontrar a própria voz. Forçamos conversas comuns sobre sentimentos, nos quais explorávamos o sentimento de indignação de sua infância, o leve papel de vilã que lhe foi imposto e como a vergonha disso lhe roubara a voz.

Agora, preciso reiterar que o cérebro humano é plástico, ou seja, capaz de reorganização estrutural. Quero dizer com isso que ele pode se reprogramar de várias maneiras que parecem absolutamente incríveis. A escolha de caminhos distintos, extraordinários, que as pessoas jamais se considerariam capazes de seguir, pode provocar uma mudança sutil, mas tão fundamental, que o indivíduo sente que suas reações serão completamente diversas. A ideia não é fazer um transplante de personalidade, mas, sim, uma expansão de *sentimentos*. De fato, quero inspirar você, leitora, a entender que isso é possível. Embora sejamos *impelidas a repetir*, quando descobrimos de onde vêm esses impulsos nocivos, podemos nos libertar e partir para um novo conjunto de reações.

O tema principal deste capítulo é a mulher que se sente culpada por coisas não provocadas por ela, que pede perdão por ter criatividade superior à de um homem e permitir a esse homem que a eclipse (como no caso de Juno). Ou tenta fazer com que outra pessoa se sinta mal, transferindo para ela parte da culpa (no caso de Nadia), ou, ainda, repetir a si mesma que fez tudo errado (Candy). Se juntarmos todas essas atitudes, penso que o motivo pelo qual as mulheres se sentem culpadas tem a ver com o fato de acreditarmos que tomamos espaço demais. Nossa defesa é ser decorativa, usar roupas bonitas que não podem sujar; e, se tentarmos erguer a voz para que nos ouçam, logo somos acusadas de "mandonas". O espaço do *playground* é utilizado para futebol, enquanto somos empurradas para esquinas que só podemos usar para falar. Não é à toa que nossas "faculdades emocionais" atingem picos, enquanto as expectativas quanto às "habilidades delicadas" nos meninos são tão baixas. Essas narrativas limitantes são tão onipresentes que nosso cérebro acaba se adaptando a elas. Ocupar qualquer espaço, solicitar algo, tentar fazer com que nossas necessidades sejam supridas... Tudo começa a parecer ousado e rude. E somos induzidas a sentir que estamos erradas. Aquilo que consideramos nossa "culpa" é, na realidade, o condicionamento para diminuirmos os centímetros que ocupamos deste planeta. Esse padrão persistente de diminuição imposta precisa ser incutido, de uma forma ou de outra. Somos impregnadas com padrões emocionais mais altos. Você tem de ser empática e assumir a responsabilidade pelos sentimentos dos outros! Sempre! Se o fizer, nós a deixaremos usar esse pedacinho da Terra. Eca! Pobre Garotinha!

Essas pacientes extraordinárias – Juno, Nadia e Candy – conseguiram reconfigurar suas pressuposições. Não digo que esse processo produz seres humanos perfeitos (quem quer isso, afinal?), mas afirmo que se tornam muito melhores. *E o mesmo pode acontecer com você.*

O que podemos fazer pela Garotinha

Estes não são os únicos passos para ajudar as *verdadeiras* Garotinhas. Todas temos a mesma Garotinha dentro de nós, que, provavelmente, precisa ouvir isso. E, caso hoje você seja mãe de uma Garotinha na vida real, lembre-se de que o ato de cuidar pode ser curativo. Frequentemente, somos mães de nós mesmas enquanto cuidamos dos filhos.

- Lembre-se de que as crianças sempre observam o ambiente naturalmente. Precisamos dar os passos. Preste atenção às mensagens que reforçamos, como "Papai sempre dirige" ou "Mamãe sempre cuida de quem está doente". As crianças criam regras em torno de comportamentos repetidos.
- Pare de colocar as crianças em pequenos nichos na família.
- Como no caso dos bebês, precisamos parar de dizer que as crianças são "boazinhas" quando estão quietas.
- Os pais são mais lenientes quando os meninos são fisicamente agressivos. Pense nisso.
- Converse com as meninas sobre a raiva que sentem. Deixe que a expressem. Ajude-as a encontrar palavras para o sentimento. Há centenas.
- Converse com os meninos sobre a raiva que sentem e ajude-os a usar vocabulário apropriado para expressá-la.
- Devemos ter autocompaixão se sentirmos que estamos reforçando, sem querer, algo do passado. Isso é complicado. Ser uma mãe que pede perdão é um ato poderoso e muito mais construtivo que se afundar na culpa.
- O mesmo comportamento deve ser esperado de meninos e meninas. Se existem quaisquer diferenças no desenvolvimento, não precisamos superestimá-las; e, de qualquer modo, elas não são determinantes: cada indivíduo se desenvolve de um jeito único, em trajetórias típicas.
- Lembre-se também de que tanto meninas quanto meninos gostam de brincar com bonecas. Só que os meninos as chamam de *action figures*. A Barbie também pode resgatar pessoas e saltar de paraquedas.
- Converse com as crianças sobre sentimentos, principalmente os mais incômodos – *o tempo todo*.

- Ensine os meninos a escutar. Se priorizarmos os sentimentos deles, os garotos terão um modelo funcional interno para priorizar os sentimentos dos outros.
- Fale sobre mamães e papais e funções e sobre como devemos tentar equilibrá-los, embora, às vezes, o mundo lá fora dificulte isso.

Muito bem, onde estão os *shorts* e *tops* inapropriados? Você vai precisar deles, pois agora entraremos diretamente nos anos repletos de *glitter* da Pré-adolescente...

CAPÍTULO 6

Pré-adolescente

Neste capítulo, desvendamos o modo como garotas e mulheres se inter-relacionam. E veremos como a partir dessa fase da vida, com as paixonites por astros *pop* e *youtubers*, parece que somos forçadas a ter certo relacionamento com os homens. Na realidade, esses comportamentos de tribalismo e hostilidade no grupo *tentam* servir a importantes propósitos. Ao explorarmos o que mecanismos como a impertinência, por exemplo, nos fornecem, entendemos por que esses modelos de comunicação *parecem* nos dar um canal para a expressão de pensamentos agressivos. O problema é que, normalmente, não direcionamos esses sentimentos às pessoas que precisariam ouvi-los. De modo geral, somos péssimas em qualquer confronto, ou uma "impertinente insuportável". Isso ocorre porque a sociedade nunca nos permite nem fornece o vocabulário para expressar com facilidade a raiva que sentimos.

Nos anos da Pré-adolescência, entre a simplicidade da Garotinha e a turbulência da adolescência, nossas emoções cruas começam a se traduzir como sentimentos mais diferenciados de competição, posse, sadismo, ressentimento, inveja e menosprezo. Inclusive ódio. Esses sentimentos mais complexos, que aparentam ser tão diferentes da raiva, parecem nos proteger da expressão socialmente destrutiva de pura fúria, em um estágio da vida em que a conformidade social começa a ganhar supremacia. Mas a força do sentimento ainda está ali, aumentando a intensidade desses outros hábitos secundários. Qualquer pessoa próxima a uma Pré-adolescente sabe que essa é a idade em que tudo dispara.

É quando ocorre a primeira divisão social entre meninos e meninas. Para a Pré-adolescente, a agressividade deve logo se ocultar sob a superfície. Táticas mais discretas de pertencimento e sobrevivência são preferidas, motivo pelo qual a sociedade pode fazer a Garotinha se sentir um pouco mais culpada. A autoculpa e a autorrecriminação são estados que conheço bem como terapeuta, pois muitas mulheres tentam navegar pelas impossibilidades de "viver uma vida melhor". No entanto, como já vimos, a culpa em si é uma espécie de raiva invertida, outro modo de "limpar" os próprios rastros, de não complicar os próprios sentimentos, mas prender as bordas com tanta precisão que nada escape.

Somos tão brilhantes na hora de lidar com sentimentos incômodos que os absorvemos, mesmo que não sejam nossa responsabilidade. É como se fôssemos produzidas com base em uma geração rígida de princípios coletivos. "Sou tão burra! Sou uma idiota"... É o que dizemos a nós mesmas. Bem, *alguém* é, mas tal pessoa talvez não seja capaz de encarar a verdade. A felicidade dos outros não é prioridade? Pois, se *os outros* estiverem felizes, *você* estará segura.

Quantas de nós, desde a Pré-adolescência, quando tínhamos idade suficiente para enxergar isso pela primeira vez, já não testemunhamos a fragilidade dos homens, a ansiedade e os terrores deles, e vimos que, se não forem apascentados, esses medos se exteriorizam de modo agressivo, em forma de gritos, xingamentos ou desabafos, às vezes até físicos, sem dúvida com a vantagem do corpo masculino maior para criar efeito intimidador? Aprendemos a jogar água no fogo, a engolir sapos. Vemos nossas avós, mãe, tias, irmãs mais velhas e amigas fazendo isso, então as imitamos. Diminuímos ou sublimamos nossos sentimentos e nossas experiências, até nos convencermos de que não deveríamos usar o espaço mínimo que ocupamos.

Agora você vê onde começa a surgir a ideia de encolher o corpo pelo controle de nosso tamanho, não vê? E também percebe onde a raiva começa a se acumular em resposta às nossas reações necessariamente suprimidas. Essa impressão de que não temos direito aos sentimentos é o que contribui para suprimir e gerar sintomas. Se damos um passo em falso, se começamos a achar que não demos espaço aos outros para viver a realidade deles, nossa autoculpa contribui para essa raiva invertida. Torna-se imperativo que a verdade dos outros seja priorizada, pois é a maneira mais segura de garantir nossa sobrevivência. O problema é que, nesse processo, podemos infligir danos irreparáveis a nós mesmas.

A Pré-adolescência assinala o momento em que sabemos realmente o que esperam de nós, e é nessa fase que se definem aqueles parâmetros espaciais. A versão adulta disso apresenta a paciente explicando suas posições, esteja ela descrevendo um ponto de vista político, uma situação com a família ou os amigos, ou as escolhas que fez na vida. Ela se desculpa por ultrapassar o tempo da consulta, por "tagarelar", por me entristecer após relatar alguma coisa. Sempre me espanto com tantas mulheres se desculpando no consultório, em comparação aos homens.

A narrativa terapêutica emergente de um homem às vezes o deixa surpreso com as próprias emoções. *Mas (normalmente) ele não se desculpa por isso*. Já as mulheres que experimentam sentimentos semelhantes – problemas com o relacionamento romântico, amizades, colegas ou familiares – quase sempre pedem perdão por considerarem pequeno seu problema. Isso reflete o modo como se sentem no vasto mundo lá fora. Uma mulher relatou que disse "perdão, mas não quero!" a manifestantes que tentaram lhe dar um panfleto diante de uma clínica de aborto. Ela se sentiu furiosa *consigo mesma* por não lhes ter dito o que pensava deles.

A partir da Pré-adolescência, a mulher aprende a se encaixar no molde. Siga esse *influencer*, compre esse sutiã com lantejoula, *alinhe-se*, fique no grupo. Não force para sair, pois lá fora as pessoas precisarão abrir espaço para você. E isso é *embaraçoso*. A adulta, na terapia, logo se torna facilmente autocomplacente, acha que outra pessoa merece mais o horário da sessão, ou que me faz perder tempo e eu deveria atender a alguém com problemas piores. "Desculpe-me por ter vindo à terapia. Desculpe-me por obrigá-la a me ouvir. Desculpe por existir " O exemplo que darei agora é o de Kanya.

Kanya

Raiva como ansiedade. Estratégia = feminismo

Kanya é um ótimo exemplo de alguém que aprendeu a expandir os parâmetros da Pré-adolescência e converteu a raiva guardada em algo benéfico para seu futuro. Ela começou a frequentar a terapia comigo para lidar com uma ansiedade debilitante. Na época, era organizadora de eventos. A área em que trabalhava era muito masculina, e ela fora contratada quando tinha 18 anos. As experiências sofridas nas mãos (literais) desses homens se revelaram extremas e profundamente chocantes. Sua vulnerabilidade fora determinada na Pré-adolescência.

Sendo a mais velha de cinco filhos, Kanya fora recrutada, muito cedo, como cuidadora. A tendência a pensar nos outros em primeiro lugar era sua principal vulnerabilidade, e se acentuou nos anos da Pré-adolescência, quando a família começou a ver que ela tinha idade suficiente para assumir essa responsabilidade. Já que o dever programado era servir, como ela poderia rechaçar o assédio dos homens com os quais trabalhava? Parecia impossível vencer. Se aceitasse o agressor, toda a equipe acharia que os dois tinham um relacionamento. Do contrário, viveria apavorada por sua segurança (possivelmente com razão, se levarmos em consideração o comportamento dos colegas masculinos e como ela se sentia humilhada ou rejeitada).

A raiva que Kanya sentia conflitava com o terror, e juntos os dois sentimentos formavam uma mistura tóxica interna. Ela começou a ter dores de estômago terríveis, além de ansiedade, e o médico descartou uma base fisiológica, sugerindo que procurasse terapia. O primeiro benefício da terapia foi permitir a Kanya espaço para expressar os sentimentos que ela não podia manifestar em nenhum outro local. O fato de ter frequentado uma escola religiosa para meninas significava que Kanya jamais tivera de encarar a realidade de ser tripudiada por homens fora do ambiente doméstico. Entretanto, ser tratada como mera criada na própria casa não lhe dera autoconfiança para lidar com o contato sexual forçado no trabalho.

Quando começou a verbalizar os sentimentos avassaladores, pesados, que se tornaram presença tão constante em sua vida, Kanya passou a se sentir fisicamente melhor e a buscar respostas. Grande parte da raiva vinha da sensação de ter sido jogada na cova dos leões, em termos do comportamento socialmente aceitável dos homens no ambiente de trabalho. Nenhum deles repreendia os outros; nenhum tentava protegê-la, assim como a família em casa nunca priorizara seu bem-estar e só exigia cada vez mais dela. Graças à terapia, Kanya começou a desenvolver melhor compreensão de direitos e necessidades. E, um dia, uma amiga da universidade lhe emprestou um livro: *Sejamos Todos Feministas*, de Chimamanda Ngozi Adichie. Kanya sentiu que encontrara uma base firme para uma possível autoidentidade que abrigaria suas crenças religiosas e também lhe ensinaria a formular argumentos para si a respeito daqueles anos anteriores que a deixaram tão exposta a comportamentos violentos. Essa compreensão e o apoio psicológico da terapia ajudaram-na a desenvolver sentido de capacidade e autoconfiança. Ela entrou para um grupo de Jovens Feministas em Londres, com muitas mulheres que se sentiam desiludidas e silenciadas e precisavam de um local para falar com segurança. Por fim, Kanya decidiu estudar na Universidade Aberta. Desde a infância, seu intelecto só fora valorizado em termos de capacidade de realizar os desejos dos outros. Agora, podia funcionar como ferramenta para protegê-la e providenciar a realização dos próprios desejos. E quanto ao emprego? Ela saiu, e hoje conta com o apoio do grupo para processar os ex-colegas por assédio. O ponto problemático aqui é que Kanya precisou mudar *o próprio* comportamento para desafiar o ódio que a assolava. Mais uma vez, as mulheres pondo a mão na massa. Quanto mais pesquiso e tento ajudar mulheres a encontrar sua voz e compreender que o erro não é delas, mais me espanto com a ironia. "Meninos são assim mesmo..."

A história da Pré-adolescência de Zara começou no outro extremo.

Zara

Raiva como vergonha. Estratégia = confrontar o perpetrador

Zara cresceu em uma família acolhedora, nas cercanias de Midlands, com pais e professores que a apoiavam, a enxergavam e queriam ajudá-la a se tornar uma Jovem capaz de se virar no mundo. Ela nunca imaginou que essas expectativas de apoio incondicional pudessem ser exploradas posteriormente. A

Pré-adolescência descomplicada, desde a escola mista de gramática, que enfatizava o poder das garotas, deu-lhe a certeza de que nada seria inalcançável.

Quando foi contratada como iniciante em uma empresa de marketing em Londres, ela logo percebeu que as promessas do poder das garotas não passavam de fantasia. Um sócio majoritário na empresa começou a assediá-la, convidando-a para jantar tarde da noite, de modo que pudesse lhe dar conselhos sobre sua carreira no ramo. No dia em que conheci Zara, ela estava abalada e confusa. O homem era carismático, casado e violento. Gostava de amarrá-la durante o sexo. Ela não tinha muita experiência sexual, mas, pelo que vira on-line, achava que seria divertido. Quando a conheci, já começava a ficar assustada. Suprimira o terror até então porque o medo de prejudicar a carreira, comprometendo o orgulho dos pais, era maior. A Garotinha Boazinha condicionara a Pré-adolescente com a mensagem: "Nada de brigar", "Não seja birrenta". Onde estava o Poder das Garotas agora?

Na semana anterior à primeira sessão, Zara tentara romper com o homem. A reação do chefe foi um murro na parede. Ela sentiu asco de si mesma, ficou assustada e sem ação. Tinha medo de perder o emprego e do que ele poderia lhe fazer se ela tentasse, mais uma vez, se afastar. Quando começamos a falar sobre os acontecimentos, ela admitiu que sentia muita vergonha. "Vergonha?", perguntei. "Você foi vítima de um grave abuso de poder."

Zara entrou em pânico: "Mas sou adulta! Também errei!".

Expliquei que casos de relacionamento não são ilegais, mas coagir uma colega em posição subalterna a fazer sexo não seria visto com bons olhos. Ele tinha mais a perder e, por isso, usava a tática da ameaça. Zara admitiu que não conseguia encontrar as palavras certas para transmitir seu sentimento de injustiça, e que era mais fácil internalizar os sentimentos; assim, eles tomavam a forma de vergonha.

Juntas, tentamos encontrar as palavras. E eram cruas: desabafos de confusão oriundos de alguma parte dela que nunca precisara conhecer – de uma

Zara Pré-adolescente sufocada, que ouvira dizer que o poder das garotas se traduziria em poder das mulheres. Pouco a pouco, ela foi entendendo que nem todos os adultos são confiáveis. Que nem todos a respeitarão como aprendera a ser respeitada. E também que podia sentir raiva, muita raiva, de tudo isso. Zara resolveu não mencionar seu relacionamento ao RH (ou dar parte do comportamento do chefe na polícia) e preferiu se encontrar com o assediador em uma sala envidraçada no meio do escritório. Gostou do jeito como ele se sentia desconfortável enquanto ela interpretava o *script* que preparara na terapia. Zara encontrou uma saída ao menos parcial para valorizar sua versão Pré-adolescente, na qual um conjunto de expectativas lógicas de autoconfiança e responsabilidade por ações poderia ser respeitado.

A futilidade por trás da raiva sentida inconscientemente por minhas pacientes parece repetir um círculo vicioso infrutífero e improdutivo. A Pré-adolescência é o período em que a mídia social começa a agir sobre a mente de vítimas recém-suscetíveis. De fato, essas plataformas são elaboradas por especialistas com o objetivo de capturar e envolver uma fase do desenvolvimento cerebral ávido por diversões passageiras, sabores doces, ao mesmo tempo que exercem pressão insidiosa sobre esses cérebros para que se identifiquem com tudo, de maneira distorcida, desde "sair do armário" até os filtros. A acessibilidade infinita e a experiência brilhantemente personalizada encorajam a Pré-adolescente a comparar, cobiçar e perder a realidade, emaranhando-a ainda mais em uma teia de autocensura e sentimentos inevitáveis: acúmulo de raiva impotente e frustrada. Embora Mulheres Adultas me digam que reconhecem o mal dos constantes *feeds* e *reels* das redes sociais sobre elas, não conseguem sair. Seu cérebro Pré-adolescente está sempre *on-line*. Tem tudo a ver com a questão de enquadrar-se, destacar-se (na medida certa), provocar inveja, sentir a ilusão de poder. O vício, porém, só tira o poder da mulher e diminui sua voz ativa, o que é desastroso para todas as mulheres, pois poderíamos canalizar melhor nossa energia para tentar suster um poder substancioso na vida real. O medo é que, se você parar de absorver os tais *feeds*, ficará por fora, perderá o potencial de se envolver. *Conhecemos* esses sentimentos desde muito cedo. Quando uma mulher parece ter sucesso nesse mundo de realidades atordoantes, acaba cedendo o controle para a baixa autoestima e para a falta de amor-próprio. O tema de ser incapaz de vencer se repete, mesmo nesse universo fabricado do tipo "Banco Imobiliário", onde os "seguidores" e as "curtidas" parecem dinheiro genuíno, um concurso de popularidade no qual ninguém ganha. Da Pré-adolescente à Mulher Adulta, a mulher simplesmente descobre novos meios de ficar sem poder.

Escrevo nestes tempos em que o mundo parece pender à beira de um precipício de caos e desregulação; portanto, não me espanta que minha clínica esteja lotada de mulheres que se sentem à deriva existencial, sem âncora nem porto desde a Pré-adolescência, pois não receberam ferramentas *naquela época* que hoje poderiam lhes dar confiança para dizer: "Pare! Não gosto disso! Estou confusa: o que está acontecendo?".

Em vez disso, a força da correnteza as impele a um oceano não mapeado de expectativa e insensibilidade exigente, onde a garota que um dia é a melhor amiga de outra vira a amiga/inimiga amanhã, e também no qual a segregação dos sexos significa que os garotos não são mais os coleguinhas iguais de ontem. Não há porto seguro na idade adulta nem bote salva-vidas de lantejoula a que se apegar. As versões Adultas dessas Pré-adolescentes me procuram com sentimento de terem sido abandonadas pelos maridos que nem sequer tentaram acompanhá-las emocionalmente, deixando-as ao sabor da correnteza. Esses homens seguiram à deriva no próprio bote salva-vidas do trabalho e do esporte (valorizados desde a Pré-adolescência). A fenda entre homens e mulheres surge nos anos da Pré-adolescência, quando a sociedade se impõe com suas mensagens idiotas e ideias enfadonhas acerca de meninos e meninas.

As conversas, a intimidade e a maturidade, encorajadas e até esperadas das Pré-adolescentes, contrapõem-se à amizade simplista agressiva dos meninos. Como se pode prever, essa situação se traduz nos telefones das esposas cheios de detalhes de contatos de outras mães, convites para festas, consultas marcadas com o dentista e reuniões de pais e mestres. Sim, a licença-maternidade formaliza essa distribuição de deveres, mas o que ela perpetua? Do modo como entendo, essas mensagens dos anos na Pré-adolescência predeterminam a experiência separada por gênero na idade adulta. A estrutura tênue do "nosso time", sedimentada no desejo e nos hormônios de poucos anos de intensidade, se rompe. Olhamos ao redor, em busca do colega de time e... Ele não assumiu a posição que prometera. O prêmio conquistado a duras penas não dá mais *a sensação* de igualdade. Nosso desejo de "Estar com Tudo" não pode competir com a realidade de divisões por gênero no passado. Aquele mesmo desejo solitário hoje nos estrangula, deixa-nos sem ar, por causa dos inibidores seletivos de recaptação da serotonina (ISRS), da melatonina e dos betabloqueadores.

Mulheres condicionadas ao sentimento de restrição e à necessidade de manter a segurança desde a Pré-adolescência parecem presas em um perpétuo *loop* de suportar tudo em silêncio. É errado criar uma comoção ou fazer escândalo. Já pensou se deixarmos o homem envergonhado ou ferirmos os sentimentos dele, fazê-lo se sentir humilhado? Tudo começa com "Seja boazinha, Pré-adolescente, não *desconte nas pessoas*". "Não seja uma menina malvada." "Aprenda a guardar dentro de si e se culpar." "Sente-se ao lado desse menino 'desordeiro' e exerça sobre ele influência apaziguadora."

Derrotada e arrasada, a Pré-adolescente logo aprende a direcionar a raiva contra as possíveis aliadas, projetando nelas suas partes mais bem-sucedidas e interagindo de maneira invejosa com essas projeções. Posteriormente, o transbordo de agressão não extravasada e o sentimento de fracasso recaem sobre essas outras mulheres, que proporcionam os ganchos perfeitos, com suas tentativas comparáveis de manobras para tornar possível o impossível. Parece impertinência. Na realidade, é sobrevivência psíquica. As mulheres, quando abandonadas pelos companheiros do sexo masculino, se apegam a qualquer objeto à mão para sobreviver aos ataques de crítica e autocrítica que sofrem desde o nascimento. As outras mulheres costumam ser os efeitos colaterais. Onde está o sentimento entre irmãs quando mais precisamos dele? Parece que se volta contra nós, como uma arma para fortalecer o ataque. É na Pré-adolescência que começa a batalha.

À medida que crescemos, continuamos a receber da sociedade mensagens de que nossa ira não será tolerada como fenômeno explícito, o que significa que precisamos encontrar outros meios de extravasá-la. Um deles pode ser a inversão, ou seja, atos danosos contra a própria pessoa, desde repressão até trauma físico real. Ou atos de agressão passiva, formas de raiva disfarçada, ou parcialmente disfarçada, que ocultam o sentimento pretendido, na manifestação de armas confusas de destruição em massa ou na reputação de agressora manipulativa ou mártir. Mas o que as mulheres podem fazer? Liberar a fúria total, sem parâmetros definidos? Com isso, será que se sentiriam melhor?

A resposta, creio, é processar a raiva sobre uma espécie de esteira emocional, para que ela não fique presa ou calcificada. Quando tentamos expressar nossas necessidades de maneira mais clara e direta, essas mesmas necessidades passam por um espremedor que lhes reduz o peso. Assim, elas têm a oportunidade de pairar no ar e ser devidamente ouvidas. Como exemplo, em minha clínica, vejo muitas mulheres com dificuldade de dominar a raiva, a qual acaba sendo projetada em mim, geralmente de maneiras agressivas e até intoleráveis. Quando as pacientes preparam declarações escritas sobre suas experiências, por razões legais ou profissionais, e sugiro termos que, por necessidade, são elaborados com base em "Tal pessoa me relatou..." em vez de "isso é fato", elas sempre ficam furiosas. No âmbito pessoal, lamento não poder falar algo mais categórico; explico que não testemunhei o que aconteceu. Sou *terapeuta* e, portanto, ajudo-as a processar a experiência que tiveram ou têm. O fato de não poder narrar como *fatos* o que me contaram recria a dinâmica da raiva impotente que as mulheres experimentam mundo afora, desde as velhas experiências na Pré-adolescência, quando as meninas aprendem que a voz dos meninos é mais alta, sua expressão, tolerada, e menos se espera deles em termos emocionais. Em suma, a realidade de ser ouvida e levada a sério parece remota.

Pelo menos, quando um sentido de perda e traição surge na terapia, podemos trabalhar com ele juntas, por meio da dolorosa, porém informativa, experiência de transferência. As pacientes têm oportunidade de dizer a outra mulher, *cara a cara*, como é a sensação de ser abandonada e ter a confiança violada. Roubam-nos essa oportunidade naqueles anos Pré-adolescentes, quando a sociedade decretou que precisávamos de uma amiga em comum para dizer à nossa melhor amiga que estamos de mal com ela.

Desse modo, a paciente tem chance de praticar a sensação de conhecer os padrões, saber qual é a raiz de um padrão e escolher maneiras diferentes de agir no futuro. Quando ocorre algum ressentimento com a terapeuta por causa das cartas que a sociedade põe à mesa contra a paciente, uma exploração mais profunda da raiva gerada por essa situação é incentivada pela profissional, e as duas começam a entender os mecanismos primitivos acionados: abandono ou negligência na infância, ou falha dos pais em escutar e ver; falta de tempo ou de recursos da professora para conversar com as Pré-adolescentes e ajudá-las a desenvolver formas mais sinceras e diretas de comunicação, para que não precisem recorrer a punhaladas nas costas nem à impertinência. A sociedade fomenta isso, incentivando a inveja e a concorrência, de modo que, quando a paciente inicia a terapia, está tão longe de identificar a raiva, tão exausta e resignada, que fica mais fácil tratar dos problemas de estômago ou das dores de cabeça insuportáveis que surgem como sintomas após qualquer tipo de conflito com colegas ou amigos.

Quando ela finalmente tem um relacionamento que incentiva o contato com a causa do problema, recebe permissão de se conectar com a dor e assumir a responsabilidade por ela. Pode encontrar uma voz diferente, mais forte, que supera a passividade irritável oriunda daquela sensação de bloqueio. Essa mulher consegue detectar realmente a fonte de sua ferida e lhe dar nome. Pode dizer a mim, como terapeuta: "Estou muito zangada e magoada porque, depois de todas as horas que passou me dando a impressão de que ouvia minha história e a levava a sério, me joga na cova dos leões com essa cartinha de merda. Porque, justamente pelas omissões, parece sugerir que sou maluca. Sinto que fui tapeada e traída".

Finalmente, em um relacionamento no qual ela pode confiar, com uma pessoa que parece capaz de aguentar o tranco, ela grita, esbraveja e lamenta nunca ter tido, até aquele momento, espaço para ver do que é capaz e juntar todas as forças sob o olhar incondicional da terapeuta (aquele olhar importante, ininterrupto), que a incentivará a testar, com coragem, esse novo conjunto de forças e soltar a voz que dele provém. Ela será encorajada a usar essa voz lá fora, no mundo, com pessoas que, de repente, se mostrarão mais inclinadas a escutá-la, ainda que isso a surpreenda. Agora que alguém a ouve com atenção após tantos anos, a raiva é aplacada. Os problemas de estômago cessam, ela percebe que as dores de cabeça diminuem. Surgem, então, menos experiências de conflito, porque ela pode expressar os sentimentos de maneira mais ousada e clara.

Não posso ser sua terapeuta na vida real, mas tenho condições de lhe mostrar como discernir melhor suas experiências. Posso lembrar a você quanta bobagem preparam para nós desde muito cedo. E, agora que somos adultas, devemos nos lembrar daquela criança interior que certamente não recebeu no passado as mensagens necessárias que a programariam para experiências de igualdade hoje. Permita que esses exemplos de outras mulheres iguais a você lhe mostrem como as coisas podem ser diferentes.

Billie

Raiva como ressentimento. Estratégia = recuperar a vida

Billie era uma Pré-adolescente muito boazinha. Estava casada com um homem que se identificava integralmente com a carreira. O ensinamento que Billie recebera da família religiosa era o de que Garotinhas deviam ser quietas, calmas e angelicais. Billie não investira em amizades desde a Pré-adolescência, quando um grupo de supostas amigas a usava como bode expiatório e a alienava. Amordaçada pelo rigor da formação que recebera, Billie não tinha como se defender do comportamento daquelas garotas ou nem sequer vê-lo como problemático. Ela simplesmente aceitava a maldade das outras, como se elas fossem bem-intencionadas. Não compreendia o que fizera de errado, mas sabia que *errara* em alguma coisa. Jamais lhe passou pela cabeça que as atormentadoras eram as erradas.

Então, na vida adulta, a pressuposição era de que, por ser mãe de três crianças, devia abandonar a carreira de comissária de bordo (outro exemplo de como Billie era manipulável). Tendo os bebês nos anos da pandemia, não recebera muito apoio nem pôde estabelecer laços de amizade com nenhuma mulher. O marido vivia absorto nos interesses profissionais, agora que cabia a ele o ônus de ganhar o pão. Mas as ambições dele não eram práticas, e sim mais focadas em realização profissional e pessoal.

À medida que o ressentimento e a falta de compreensão aumentavam entre os dois, Billie se sentia cada vez mais solitária e isolada. Esse estado de espírito parecia irritar o marido, que via aquela tristeza como carência e manipulação. Ela se queixava de que a inabilidade dele de enxergar além dos próprios interesses era uma barreira que não o deixava compreendê-la. O marido, por outro lado, dizia que ela o "ludibriava". (Você nem imagina quanto essa palavra é usada de modo equivocado, sobretudo pelo ludibriador.) Ele logo assumia posição defensiva quando Billie mencionava a realidade de ficar em casa cuidando das crianças pequenas. Distorcia essa realidade, argumentando que jamais procurara uma vida que o obrigasse a ficar longe dos filhos, e que *ele* era quem estava ocupado, "ganhando dinheiro para cuidar da família toda" (o que também não era verdade).

É muito comum para uma Mulher Adulta se deparar com o argumento de "faço isso por você, pela família". Billie não tinha onde se apoiar nessa questão, principalmente quando o dinheiro entrava nas discussões, seguido da referência a coisas materiais que podia pagar... um golpe sujo, odioso, uma vez que ela não tinha escolha e só podia ficar em casa com os filhos. Apesar de que, se estivesse trabalhando, traria para casa o dobro de dinheiro que o marido ganhava. Espanto-me com a quantidade de mulheres que voltam ao trabalho depois da licença-maternidade e descobrem que o emprego remunerado é muito mais fácil que cuidar do bebê. E também com a atitude dos parceiros ao insistir no mito de que *eles* sofrem porque "nunca tiveram esse tempo em casa".

O que observo em minha profissão é que muitos homens em um relacionamento insistem desesperadamente na narrativa de que enfrentam dificuldade e sofrem mais que as companheiras. Esse mantra é repetido com mais fervor à medida que as mulheres percebem que, na realidade, o mundo do trabalho é muito menos exigente que ficar em casa com uma carga ingrata de afazeres. Em alguns casos, a insistência fica até perigosa. Já vi tentativas menos ou mais conscientes de realmente reprimir uma mulher ao estilo Hitchcock. Lançam-se dúvidas sobre a saúde mental e a estabilidade psicológica da mulher, a ponto de ela questionar a si mesma se, de fato, está sofrendo de depressão pós-parto, ou talvez de um "transtorno de personalidade limítrofe", e acabar aceitando que *ela* é a fraca e tem dificuldade de lidar com a tarefa que a maioria das esposas dos amigos do marido executam "sem problema". Se nossas Pré-adolescentes não nos tivessem preparado para o papel de excelência e capacidade, bem como de *conformismo*, teríamos, na vida adulta, uma base mais forte para protestar: "Essa situação é enlouquecedora, não a aceito e não é *minha* falha!".

Parece que ainda existe a tendência a louvar e colocar sobre um pedestal mulheres que lidam com tudo de maneira serena, sem levar em consideração o provável tumulto nos bastidores. Lembra-se do pedido à Pré-adolescente para que tranquilize o garoto desregulado? Da Pré-adolescente que deve cuidar de bebês e escrever cartões bonitinhos de agradecimento? Ou que só pode se sentar comportada em seu quadrado do *playground* e bater papo com as amigas? No entanto, embora "bater papo" possa significar "falar mal das outras", também indica riqueza relacional. Nós nos conectamos. Encontramos companheirismo, apoio e afinidade.

Billie precisava de amigas. Obviamente, carregava cicatrizes da Pré-adolescência. Aquelas garotas de comportamento cruel pareciam assombrá-la na idade adulta, quando ela precisaria se identificar com outras mulheres e conversar sobre suas experiências, mais que nunca. Recomendei, então, contato com mães em creches, saírem juntas para um café, passear à noite com outras mães. Pouco me importa que sejam clichês. Essas comunidades existem por uma razão. Pessoas sem grande poder se reúnem e se sentem vistas e reconhecidas. Insisti que Billie fosse sincera e falasse de seus sentimentos, permitindo-se abrir para criar amizades. Com o tempo, ela se forçou a confiar em outras mulheres (a começar por mim, sua terapeuta). Passou a investir nesses relacionamentos, conhecer aliadas e encontrar força e independência. Hoje, voltou a trabalhar em alguns voos ocasionais. O marido ainda se gaba da própria carreira e perde boas oportunidades de passar tempo com os filhos. Triste, mas é verdade. Vamos lá, garotos: ajudem-nos!

Como já mencionei, o trabalho individual com uma pessoa permite acesso direto a outros membros da família. Às vezes, quando a presença figurativa de um parceiro aparece na terapia repetidas vezes, você precisa especular: por que ele ocupa tanto tempo de nossa sessão? Por que esse sujeito não nos deixa em paz? Passamos tanto tempo falando sobre a carreira e as neuroses do marido de Billie que senti que ele, provavelmente, também precisava de terapia (mas, afinal, quem não precisa?). Parece rude usar a terapia de outra pessoa. Penso que, quando os parceiros invadem figurativamente nosso espaço, é sinal de que têm muito medo de iniciar um trabalho terapêutico.

Noto um padrão definido nos homens de usar as parceiras como terapeutas – e, frequentemente, eles admitem isso. Muitas vezes, porém, os problemas desses homens são tão avassaladores que uma mulher não aguenta o peso. Entretanto, o sequestro da sessão ocorre porque as mulheres evitam dar a si mesmas a oportunidade de realmente usar o consultório para elas. Receber essa permissão intimida porque nunca fomos encorajadas antes. O que aprendemos foi: sente-se quietinha; seja boazinha; se tiver um problema com uma pessoa, fale sobre ele às escondidas, sem a pessoa saber.

A situação na qual as crianças entram no consultório por intermédio de um pai ou de uma mãe é diferente, pois muitas de nossas questões se refletem no ato de cuidar dos filhos, por isso os problemas deles geralmente *são* os nossos. Além disso, é dificílimo criar um(a) filho(a), e cabe aos terapeutas ajudar você a pensar no que acontece com seus filhos, que não estão ali no consultório. E proporcionar espaço seguro e meditativo para uma reflexão sobre o que está acontecendo no relacionamento. Assim foi o caso de Angel e da filha Pré-adolescente, Mishka.

Mishka

Raiva como mudez. Estratégia: artes marciais

Mishka tinha 10 anos e era extremamente ansiosa. Chorava todas as manhãs antes de ir para a escola e tinha uma amiga que, às vezes, se recusava a falar com ela e ia brincar com outras meninas. Sem saber como agir, Angel chorava com a filha e explicou que a menina começava a ter ataques de pânico no domingo à noite, não conseguia respirar e sentia o coração bater "rápido demais". Nesses momentos, Mishka achava que ia morrer, e Angel fazia tudo para consolá-la. Angel era mãe solo, tinha um emprego puxado e uma parceira do mesmo sexo que não morava com elas, mas ajudava a cuidar de Mishka e era um pilar sólido na vida da companheira. As duas mulheres se sentiam completamente perdidas com a pobre garota, que sempre fora reservada, mas, de repente, começava a desaparecer diante delas.

Poucas semanas após o início do trabalho com Angel, Mishka ficou muda. Angel entrou em pânico, claro, e precisou de muito apoio. A parceira de Angel, Tia, e eu formamos uma espécie de aliança informal em torno dela e quase agimos como mães no decorrer desse colapso, para que ela pudesse lidar com Mishka.

Enquanto Mishka aguardava em uma lista infinita o acompanhamento psicológico do governo, eu sabia que precisava agir logo, tanto para o bem de Angel quanto de sua filha. Um fator incrível do qual devemos nos lembrar sobre as crianças, porém, é que o cérebro delas é tão adaptável que, quando se recuperam (o que pode ocorrer muito rápido), às vezes se veem em posição que parece irreconhecível. Você nota isso quando as crianças passam por alguma doença física: a saúde delas pode se transformar praticamente da noite para o dia.

O mesmo acontece com o sofrimento psicológico. Precisamos providenciar o melhor tratamento, às vezes uma espera vigilante (como no caso da doença física), às vezes intervenção discreta e, em alguns casos, terapia. Mas precisamos deixá-las ficar bem; devemos permitir que se recuperem, retornem ao normal e se livrem dos rótulos. Do contrário, a "criança ansiosa" se torna um "adulto ansioso" e um ser humano que limita a si mesmo, "a mãe ou o pai ansioso" – e o ciclo persiste.

Por causa da urgência nesse caso, agi com mais firmeza que de costume a ajudei Angel a pensar em um tipo de exercício físico, social, "explosivo", perto de onde ela morava. Ela encontrou, então, um centro de artes marciais que oferecia aulas mistas a crianças na pré-adolescência. Claro que Mishka hesitou, mas Angel e Tia prometeram esperar do lado de fora enquanto ela participava da primeira aula de caratê. Mishka ficou em silêncio, no fundo da sala, e não se envolveu; mas a instrutora sabia lidar com qualquer eventualidade e não apressou as coisas. Não insistiu e, no decorrer das semanas, tornou-se uma presença feminina calma e muito confiável na vida de Mishka. Logo chegariam as férias de verão, e, embora Mishka ainda não falasse na escola, pediu a Angel que a matriculasse no clube de caratê, nas férias, com Femi, a instrutora.

Angel ficou muito surpresa e consentiu, garantindo-lhe que iria buscá-la cedo e não haveria problema se a menina mudasse de ideia (para frustração de Tia e, secretamente, minha também, pois a sugestão parecia ameaçar um retorno da ansiedade). Mas Mishka foi. E naquela semana alguma coisa aconteceu – alguma coisa grande. Mishka fez duas amizades. Dois meninos. Ambos maravilhosos e lindos. Os melhores pré-adolescentes masculinos, complacentes, sinceros, engraçados, brincalhões e sapecas. Muito divertidos. E eram tão animados que permitiam a Mishka encontrar sua agressividade latente e canalizá-la, como fazem todos os adultos.

Criada por mulheres, por mais intuitiva, calorosa e inteligente que fosse sua formação, Mishka não teve uma infância exuberante. E sofria de raiva acumulada. Uma criança na classe a provocava por não ter pai. Embora se falasse abertamente sobre fertilização *in vitro* e os sentimentos de Mishka fossem abordados e compreendidos plenamente por Angel e Tia, o mundo é repleto de crueldade e preconceito. Apesar de não conseguirmos protegê-las totalmente, podemos ajudar nossas Pré-adolescentes ao menos a registrar seus sentimentos em algum outro lugar que não dentro do corpo.

Penso que, nessa idade, entre a infância e uma fase antes da adolescência, somos particularmente vulneráveis a sentimentos de inadequação e confusão. Eles podem nos dominar antes de termos oportunidade de saber o que significam ou como reconhecê-los. No caso de Mishka, a dinâmica escolar e as palavras de outras crianças também contribuíram para sufocá-la. Claro que não foi um mar de rosas desde então – a vida não é fácil –, mas Mishka saiu daquela experiência específica sem um rótulo, e Angel pôde voltar à terapia. Esse caso ilustra quanto uma mulher pode ajudar outras e como as experiências entre masculino e feminino podem ser construtivas.

O que podemos fazer pela Pré-adolescente

Como já vimos, os anos da Pré-adolescência são o período em que a diferença comportamental e o tratamento social começam a se manifestar nos gêneros. Podemos cuidar dos hábitos que formamos nas crianças dessa idade com estes passos:

- Devemos encorajar brincadeiras entre os dois sexos.
- É bom juntar crianças de sexos opostos na escola e em outras atividades.
- É importante manter mistas as festas de aniversário e outros eventos similares.
- Nos anos de "latência", os meninos costumam ser vistos como emocionalmente incapazes, de modo que as meninas podem se sentir poderosas e sofisticadas. Mas é aí que começa o problema. Não devemos explorar essa capacidade aparente sobrecarregando a Garota Pré-adolescente.
- Tampouco devemos deixar impunes comportamentos inapropriados dos meninos. Não podemos criar homens emocionalmente limitados. Se eles aprenderem a expandir agora, terão uma base para a fase posterior da vida e relacionamentos melhores com o sexo oposto.
- Deixemos meninos e meninas conversarem sobre o que está acontecendo, ouvindo a voz uns dos outros. Criemos uma mentalidade não binária nem baseada em diferença de gênero. Eles precisam ser incentivados a compartilhar e a escutar.
- Encorajemos as meninas a virem o próprio corpo como posse saudável e forte.
- Examinemos o modo como nossa Pré-adolescência nos programou, de acordo com padrões específicos, para a idade adulta. Nunca é tarde para desafiar essas predisposições. Por que somos sempre aquelas que consertam, providenciam e planejam? Deem um tempo!

Tire aquelas tatuagens de *glitter* e pegue os adesivos para espinhas. Vamos entrar agora no mundo da adolescência propriamente dita...

CAPÍTULO 7

Adolescente

Os anos da adolescência costumam ser difíceis para todos. Mas para as meninas a complicação é maior. De transtornos alimentares a autoflagelo e dismorfia, essa fase é um campo minado. Hoje, ela transparece na plataforma pública, permanente e dolorosa da mídia social. Ser um Garoto Adolescente não é um passeio no parque, mas a situação é muito diferente. Exploramos aqui a psicologia do desenvolvimento no corpo de uma mulher.

O corpo feminino é, ao mesmo tempo, o *playground* e o campo de batalha sobre os quais a sociedade impõe seus regulamentos invejosos. Por causa dos eventos químicos complexos que dão início à Adolescência, nossa estrutura tende a provocar sentimentos de raiva contida em forma de fúria menstrual. Mas a Menina Adolescente também descobre a capacidade do próprio corpo de incitar a fúria assustada daqueles que são intimidados por esse potencial.

Nós, mulheres, temos um buraco em nosso interior, em forma de útero, que pode ser ocupado pela mais potente de todas as possibilidades: um bebê. Isso, porém, nos deixa vulneráveis à exploração, à inveja masculina e à necessidade dos homens de nos ocupar e nos possuir de maneira assustadora. Assim como animais do sexo masculino às vezes devoram os filhotes, o potencial de dar à luz alguém que um dia talvez usurpe o poder do homem é, para muitos, uma ameaça inconsciente.

A ira que emana de dentro e fora de nós é, por fim, absorvida e represada em nosso íntimo. Todas as crianças são vulneráveis, mas assim que uma menina desenvolve os seios passa a sentir um medo diferente, que se estende pela vida. Em sincronia com a erupção literal da pele feminina apertada demais, os homens desejam o corpo feminino e confuso. Minhas pacientes dizem que os anos da Adolescência foram o período no qual sentiam o peso da gaiola punitiva que era o corpo. A ojeriza de si própria e a vulnerabilidade vão ao encontro do escrutínio cruel do mundo exterior.

Este capítulo explora o poder e a impotência de nascermos em um corpo feminino, o modo como nosso cérebro já foi cooptado para internalizar as frustrações daí oriundas e como podemos criar um relacionamento diferente com nosso eu físico.

Comecemos por analisar a estrutura do desejo. O olhar masculino tem grande dose de responsabilidade na questão da raiva das mulheres. Somos doutrinadas a sentir gratidão e prazer quando um homem nos olha com lascívia. Essa reação profundamente condicionada é tão sufocante que mal conseguimos desembaraçar ou definir nossa intuição e nossos desejos. Deve ser por isso que muitas mulheres que conheço se sentem confusas quanto aos relacionamentos e às experiências sexuais que tiveram e as deixaram insatisfeitas ou diminuídas. O reconhecimento cada vez maior de encontros nos quais "é rude dizer não" tinha o potencial de provocar uma mudança radical. Com base no que ouço no trabalho clínico, não provocou. Mulheres de todas as idades ainda se perguntam por que consentiram e até que ponto têm o direito de expressar suas dúvidas. Desde 2016, segundo o The Victims Commissioner, tem havido "queda catastrófica de processos por estupro". A sociedade envia a mensagem de que não sabe como nos apoiar. A pressão pela polidez e pela obrigação determina se uma mulher, de fato, deu consentimento. E é nesse ponto que a necessidade de ser boazinha, simpática, gentil e atenciosa como Garotinha ou Pré-adolescente nos amarra.

Nomear corretamente o tipo de comportamento molestador assusta algumas mulheres, sobretudo se forem mais jovens e ainda não passaram pelo escrutínio social que foram condicionadas a aceitar. Infelizmente, as mulheres que procuraram meu auxílio para se recuperarem de um caso identificado como ataque e tentaram tomar outras providências veem a si mesmas como vítimas de um ataque duplo. São forçadas a reviver a experiência várias vezes, tendo de se explicar e passar por outro escrutínio. Esses golpes duplos parecem ser uma característica universal da experiência feminina. Você tenta se expressar, erguer a voz, contar sua história, mas esse tipo de ação, em um sistema montado com o intuito de silenciar e oprimir, acaba piorando as coisas.

O modo como minhas pacientes se sentiram servas do desejo masculino desde os primeiros anos da adolescência tem sintonia com muitas outras definições de papéis que assumiram na vida, mais tarde. As desigualdades entre homens e mulheres encontram forma paralela e se envolvem mutuamente, tanto que certas dificuldades sem inter-relação visível se fundem. A pseudosservidão da infância feminina – ser bem-comportada, organizada e prestativa – transforma-se na servidão de satisfazer ao olhar masculino, que, por sua vez, se converte nas pressuposições posteriores de nossa vida doméstica. Essa posição, por outro lado, inibe a autoconfiança e nossas ambições profissionais. O modo como nos vemos acaba sendo totalmente definido pelos outros, ainda que não pelos homens em si; mas, com certeza, pelas estruturas estabelecidas em um patriarcado, ou seja, estruturas que servem aos propósitos de quem as construiu.

E nossa raiva cresce. E cresce. À medida que, no decorrer da vida, o potencial para abusos de poder *aumenta* em vez de *diminuir*, a raiva pulsante tem menos vazão. Nosso impasse parece mais inevitável. A raiva só pode ser internalizada. Outra enxaqueca. Ataque de pânico. Síndrome do intestino irritável pior que a anterior. Pressão alta. Câncer.

Algo perverso que observo é que uma mulher pode ficar furiosa com um homem, mas essa fúria, absorvida e distorcida pelo olhar masculino, se traduz como atração. Sim, ela tem certas emoções poderosas em ebulição. A sociedade lhe diz que isso é "tensão sexual", desejo louco inibido. Embutida no contexto social está a ideia de que, quando uma mulher tem muita raiva ou até ojeriza de um homem, é porque, no fundo, se sente atraída por ele. Através dessa lente, podemos ver como essa narrativa diminui e menospreza as emoções da mulher.

Uma paciente de 18 anos descreveu o incidente a seguir, consequência de nossa doutrinação para sentirmos que temos poucas escolhas. Ela estava no metrô de Londres, indo muito cedo para o trabalho. Na plataforma, viu-se sozinha com um homem, que, de repente, começou a dar passos rápidos em sua direção. Ela pensou: "Ele vai passar direto; deve ter percebido que estava na plataforma errada". Mas o sujeito parou diante dela. Ele comia um hambúrguer com muito gosto e começou a encará-la. Não havia nada engraçado na situação: era horrível. Ela estava entre o homem e os trilhos. Virou-se e apressou o passo até se afastar dele, pela escada, esperando logo ver outra pessoa. Não encontrou. Precisou voltar até o corredor da bilheteria, pois não se sentiu segura naquele labirinto de passagens, sozinha com um homem. Disse a si mesma: mas há câmeras em todo lugar! São sete horas da manhã de uma segunda-feira. O que pode acontecer? Contudo, nesse exato momento, percebeu que estava sozinha. Ninguém apareceria para ajudá-la. Estava totalmente vulnerável. Quando saiu do metrô, sentia-se tão abalada que, por algum tempo, mal conseguiu reconhecer a própria raiva. Isso só foi possível dali a dois dias, na terapia.

O que ela concluiu de todo o episódio foi: um homem invadira o espaço dela e a fizera se sentir ameaçada. O incidente fez que se atrasasse para o trabalho que ela ama e valoriza. Mas, naquele momento, perdida no labirinto da estação de metrô, ela sentiu apenas medo. Não foi um evento digno de noticiário, foi? Completamente banal, indigno de um boletim. Todas nós já passamos por experiências semelhantes. O que ela diria a um funcionário (provavelmente do sexo masculino) da estação? "Um homem aproximou-se de mim na plataforma comendo hambúrguer"? Ele daria risada, e ela, provavelmente, se atrasaria ainda mais. E assim se perpetua... Mais um incidente banal, fútil, mas psicologicamente danoso, na vida de uma jovem.

Outro incidente no transporte público, também ocorrido com uma paciente jovem, envolveu um olhar agressivo. Dessa vez, um trem de metrô na mesma hora do dia; não estava vazio, porém ninguém notou. O sinal de ameaça do homem no assento em frente era invisível a qualquer outra pessoa. Como no caso anterior, a raiva não foi a emoção reconhecida logo de cara. Primeiro, a jovem se sentiu humilhada. Encolheu-se. Sentiu nojo. Achou que talvez tivesse feito algo que parecesse convidativo. Sua expressão fora amigável quando o viu pela primeira vez. Ela me disse: "Não devia ter sorrido". Onde estava a raiva? Convertida em sabor de medo, a raiva invertida atinge a própria pessoa, em vez de irradiar para fora, em direção ao alvo.

Meu consultório está repleto de histórias aparentemente banais de transtornos diários. É tudo tão enfadonho e comum que mal damos atenção. Aprendemos, ainda muito jovens, a evitar os olhares masculinos, a não ficar sozinha em um vagão e aperfeiçoar a arte de ocultar o corpo com o próprio corpo. Mas essas são microagressões; tediosas e comuns, começam e terminam dentro de nós. A raiva pela ojeriza, suprimida, precisa ir para algum lugar. É energia; não desaparece. Nós a absorvemos. E passamos esses anos da Adolescência aperfeiçoando a arte.

Por outro lado, às vezes achamos que somos capazes de lidar com o sentimento. De certa forma, parece uma espécie de poder feminino em ação. A mulher escolhe inconscientemente dominar seu estado natural de sentimentos (subjugá-lo) e converte a falta de poder em algo positivo. Ela está por cima, pois fez uma escolha. Será essa uma certeza ciente, profunda, sobre a qual as mulheres têm superioridade de deusa e assumem o controle o tempo todo? Pode, de fato, ser a base sobre a qual se constrói grande parte da opressão que sofremos, um terror nos homens de que nós é que somos as inteligentes, as sedutoras e as detentoras do poder. Os grilhões que nos aprisionam precisam, então, ser reforçados. Quanto mais potentes se tornam as mulheres, mais resistentes devem ser as correntes, capazes de apertá-las com mais força.

Mesmo que esse nosso poder seja verdadeiro, os grilhões nos beliscam, arranham e machucam. No consultório, as mulheres falam muito da dor de descobrir o corpo na condição de Garota Adolescente; da dor de perceber que a sociedade as domina. Todas se lembram dos primeiros risos jocosos, do olhar invejoso e lascivo dos homens e das mulheres; estas, também sobrecarregadas de sentimentos complexos de feminilidade e poder. Minhas pacientes falam da natureza explícita dessa experiência prolongada e vergonhosa; da vulgaridade que sentem do próprio corpo incontrolável; do sentimento de humilhação sob o peso da lascívia; da expectativa e da pressão que esse corpo representa para os outros: "Eu não era dona de mim mesma", "Eu detestava estar na minha própria pele", "Sentia-me vazar por todos os lados", "Tudo em mim que deveria ser mais privado era público".

Essa é a idade em que experimentamos o terror de estar na escola ou em qualquer local público e perceber que o absorvente higiênico vazou. É quando nos sentamos para as provas enquanto sentimos náusea, fraqueza ou até anemia, com dor de cabeça terrível e cólicas abdominais insuportáveis. É a idade em que aprendemos a evitar a cor branca tanto nas calças quanto no sofá e na roupa de cama. Claro que os meninos também têm seus problemas na mesma idade, mas sem o pavor mensal de que seu corpo o traia de maneira que pode ser catastrófica no futuro, tanto em termos sociais quando acadêmicos. Mas, pelo amor de Deus, Garota Adolescente, não mencione o absorvente! Aprenda a disfarçar e corra pelo corredor. Uma paciente me contou que, quando era Adolescente e, às vezes, estava menstruada durante uma longa viagem de carro, o pai reclamava tanto caso precisasse parar em algum local que ela se sentava em uma revista para não sangrar no assento. Os irmãos nada percebiam, por isso nem se importavam.

Conforme tentamos crescer com certa solidez de identidade, que seja nossa e passível de escolha, navegamos não apenas pelos mares do escrutínio e da depreciação, mas também por aquele que vem dos tais "homens feministas" que fingem nos apoiar. Mesmo as noções de "Amamos a aparência natural!" ou "Seja você mesma!" tornam-se modos insidiosos de dar instruções, expor exigências, "permitindo" que experimentemos um vestidinho diferente do da Barbie. Nossa aparência é policiada e patrulhada, de modo que nossa habilidade em reconhecer quem somos por baixo do olhar pesado do patriarcado é apenas uma chance remota. Por esse caminho, conheceremos agora Toya, cuja adolescência fora forjada na fornalha do patriarcado ultrainternalizado: a escola particular só de meninas.

Toya

Raiva como superioridade frágil e autoflagelo. Estratégia: yoga e saco de pancada

Por que não temos um nome para a Síndrome do Colégio Interno – o trauma de ser enviado a um colégio interno muito cedo, geralmente o terreno de homens emocionalmente cauterizados – equivalente ao da epidemia de problemas psicológicos tão abundantes nas escolas particulares de meninas? Embora a Síndrome do Colégio Interno seja horrível, há também um fenômeno que afeta as meninas em escolas particulares de elite sobre o qual falamos muito pouco. Sabemos que existe; sabemos que nessas instituições proliferam os transtornos alimentares e o autoflagelo, mas por que não há um nome apropriado para essas ocorrências? Não pode ser porque o privilégio nos impede de dar rótulos, pois temos um para o problema do colégio interno, e você deve concordar que nada é mais chique que isso. Seria porque o problema só afeta meninas? Como já vimos, meninas e mulheres tendem a internalizar a raiva congelada e a dor de certas experiências que corroem a habilidade do autocontrole. Sabemos que isso se manifesta frequentemente em forma de transtornos alimentares e autoflagelo. São atos de violência contra a própria pessoa, represados lá dentro, sem a oportunidade de extravasar, a menos que a vítima identifique que seus sentimentos brotam da raiva e da sensação profunda de injustiça angustiante e encontre um modo mais saudável de se expressar. Vejamos, enfim, a história de Toya.

Na adolescência, Toya foi matriculada em uma escola para meninas pelos pais, que viviam fora do Reino Unido, mas valorizavam a importância de uma educação inglesa de elite. Toya veio me procurar com 20 e tantos anos, quase 30, desesperada para agradar e sempre pronta para me garantir que eu lhe dizia a coisa certa, embora se sentisse muito frágil e fosse uma pessoa de difícil acesso. Seu modo de falar era da classe alta, e os modos pareciam comunicar desaprovação. Ela *parecia* projetar a raiva dando a entender que achava a outra pessoa inferior; e, como apurei, era realmente o que Toya sentia. Essa tensão superior/inferior era o lócus em torno do qual a raiva encontrava uma saída, com resultados circulares e autopunitivos.

Desde os tempos de Adolescente, Toya sofria com a sensação de que as pessoas a achavam inconsequente. Sua defesa era fazer com que *elas sentissem* isso, criando distância e dificuldade nos relacionamentos, como se as empurrasse. Pode-se ver por que um refúgio para essa Adolescente seria trancafiar-se em si mesma, escondida do frenesi de projeções que se lançavam sobre ela como meteoros. O problema é que, quando nos trancafiamos para fugir dos outros, ficamos encarceradas em nós mesmas. É global. Afastamo-nos cada vez mais de todos, incluindo de nós mesmas. Ao tentarmos nos proteger do sentimento, ficamos amortecidas a qualquer experiência. Não nos damos uma chance de sentir que o mundo exterior não é uma ameaça e nunca descobrimos que nossos sentimentos podem ser tolerados. Com o intuito de dar a si própria uma experiência controlada, moderada, da raiva, Toya fizera, com uma faca, cortes profundos na parte superior das coxas, cujas cicatrizes formavam um mapa de sua agonia. "Todas as meninas faziam isso. Era normal."

Nossa primeira meta, então, era tolerar minha proximidade e a possível ameaça de minha presença. Sugeri que, lá fora, no mundo, ela praticasse atividades que a conectassem com o corpo e externassem a raiva de maneira que lhe permitisse sentir que tinha controle. Ela escolheu yoga porque parecia algo seguro e previsível. Poucos meses depois, contou-me que precisou parar porque chorava o tempo todo durante a aula. Perguntei por que isso seria um problema. Ela pareceu horrorizada: "Adultos não choram!".

Perguntei, então, se um saco de pancada no jardim aos fundos da casa seria interessante. Dali a dois meses, ela me disse que comprara um. Mas usava outro subterfúgio para me manter a distância, uma espécie de reserva, como se guardasse de mim um segredo. Logo me revelou, porém, que começara a equilibrar o saco de pancada com yoga (que retomara, porém, como aula particular, por causa do choro). Essa mistura de extravasamento – socar para fora a ira de Adolescente e externar a dor com choro – parecia conectá-la com os próprios sentimentos de maneira que nos permitia mais interação no consultório. À medida que Toya se sentia mais humana, eu me sentia menos caótica e invasiva. Vi que era sinal de que ela começara também a se permitir sentimentos mais reais. Ela já não tinha mais necessidade de se apresentar como um autômato impassível. Por causa dos ensinamentos brutais da Adolescência, do alienamento do próprio núcleo emocional, Toya necessitava de uma nova calibração para se conectar, de modo mais saudável, consigo mesma e com os outros. Precisava primeiro se livrar dos oceanos de ira e descarregá-lo de forma física, antes de encontrar espaço e tolerância para as experiências mais conectadas da yoga e da terapia.

Agora, apresento Nyra, cuja Adolescência também marcou o início de um desarranjo.

Nyra

Raiva como ansiedade generalizada. Estratégia: separar pensamentos de sentimentos

Nyra tinha 30 e poucos anos quando me procurou. Desde a adolescência, sofria de ansiedade generalizada, ansiedade social e pensamentos obsessivo-intrusivos. Era professora, mas sentia que sua profissão estava por um fio, e todas as amigas tinham estratégias melhores que as dela para administrar a carreira. Ela via os sistemas que elas colocavam em prática para lidar com a carga de trabalho e imaginava que o sucesso das colegas era resultado direto deles. Como as reservas emocionais de Nyra pareciam tão comprometidas, ela encontrava meios de se punir focando na habilidade que discernia nas outras.

Desde a fase de Menina Adolescente, Nyra tinha pensamentos intrusivos frequentes acerca da segurança dos pais. Ela os imaginava sofrendo acidentes horríveis e sempre tinha medo de perguntar o que iam fazer, pois temia ouvir que pretendiam viajar de carro. Com base na ideia psicanalítica da realização do desejo, poderíamos deduzir certa fantasia com a morte dos pais. Se eu lhe dissesse isso, Nyra teria corrido do consultório; então, sugeri delicadamente que, por baixo da ansiedade, geralmente encontramos muita raiva, conceito que ela aceitou com dúvidas. Mas a partir daí pudemos começar o trabalho.

Primeiro, pretendi abordar os sintomas inibidores de vida que torturavam Nyra a tal ponto que ela temia perder o emprego, as amigas e o novo relacionamento. Embora muitos psicanalistas não concordem, minha posição é: precisamos ser realistas. Precisamos ajudar as pessoas a viver no mundo real e colocá-las de volta nos trilhos o mais rápido possível; temos de auxiliá-las a recuperar as forças para escavar fundo e com segurança. Sem dúvida, é a escavação profunda que protege os pacientes de episódios repetitivos, mas devemos antes construir uma fortaleza de resistência. E é por isso que recorremos ao esparadrapo temporário enquanto trabalhamos a cura por baixo.

Para Nyra, isso significava controlar aqueles pensamentos repetitivos e autodestrutivos. Encorajei-a a ser detetive de seus processos mentais. Ela começou a reconhecer os pensamentos ansiosos se formando de longe. O pescoço formigava "quase de um jeito elétrico". Os batimentos cardíacos aceleravam; a respiração era rápida e fraca. Incentivei-a a identificar se esses eventos psicológicos seguiam um pensamento ou se o pensamento surgia para *explicar* o sintoma físico. Ao se concentrar nos sintomas tão logo apareciam, Nyra descobriu que, a princípio, o corpo enviava sinais "do nada". Em seguida, a mente começava a procurar uma razão. Como os pensamentos de "algo terrível vai acontecer com meus pais" e "estou perdendo o controle" pareciam indeléveis, viraram receptáculos, veículos conhecidos para canalizar o sentimento. Quando ela passou a observá-los por esse prisma, os sentimentos individuados começaram a parecer portos apropriados para armazenar o transtorno, em vez de recipientes para um resultado.

Conforme os pensamentos de Nyra se clareavam, ficava mais fácil o escrutínio deles. De onde vinham? O que articulavam? Havia o medo de que a vida a rejeitasse; havia o medo de que os pais a rejeitassem (daí o "acidente"). Reconhecendo que o pensamento acompanhava o sentimento, ela começou a bloquear o pensamento no ato e a dar atenção ao sentimento. Ensinei-lhe alguns exercícios básicos de respiração, os quais ela tentava praticar por uma hora. Quaisquer pensamentos ameaçadores que ela tivesse, registrava no celular e me mostrava depois. Assim, evacuava-os da própria mente e os trazia para a minha. Juntas, avaliávamos o que ela havia registrado.

Aos poucos, Nyra alcançou um nível mais regulado. A partir daí, pudemos nos concentrar melhor em *por que* surgia o sentimento de raiva (em vez de ansiedade, eu insistia). Nesse estado mais calmo, começou nossa jornada psicanalítica típica entre os anais do inconsciente de Nyra. Descobrimos que seus pais, tão destroçados e furiosos por causa da experiência que tiveram com os pais deles, lidavam com a dor sendo negligentes com a própria filha. Na adolescência de Nyra, eles a largaram. Distanciaram-se do mundo interno da filha e do que fazia parte dele, como amigos de escola, por exemplo. Emocionalmente, Nyra teve de cuidar de si mesma. Não reclamou (de que adiantaria?); ao contrário, tocava o barco, construindo para si um andaime interno ao qual se apoiava da melhor maneira possível e servia para suas necessidades mutáveis. Ouço muito isso. A Adolescente parece tão digna e madura que mesmo pais gentis podem cometer o erro de negligenciá-la. Os comportamentos da Menina Adolescente podem insinuar rejeições em reação a essa negligência (como no caso de Toya), o que acaba exacerbando o *loop*.

Quando Nyra tinha 14 anos, a mãe abandonou o marido e a filha e foi morar em uma cidade vizinha. Embora a visse aos fins de semana, era Nyra que bancava a *mãe* nessas visitas, não o contrário. A mãe ficava cada vez mais isolada e sentia raiva em meio ao isolamento.

A chegada de Nyra ao corpo de Adolescente ameaçava a mãe. O potencial da feminilidade de Nyra era percebido como uma espécie de provocação. A mãe de Nyra sentia que aqueles anos estavam perdidos para ela, e o potencial da filha lhe parecia um ataque. O pai de Nyra, que se achava vítima das circunstâncias, amasiou-se com outra mulher. Mas Nyra, a prestativa Adolescente, se permitiu carregar o peso da ira da mãe e da rejeição do pai. Não se queixava; via tudo como seu dever. Pois é assim que nós, quando jovens, somos condicionadas a reagir às necessidades dos outros.

Nyra começou a perceber quanto invejava as amigas que, em sua fantasia, tinham um lar acolhedor, que parecia conduzir a uma posição de riqueza de escolhas e carreiras. Esse clima de inveja e baixa autoestima, de privações furiosas, permeara a vida da mãe e já começava a fazer o mesmo com ela. Embora Nyra fosse forçada a usar a máscara de não precisar dos pais, esbravejava psicologicamente contra a rejeição cruel e deliberada de ambos. Todas as narrativas anteriores em defesa dos atos dos pais tinham, sem dúvida, o objetivo de protegê-la da realidade, isto é, do comportamento tão detestável deles. A ferida no ego causada por essa humilhação exigia boa dose de defesa; um uso de energia que, de modo óbvio, fazia subir os níveis de raiva inconsciente, canalizada em sentimentos mais convenientes de ansiedade, cujo propósito era silenciar o eu.

Mesmo o relacionamento de Nyra com a namorada, Hanna, fora sofrido. A família de Hanna parecia representar o epítome da capacidade e do apoio, e o modo como haviam criado Hanna provavelmente determinara seu caminho na vida. Outra fonte de raiva em Nyra, que descobri à medida que ela confiava cada vez mais em mim e podíamos falar de maneira mais livre, vinha da inveja que sentia passivamente ao testemunhar os níveis de autoconfiança muito diferentes de Hanna.

O elemento comum entre a experiência de Nyra e a de tantas outras mulheres com quem trabalhei é a aparente *aceitação* do destino. Assim como ocorrera com a mãe, Nyra não tinha saída para a manifestação da raiva e do sentimento de injustiça que guardava. A mãe, que se sentia cada vez mais marginalizada e ferida pela vida, *dava a impressão* de infligir dor a si mesma. Contudo, a ponta do chicote desse rancor também atingia Nyra. Enquanto a mãe construía uma vida solitária e amargurada, causava, de maneira consciente ou não, sofrimento na filha adolescente. A incapacidade de reconhecer a própria raiva deixava esse sentimento pronto para uma emboscada, como um tubarão, na fenda entre ela e a filha. Despejar a raiva nesse local, de onde ela respingava sobre Nyra, era uma espécie de alívio para a mãe. Deve ter sido apenas temporário, motivo por que se tornou uma repetição obsessiva.

A princípio, incapaz de ver como odioso o tratamento que recebia da mãe – pois como poderia uma mãe odiar a filha? Seria abominável e doloroso –, foi mais fácil para Nyra fragmentar o sentimento. Ela começou a projetá-lo sobre os outros em forma de inveja, mas também a descrevê-lo intimamente como "ansiedade". Afinal, nos dias atuais, quem *não* sofre de ansiedade?

Após a identificação desses processos, Nyra começou a "esquecer" os sintomas. Não é o mesmo que "curar", pois, na verdade, seu cérebro só precisava ver outro caminho a seguir. Um dia, Nyra admitiu: "Sabe de uma coisa? Acho que no fundo eu *queria* que mamãe e papai morressem! Sinto que minha preocupação de que algo pudesse lhes acontecer era mais uma fantasia que um medo, agora que penso nisso".

A análise objetiva dos pensamentos ajudou a condicionar a mente de Nyra a perder a tendência de cair naquele desfiladeiro específico, enquanto a identificação do mecanismo mais profundo por baixo dos comportamentos formou uma base estrutural de explicação racional que aliviou a dor dela e a fortaleceu internamente. Algumas áreas de déficit e confusão são reforçadas por esse compromisso retrospectivo. Com o passar do tempo, vem a sensação de que a "busca terminou", e as perdas da infância não mais definem o presente.

Minha explicação para o sucesso dessa abordagem é: identificar as "vigas" que faltam nessa estrutura interna em forma de andaime e, ao mesmo tempo, viver a experiência de ser detida de modo infantil equivalem a uma volta ao passado para providenciar as partes faltantes da estrutura. Talvez nunca sejam tão fortes como seriam se os cuidadores primários as tivessem proporcionado; talvez sejam sempre nossos pontos fracos psíquicos. Se, porém, tivermos consciência deles e contarmos com ajuda no desenvolvimento de nossa vida, poderemos evitar que a fenda se alargue e ameace toda a estrutura. Do mesmo modo, neurônios que disparam juntos se conectam; portanto, se continuarmos a praticar esses modos recém-descobertos de comportamento, na certeza de seguirmos os novos caminhos da melhor maneira possível, lembrando-nos sempre do que fazemos e do porquê de nossas ações, não há motivo para esses caminhos não se firmarem com a mesma solidez de qualquer outro.

Tento chamar a atenção das mulheres para os modos como internalizam a raiva e como isso é prejudicial à mente, ao corpo e aos relacionamentos. Com um pouco de autoconversa sincera, penso que todas nós podemos nos ajudar mutuamente a identificar áreas de dor. Com métodos comportamentais simples, como a análise de pensamento, anotações por escrito e trabalho respiratório, podemos, até certo ponto, ser terapeutas de nós mesmas. Por meio do exercício, dos desabafos com gritos nos sacos de pancada, podemos aliviar grande parte da angústia interna. Mas, acima de tudo, precisamos aprender a comunicar. A terapia é, sem dúvida, a melhor maneira de lidar com uma dinâmica desconfortável ou estagnada; mas o segundo melhor procedimento é criar conexões transparentes com as pessoas à nossa volta.

Precisamos aprender a conversar de uma maneira que comunique diretamente nossas necessidades, e que nos abra para ouvir as necessidades das outras. Precisamos falar sobre ódio e raiva e terror, mesmo que pareça errado na sociedade de boas maneiras. Quando damos os nomes certos às coisas, libertamo-nos de parte dos sentimentos que elas deixam impregnados em nós.

Precisamos aprender a confiar em boas amigas, colegas e parentes, e estabelecer com elas conexões melhores. Se na infância não tivemos pais com os quais podíamos contar, essa conexão será um desafio. Outro detalhe que vemos nas histórias aqui apresentadas é o modo como nosso condicionamento continua a nos enviar sinais por meio de vários estágios. Por exemplo, se você tem um pai desinteressado e não participante, espera pouco de um parceiro adulto do sexo masculino. Se seguir o caminho oposto e escolher um homem que lhe dá o apoio apropriado, terá de trabalhar contra si mesma e sua programação. Reescrever o passado pode ser exaustivo.

Entretanto, podemos começar a desenvolver hábitos diferentes, de maneira discreta, e com eles produzir resultados significativos, incluindo definir os sentimentos em palavras simples, como "Sinto..." ou "Isso me faz sentir...", em vez de algo mais defensivo, provocante ou passivo. Quando somos genuínas, isso logo mostra às outras pessoas que estamos dispostas a ser vulneráveis e também encoraja a expressão da vulnerabilidade delas. Precisamos ser capazes de tolerar melhor as demonstrações de emoção, mesmo no ambiente de trabalho. Homens e mulheres precisam ser capazes de chorar, falar sobre mágoas e da dor de expressar os sentimentos negativos extremamente difíceis. Katya foi um bom exemplo de alguém que tinha dificuldade extrema de expressar sentimentos negativos. Vejamos sua história.

Katya

Raiva como ódio leve. Sua estratégia: falar e chorar

Katya tentava, a todo custo, ser a figura certa em uma área profissional que não abria mais espaço para ela. Quando me procurou, era uma mulher de 43 anos, reservada e amordaçada. Trabalhava na indústria da moda desde que chegara ao Reino Unido, aos 20 e poucos anos. Sentia que já "estava velha demais", e as pessoas mal a notavam. A fragilidade causada por essa situação era palpável, e entrava na sala com ela. Sempre via defeitos em mim e apontava minhas falhas sem misericórdia. No início, era horrível trabalhar com ela, e precisei lutar contra o instinto de dispensá-la.

O pai de Katya morreu quando ela era adolescente, o que a deixou lívida. Ela já vociferava, como toda Menina Adolescente precisa fazer, quando o pai teve uma doença degenerativa agressiva. Se há algo de que *não precisamos* no meio da fúria adolescente é de que o pai ou a mãe morram. Katya ficou congelada nessa fúria permeada de culpa, ainda maior pela raiva de ter sido abandonada pelo pai. As diversas camadas de sentimento tóxico pareciam perfeitamente representadas pelos atuais comportamentos maldosamente passivos.

Katya precisava encontrar a própria voz e, mais ainda, a raiva. Além das sessões de terapia, eu a encorajava a *falar, falar, falar* pelo mundo afora; conversar demais, expressar-se demais, compartilhar demais. O "demais" de Katya era o comum da maioria das pessoas. Quando falamos, processamos. Processar sentimentos de raiva nos liberta para vivermos uma vida sem os obstáculos causados por esses mesmos sentimentos. Insisti que ela não apenas falasse, mas gritasse. Berrasse, urrasse no banho. Gritasse sua agressividade em almofadas e travesseiros. Esbravejasse no carro até perder o fôlego. Gritasse muito nas rodovias, do alto de viadutos, onde ninguém a ouvisse e o vento levasse para longe sua dor. Se não morássemos em Londres, teria sugerido a ela que subisse até o alto de uma colina para levantar a voz. Mas a abordagem tinha de ser adaptada à habitação urbana das multidões.

Pouco a pouco, Katya começou a chorar, a tranquilizar-se e a reconhecer a dor. As barreiras foram caindo, as amizades se fortaleceram, e começaram a surgir oportunidades de emprego. A ira traumatizada dos anos de Adolescência se fundira com a raiva impotente que ela sentia como adulta, em um mundo que ameaçava abandoná-la de novo. Identificada a raiva do passado e do presente, Katya pôde canalizar o poder daquela energia invertida e usá-lo para navegar pelas estruturas sistêmicas sexistas, com entusiasmo novo e confiante. Agora ela era uma mulher, não mais uma criança furiosa e agoniada. A raiva lhe era acessível, e ela podia se mobilizar para alcançar metas em um setor tipicamente hostil a mulheres de certa idade.

A Menina Adolescente é forçada a perceber que sua biologia tem repercussões por toda a vida, o que não acontece com os meninos. Uma delas é a realidade da concepção. Qualquer mulher sexualmente ativa descobre, cedo ou tarde, que, em questões da medicina contraceptiva, os *efeitos colaterais* são um fato. Para minha paciente, Nina, o contato prematuro da filha, Kezzia, com a pílula anticoncepcional provocou um transtorno alimentar, algo que me irrita profundamente como feminista. A pílula deveria ser a resposta! Deveria fomentar nossa libertação! E fez isso até certo ponto, mas a realidade maior dessa pseudolibertação prova que as mulheres ainda correm riscos, enquanto os homens são poupados.

Kezzia

Raiva como rejeição da feminilidade. Estratégia: encontrar irmandade

Nina sabia que, se tentasse impedir a filha, Kezzia, de 15 anos, de ter relações sexuais com o namorado, ou quisesse controlar as atividades da menina, só pioraria as coisas. Mãe solo, Nina se acostumara a carregar nos ombros o peso das decisões parentais sísmicas. Ofereceu-se para levar Kezzia à clínica de planejamento familiar. A jovem estava em um relacionamento havia um ano. Sei que isso parece ridículo para a maioria das pessoas. Nós, adultos, nos esquecemos de como nos sentíamos "maduros" na adolescência. Nossa maturação mínima do córtex pré-frontal é responsável pela dificuldade de nos inserirmos em um contexto mais amplo. A Adolescente ainda é uma criança. Mas há uma vasta dissonância nesse estágio da vida, e deve haver mesmo. Embora a mente leve algum tempo para amadurecer, o corpo corre à frente, e qualquer medicamento que tomamos exerce efeitos poderosos sobre um corpo que ainda tenta conhecer a si mesmo. "Simplesmente achei que não poderia ser pior do que se ela engravidasse", repetia Nina, angustiada. Passara os últimos meses fazendo de tudo para explicar a questão do consentimento e ajudara a desacelerar, ao menos um pouco, o avanço do relacionamento de Kezzia. A família inteira conhecia bem o namorado da garota, que fora seu colega de classe desde o primeiro ano, e as duas famílias se aproximaram naquele ano de namoro dos dois.

Kezzia sempre fora muito magra, mas a pílula aumentara seu apetite e, nos seis meses seguintes, ela engordou. Nina saiu com a filha para comprar um biquíni novo e notou que Kezzia parecia não gostar do que via no espelho do provador.

"Estou diferente?", ela perguntou. "Minhas coxas... acho que estão esquisitas."

Nina sempre fora da opinião de que as questões do corpo deveriam ser comentadas com franqueza e sinceridade.

"É, parece que estão um pouquinho rechonchudas!", ela confirmou, jovial, achando que Kezzia concordaria, e as duas procurariam outra loja.

Fiquei pasma com a naturalidade de Nina ao contar essa história. Mas a conhecia muito bem àquela altura. Apenas esperava que, graças ao nosso trabalho em andamento, ela mantivesse um pouco de sensibilidade e empatia que tentei transmitir e pusesse isso em prática. Como já mencionei aqui, é difícil acompanhar uma pessoa *lá fora*, longe do consultório. Você se trai de várias maneiras. E os modos abrasivos, abruptos, de Nina já se tinham voltado contra mim algumas vezes. Era um dos motivos pelos quais havíamos trabalhado tanto em construir a confiança de Kezzia em Nina e por que sua aceitação tímida do envolvimento da mãe fora significativa.

A pílula anticoncepcional é um recurso que pode mudar a vida das mulheres. Mas também provocar mudança na forma do corpo. Quando você é uma Adolescente pendente entre GOSTAR ou NÃO GOSTAR de si própria, e, quando sua mãe, que também não é perfeita (novidade!), tenta melhorar as coisas, embora as experiências dela não a tenham preparado para isso, a situação se complica e muito.

Kezzia deu um mergulho psicológico de cabeça depois do episódio do biquíni. Já se incomodava com o fato de seu corpo ser um invólucro vazio irritante, com o poder de abrigar um bebê, o que poderia ocorrer de modo súbito e horrível: uma realidade que perturbaria muita gente próxima a ela e, de certa forma, seria sua culpa se não tomasse providências. Por outro lado, Kezzia tinha vaga consciência de que, se não engravidasse mais tarde, quando seria a hora mais apropriada, também causaria muita tristeza. Aquela devia ser a primeira vez que Kezzia se deparava com o dilema da feminilidade, vendo o próprio corpo como o pivô em torno do qual girava a ideia de perfeição.

Quando a garota viu o novo corpo no espelho, tentou descobrir se gostava ou não dele. O que Nina deveria ter dito? Deveria ter mentido, dizendo: "Não, não há nada diferente"? Claro que deveríamos falar com nossas filhas, de maneira direta, para que pudessem internalizar esta mensagem: "A pílula que estou tomando causa mudanças no meu corpo. Tomo porque, nessa fase de minha vida, não quero carregar outra, que ainda por cima provocaria mudanças físicas muito maiores". Sabemos, porém, que a sociedade nos programa de tal maneira que as emoções e o corpo ficam inevitavelmente entrelaçados. Como somos mulheres (mesmo as mais bruscas como Nina), claro que tudo é "nossa culpa". Portanto, o fator de precipitação aqui – a menção a "coxas rechonchudas" – também se tornou uma agonia para Nina, na condição de mãe. Mães e filhas são incrivelmente complexas no reconhecimento e na identificação, mas isso constitui, igualmente, a base de um relacionamento urdido no caldeirão do patriarcado.

Kezzia sentia raiva e caiu na armadilha preparada para todas as mulheres: extravasar a dor em si mesma. Começou a passar fome porque queria voltar ao peso antigo. Gostaria de dizer que ela está bem agora, mas claro que não está. Nunca estará, para ser franca. O peso permanece estável, e a atitude de Kezzia em relação à comida melhorou um pouco, mas, na realidade, nenhuma de nós se recupera a partir do momento em que percebemos nossa enrascada, venha essa percepção como vier.

Nesse caso, o que precisava se firmar entre nós três – principalmente em longo prazo, entre Kezzia e Nina – era um diálogo completamente transparente e franco sobre do que temos vergonha em nós mesmas, isto é, o corpo, além de uma conversa muito diferente. Uma conversa que desse voz a Kezzia, que ainda não sabia do que tinha raiva. Ou seja, o despertar do reconhecimento de que a sociedade, por questão de conveniência, coloca toda sua ojeriza e seu desprezo nas mulheres. Ela tira com uma pá tudo o que encontra de indesejável e desagradável e joga em cima de nós, mas, ao mesmo tempo, nos ataca com uma inveja odiosa do poder das mulheres. Isso ocorre porque as mulheres podem arruinar a vida dos homens quando engravidam, mas também exibem, com crueldade, o mais criativo de todos os troféus. Como todas nós sabemos, também podemos decepcionar tantas vidas se não engravidarmos. Entende o que digo? A Adolescente Kezzia não tinha como vencer. Pelo menos o conhecimento, nesse sentido maior, de que o verdadeiro problema não era pessoal foi um triunfo para ela, ajudando-a a se recuperar. Para Kezzia, a sensação de fazer parte de uma irmandade de pessoas que também se sentem aprisionadas em uma sociedade manipuladora foi um conforto e permitiu-lhe começar a mudar de perspectiva, desviando-a da dolorosa experiência estagnada. Para Nina, não se tratava de dizer "a coisa certa" que ajudaria a curar Kezzia. Era, por outro lado, uma mudança de paradigma. As conversas entre mãe e filha ficaram mais significativas e expansivas, menos focadas em partes do corpo e mais centradas em ser mulher em um mundo estranho e, atualmente, impossível.

O que podemos fazer pela Adolescente

- Reconhecer nossos sentimentos mais sombrios e encontrar palavras para defini-los. Mesmo que não os citemos em público.
- Ajudar nossas filhas a fazerem o mesmo.
- Falar sobre o corpo e sobre os sentimentos complexos que surgem da tentativa de residir nele com conforto.
- Falar sobre a raiva que aparece quando nos sentimos examinadas, assediadas, dissecadas.

- Apoiá-la para encontrar meios seguros de falar dessas experiências.
- Encorajar conversas diárias sobre o modo como somos vistas como objetos e o que isso significa para nós e, ainda, no contexto patriarcal maior.
- Buscar na memória lembranças de quando éramos Adolescentes e ter a coragem de encarar algumas dessas experiências. Se as lembranças parecerem nítidas, podemos ser mais empáticas com as meninas que hoje enfrentam a mesma dificuldade.
- Também podemos usar essas lembranças para compreendermos por que ainda temos sentimentos complicados em termos de relacionamentos, sexo e do próprio corpo.
- Quando compreendemos de onde vêm os sentimentos, e sabemos que nos foram impostos, fica mais fácil ter autocompaixão e encontrar maneiras de desenvolver estados mentais mais saudáveis.
- Ei, escolas! Vocês estão melhorando no ensino do consentimento. Será que podemos também falar de sexo e do corpo com mais abertura geral e explicar o que é igualdade? De novo: falar, falar e falar. E escutar. Com a devida atenção. Mesmo que não gostemos do que ouvimos.

Pegue seu primeiro *tailleur* barato! Estamos saindo da desconfortável Adolescência e mergulhando em algo muito mais apropriado e cheio de *glamour*... Não estamos?

CAPÍTULO 8

Jovem

Muitos psicanalistas e neurocientistas diriam que, em termos de comportamento e nível de desenvolvimento cerebral, somos adolescentes até os 30 anos. Este capítulo aborda a adolescência extensa da Mulher Jovem e detalha realidades como a entrada no mundo do trabalho e o papel do desejo sexual masculino como lócus da raiva potencial. Analisaremos aqui a diferença com que tratamos meninos e meninas e as divisões que incutimos neles, além de como nossa vida chega a esse ponto. Será uma leitura um tanto sinistra.

Com base em meu trabalho clínico, sinto que é no estágio da Jovem que o patriarcado começa a exercer *controle* mais flagrante. Nessa fase da vida, até nosso sentido de desejo passa pelo filtro e pelo controle do olhar masculino. As pacientes não cansam de falar sobre a relação complicada com o próprio corpo e a sexualidade, geralmente desde a Adolescência. Quando abrimos as portas para o que é discutido pela Jovem na terapia, podemos estabelecer uma conversa mais franca, impedindo que nossa vida sexual e profissional se torne uma arena mais vasta de desigualdade e frustração internalizada.

Os padrões de encontros românticos da Mulher Jovem entram muito na terapia. Noto que as tendências, se não forem questionadas, colocam a Jovem no caminho para relacionamentos podres. Trazendo consigo o aprendizado da infância, o que ela testemunhou e como foi condicionada, a Jovem se esforça para ser sincera com os homens. Nesse estágio da vida, parece que não conseguimos perceber que nosso sentimento de raiva decorrente do mau tratamento recebido deveria bastar para rompermos o relacionamento. Pois o que fazer se *essa* for nossa única chance de formar uma família? Esses homens nos fazem reféns. Toleramos e nos calamos, e, com isso, abrimos um precedente. *Encenamos* papéis já ultrapassados e nos sentimos impotentes para desafiá-los.

Para a Jovem, esse problema se estende até a carreira. Entrar no mundo do trabalho quando a vida sexual está em alta, mas a habilidade para exigir respeito, em baixa, é um terreno difícil. Como conciliar esse dilema? Flertamos e usamos o corpo porque isso parece nos garantir poder. Mas depois ficamos enojadas. Você não acreditaria – ou talvez sim – no que ouço de tantas Jovens Promissoras que afirmam ter medo de "rejeitar" afeições porque querem proteger sua posição ou conquistar os favores do chefe. Mesmo nas experiências mais corriqueiras no trabalho, a Jovem deve fingir que não sabe qual é a solução ou deixar que um homem explique o que ela já sabe, ouvindo-o repetir como uma pupila obediente. É muito difícil tentar mudar a mentalidade de todos sobre quem somos e o que representamos. Entramos no jogo, vendemo-nos e, na tentativa de inverter a dinâmica de poder, acabamos reforçando-a. Fico perplexa com as repetidas narrativas de minhas pacientes que se veem na área do "Clube do Bolinha", da publicidade à tecnologia, do cinema ao recrutamento e à saúde; patriarcado, misoginia e assédio moderado a grave proliferam. E as mulheres dão de ombros e tentam "não se abalar" com isso.

Relacionamentos abusivos adoram nossas inseguranças Juvenis, bem como nossas tentativas de agradar e mostrar gratidão. Da carreira aos primeiros relacionamentos aparentemente sérios, esse é o estágio da vida em que vem à tona um tipo específico de angústia feminina. Nós, terapeutas, testemunhamos uma solidificação da realidade amarga de comportamentos modelados no passado. É deprimente verificar quantos psicanalistas são ávidos por ver uma Jovem despertar e reconhecer que profissionais maravilhosos eles são... Mas é aí que se repete sempre o mesmo desastre.

E quanto ao Homem Jovem "Limitado"? O que está aprendendo a ser, já que é investido de tanto poder e adulação? É de pequenas sementes que cresce uma árvore de abusos. Sistematicamente, essas sementes das divisões por gênero na infância germinam em problemas de poder nos anos da Mulher Jovem. A constância com que os comportamentos insensíveis e egoístas do menino eram relevados se converte na dor da mulher no presente. O que começa como quase brincadeira, em que "ele não deleta o perfil de relacionamento" ou "visualizou" sua mensagem de WhatsApp tão bem escrita, mas nem se deu ao trabalho ao responder a ela, pode terminar como controle financeiro doméstico e a mulher se desdobrando para agradar, pois ele pode chamar a companheira de "mala" e ir embora. Bem-vinda à nossa era da igualdade tolerada. A história não mudou muito, pelo que ouço.

Ainda são as Jovens que ficam à espera. Ainda são os Jovens que propõem. Ou não propõem. E é isso que mantém firme o *status quo*. Sem falar na baboseira de mudar o nome quando nos casamos! É senhora ou senhorita? Ou é melhor nada dizer e deixar que todos especulem mais acerca do estado civil que sobre qualquer outro aspecto de sua pessoa? Você pertence a alguém ou ninguém a quer? Afinal, *o que há no nome*? O significado é transmitido, assim como a cor rosa. É a energia despendida, o lembrete diário de que estamos inseridas em um sistema no qual somos *menos que*... Um sistema histórico no qual pertencemos aos homens.

Ao reforçar o sentimento da Mulher Jovem de ser definida pelos homens na vida pessoal e profissional, o sistema se sustenta. Ela se transforma na Mulher Adulta e na Mulher Sanduíche e na Mulher Mais Velha com pensão ridícula. Parece tudo muito bem organizado. E *realmente* nos desvia do conhecimento de nossa própria força e poder. Na atual plutocracia, parece-me que nossa ira impotente é alimentada por alguns homens que se sentem intimidados e, portanto, instintivamente empurram para trás algo que lhes parece ter ido longe demais. Assim, desenvolve-se uma cultura que funciona também para outros homens. As ferramentas utilizadas e conhecidas impactam uma demografia fundamentalmente oprimida. Trate-as mal. Sempre deu certo, e, assim como um cão chutado, voltamos para sofrer mais... Já vi como essa prática funciona no tratamento diferenciado entre filhos e filhas à medida que se tornam adultos. (As sementes da expectativa de que as filhas sejam apoio emocional mais confiável aos pais obviamente são plantadas antes.) Mas os anos da Jovem são o período em que o impacto físico começa a pesar. Uma paciente diagnosticada com esclerose múltipla me falou muito, de modo bastante articulado, sobre a preguiça do irmão. E, com um sorriso indulgente no rosto, acrescentou que "tinha vontade de gritar" enquanto planejava a festa de aniversário de casamento dos pais na sala de espera do hospital onde teria consulta. *Muito bonitinho*.

Os números falam por si. As mulheres ainda são a maioria das vítimas de abuso doméstico. Segundo estimativas de preferência global da Organização Mundial da Saúde (OMS), em 2021, 30% das mulheres com mais de 15 anos já sofreram violência sexual, o que equivale a 736 milhões de mulheres em todo o planeta. Algumas fontes apresentam cifra mais alta. Vinte e sete por cento desses números descrevem violência com o parceiro íntimo. De acordo com a OMS, uma em cada três mulheres grávidas é vítima de violência doméstica. Algo profundo, invejoso e odioso se acende nos homens diante da gravidez.

O que observo no trabalho clínico é sinistro. Pois, em relacionamentos heterossexuais aparentemente *não abusivos*, a Mulher Jovem relata um perturbador toque de depreciação diária. Isso abrange um leque de comportamentos, desde a coerção mais sutil até a mais extraordinária: ouvir gritos, ser chamada de louca ou gorda, roupas sujas ou pilhas de louça para ela, até a falta de informação sobre os horários do parceiro, de modo que ela não sabe quando ele voltará para casa. Posteriormente, esses hábitos se convertem em falta de planejamento adequado para férias, aniversários e casos de doença; em geral, a Mulher Adulta tem de fazer malabarismos nessas ocasiões. Retomaremos esse feliz arranjo no capítulo da Adulta, mas, por enquanto, deixe-me contar como a Jovem Rubia captou, por fim, a mensagem e aprendeu a se afastar dos "Jovens Limitados".

Rubia

Raiva como eczema. Estratégia: romper o relacionamento horrível

Rubia sofria, como muitas de nós, na fase Jovem da vida. Sobrevivera à fase intensamente desconfortável da própria pele nos primeiros anos da Adolescência e agora estava presa no segundo relacionamento duradouro. Muitas amigas estavam ficando noivas, e aquele sujeito específico a provocava com a perspectiva perturbadora de que "um dia" pretenderia se assentar. Mas não agora. Rubia adaptou-se às aparentes necessidades do rapaz, que sempre mudavam. Em determinado momento, ela era "carente demais"; em outro, ele se enfurecia porque ela planejava uma viagem com amigas sem avisar a ele.

Rubia nunca acertava. Seu próprio corpo estava errado. Parecia que as amigas sabiam se apresentar de maneira que lhe satisfazia mais. Sempre que Rubia percebia como o parceiro era cruel e medíocre, voltava correndo e assustada para ele, pois era a "última chance" de garantir a si própria uma família.

Por fim, delicadamente usei o rótulo de *sádico*. Posicionei a lente para mostrar a Rubia as sutilezas do sistema sadomasoquista, no qual sua prática de Pessoa Oprimida – priorizando as necessidades dos outros, cumprindo o papel que esperavam dela – foi útil. O masoquista sente prazer em uma posição levemente brutal, como essa. Embora Rubia negasse sentir prazer com aquela forma de tratamento, percebia em si certa compulsão de repetir o que sempre vivera. Pois, como já vimos, o cérebro é impelido a repetir até mesmo os hábitos mais insalubres. Nosso condicionamento se aglutina em caminhos conhecidos e muito utilizados. Assim se formam os hábitos: repetição com o passar dos anos. Infelizmente, a experiência de uma mulher se enraíza no cérebro durante todos os anos que culminam na idade da Mulher Jovem. Rubia constatou isso. Tinha no corpo marcas que vieram em forma de eczema. Um dia, porém, depois de uma noite agoniada sem entender por que ele não respondia às suas mensagens, a pele dilacerada começou a sangrar nos lençóis, assustando-a. Ela me contou o episódio na manhã seguinte: "Não preciso fazer isso, preciso? Na verdade, eu é que estou me machucando. *Não é ele que me machuca...*".

Parece que a pele de Rubia sempre fora sua bandeira vermelha. E ela finalmente parou para ouvir com atenção o que eu lhe dizia.

"Olhei para meus braços, minhas pernas... E ouvi o que você falava: que esse relacionamento é uma espécie de autoflagelo. Que ser masoquista é como coçar a eczema. Tenho *tanta vontade*. Sei que é ruim para mim, mas aquele momento de alívio, de prazer total, dá a impressão de valer a pena. Mas, de repente, não vale. Fico enojada quando percebo o que fiz. Só que estou presa a um ciclo. E esse tipo de vergonha de admitir como me rebaixei me faz procurar mais."

Concordei que, como em qualquer tipo de vício, quando a dopamina é liberada, o gosto desses neurotransmissores assinala aos receptores que devem buscar mais. E a quebra do padrão só pode ser feita pela pessoa dentro do sistema. Rubia estava pronta para ouvir o que outras partes do corpo lhe diziam. Finalmente, ela entendeu o que a pele – aquele local visível de inflamação – lhe dizia. Aprisionada no Inferno da Mulher Jovem, Rubia precisava parar e ouvir o sintoma. Escutar com atenção. E compreender que estava preparada para quebrar o ciclo. Por fim, teve uma autoconversa franca. E, leitora, ela rompeu o relacionamento com aquele homem.

Conversas francas geralmente são um problema para as Jovens. Em uma sociedade que desencoraja a livre expressão do sentimento, as mulheres são taxadas de resmungonas. Desde a Pré-adolescência, temos poucas válvulas de escape para a agressão. Enquanto Garotos Pré-adolescentes podem continuar a agir como crianças, meninas da mesma faixa etária precisam encontrar espaços alternativos para lidar com suas questões. A segregação continua, e, portanto, as Jovens só podem contar umas com as outras para tentar entender as sensações e os sentimentos confusos. Deus as livre de perguntar ao homem que transforma a vida delas em um inferno *que diabo está acontecendo com ele* ou falar, de modo direto, sobre a pressão que sente para se assentar, embora talvez ela ainda esteja indecisa.

Tendo apenas outras Jovens com quem compartilhar os sentimentos, estabelece-se, então, uma câmara de eco: um caldeirão de pânico e ansiedade. Esteja a jovem em busca de uma "maioria", ou de apoio específico, ou, ainda, de ajuda para processar seus sentimentos, os resultados costumam ser os mesmos. Muitas jovens sofrem depois de uma noite com as amigas, pois sentem que falaram demais ou temem que as outras a julguem maldosas ou vingativas. Esses "espaços seguros", na realidade, não são seguros, talvez por serem tão intensos e enclausurados. A mídia social não ajuda, nem as infinitas *hashtags* e os memes de "mulheresqueapoiammulheres". Onde estão essas irmãs quando você precisa delas? Quando está arrasada como ser humano, quando seu coração racha na própria humanidade? E onde estão os amigos jovens que poderiam oferecer uma perspectiva diferente e algo menos aglutinado e sufocante? *Ah, sim*, quando éramos crianças, ouvimos dizer que eles não fariam a mesma viagem que nós.

Assim como em nossos anos mais jovens, ainda há poucas outras plataformas para as mulheres expressarem suas emoções fortes, seus desejos ou sua agressividade. Por isso, só contamos umas com as outras como tábua de salvação. Grupos íntimos de amizade, ou de outras mulheres em fase semelhante da vida ou vivendo pressões parecidas, geralmente são os únicos lugares em que elas se sentem à vontade para revelar suas emoções mais sombrias ou mais perturbadoras em relação às outras pessoas. Mas esse arranjo tem *regras*. Quando conspiramos como irmãs, colocando o rótulo estreito e limitante nesse comportamento, também exercemos uma força patriarcal e opressora umas sobre as outras. É frequente eu ouvir de uma jovem como se sente "exagerada" ou acha que se expressa de modo agressivo ou negativo em situações sociais. Quantos homens de comportamento semelhante são descritos como alguém que "não tem paciência com burrice", ou "vai direto ao ponto", ou é objetivo? *Os homens não são resmungões*. O problema é que, quando resmungamos, também nos depreciamos. Atacamos as mulheres, atacamos a nós mesmas. Remetemo-nos de volta ao lugar sem poder, onde nosso gasto de energia é circular e nunca nos impele à frente.

De qualquer forma, a jovem tem muitos motivos para resmungar. Quando eu estava na universidade, um dia apareceu uma oradora muito conhecida para dar uma palestra às jovens sobre nossas chances de nos formar e obter diploma. A mensagem dela era: "Você não pode ter tudo. Precisa escolher". Muitas estudantes saíram em prantos. Mais tarde, na lanchonete, algumas estavam inconsoláveis. De que adiantava? Os esforços para chegarmos lá tinham valido a pena? Os homens nunca precisariam fazer as mesmas escolhas. Os jovens, nossos colegas, não foram convidados para aquela palestra. Era parecido com a época em que nos separavam deles na escola para nos falar sobre menstruação. *Não é do interesse dos meninos; é uma experiência feminina.* Mais uma vez, éramos definidas por nossa biologia. Em contraste com a década de amplas oportunidades, ou seja, os anos 1990, essa mensagem parecia surreal. Víamos que nossas mães, apesar de "feministas", estavam encurraladas entre os caminhos da carreira, dos cuidados com a família e os afazeres da casa. Em retrospectiva, é como se passássemos a vida tentando provar que a palestrante estava errada. Sim, assumimos funções profissionais mais pesadas que a de nossas mães. Mas, conforme ela previu, uma revolução doméstica subsequente ainda não aconteceu. E, como Adultas, sentimos que é o corpo que paga o pato.

Há algo agressivo e provocante nas palavras de quem lhe diz que isso é o que você queria. *Aproveite!* Quem nos observa talvez até se sinta triunfante por achar que cavamos a própria cova, e como isso é humilhante. Vinte anos depois do alerta daquela oradora, a realidade (como a ouço) é que, quando as mulheres adultas começam a ter uma família, entram na realidade das Adultas, na qual o trabalho em meio período significa que cobrimos os cinco dias totais (ou mais) trabalhando à noite ou bem cedo pela manhã, porque nos levantamos antes dos outros membros da família. Esfolamo-nos com o salário que nos pagam quando trabalhamos no dia de folga, pois somos ameaçadas pela noção de que sempre haverá outra pessoa por trás. Percebemos que os ensinamentos de nossa juventude prepararam nosso caminho de cuidadora para sermos dominadas, pois ainda somos nós que carregamos a carga mental e emocional.

Embora a Jovem possa ter certeza de que fará as coisas de modo diferente, noto, com tristeza, que seu comportamento no local de trabalho ainda imita o condicionamento bem-comportado, ansioso, dos anos em que era mais nova. Ela espera até os homens mais velhos se dirigirem aos colegas do sexo masculino; observa que eles falam por cima dela ou nem a olham nas reuniões. Ela pisa em ovos e se anula. Tenta transmitir ao colega do sexo masculino o conselho do gerente sobre um projeto do grupo. E o colega a ignora. Ela passa uma noite em claro porque terá de encarar o gerente. Mas já é tarde para insistir nisso, e, na verdade, seria humilhante reconhecer que ainda somos vítimas do sexismo profissional. Portanto, não reconhecemos. O corpo, porém, conta a história.

Uma paciente no terceiro mês de gravidez teve uma entrevista para o doutorado. Não era uma gravidez planejada, enquanto a oportunidade profissional, sim. Fazia anos que ela se empenhava nesse caminho. Não mencionou a gravidez à banca examinadora, mas teve de correr no meio de uma pergunta porque o vômito começou a subir (o corpo fala). A banca permitiu o retorno, e os membros lhe perguntaram: "O que aconteceu? Você estava indo tão bem!". Ela não podia explicar *agora* que estava grávida, pois nada dissera antes. Se tentasse se recandidatar, talvez os examinadores se lembrassem dela. E se lembrariam também de que era a louca que "se esqueceu" de dizer que estava grávida. Na realidade, ela sabia que jamais obteria a vaga se declarasse a gravidez. *Claro* que não admitiriam ser esse o motivo; havia milhões de outras desculpas. Tratava-se de um PhD altamente concorrido e subvencionado. Mesmo que estivesse enganada, e a banca não usasse sua condição contra ela, o homem jovem jamais passa por esse dilema. Ou qualquer outro equivalente. Portanto, a verdadeira igualdade ainda é uma ilusão.

A mulher jovem, pressionada para aproveitar as chances de ter uma família, vê sua ambição comprometida. Mesmo no início da carreira, a ênfase esperada em arrumar um parceiro viável a desvia do foco. Assim, mais tarde, quando é hora de equilibrar a carga doméstica com a carreira, ela dá um passo para trás, pois não está acostumada a fazer do trabalho uma prioridade total.

É a partir desse estágio da vida que o ponteiro na escala da igualdade começa realmente a oscilar. Esconder a gravidez é uma dessas cargas pesadas para nós. Para aquela Jovem esperançosa de um doutorado, o senso comum e a experiência anterior a convenceram de que o preconceito atrapalharia seu caminho. O ônus sobre nós, mulheres, de proteger a sociedade de nossas realidades interiores é um fardo perene. Mas do que a protegemos? Da realidade de que tivemos relações sexuais? Ou do embaraço de lidar com o sofrimento caso tenhamos um aborto espontâneo?

É um compromisso natural que as mulheres deem à luz, que nosso corpo forneça a alimentação e o calor às necessidades de um bebê. O problema, contudo, é que as estruturas por trás das decisões subsequentes pressupõem que esse compromisso deva continuar. E continua. Como a mulher sempre amamenta durante a licença-maternidade, faz sentido que fique em casa nesses meses. É o que os empregadores inferem e, entre contratar um homem que não precisa amamentar e uma Jovem que *talvez* precise dessa licença, claro que preferem o homem. Imagine, porém, se existisse uma sala de amamentação em todo local de trabalho e um refrigerador para guardar o leite até o fim do dia! Imagine se houvesse creches no trabalho. Imagine se os homens também tivessem uma licença-paternidade viável. Imagine se pudéssemos criar mais mistério em torno de nossas intenções. Para nós, seria mais ou menos como... ser homem.

Aquele movimento da agulha desliza para mais longe à medida que a mulher jovem se torna mulher adulta. Ela não acreditaria no que a espera se levarmos em consideração o que dizem minhas pacientes. Terá que se conformar com o fato de que os homens ainda *jogam golfe* (é verdade!) no fim de semana; ou se encontram com os amigos para o futebol; ou dão longos passeios de bicicleta; ou saem para um drinque após trabalho, apesar de quase se ausentarem durante a semana e chegarem em casa tarde, depois da hora de tomar banho e dormir. Ela precisará aceitar essas longas horas sozinha na cama, que são as piores do dia, quando está drenada de energia e ainda tem de escalar uma montanha. Isso não significa que os homens não possam relaxar como quiserem, mas o problema é que esse fato é *pressuposto*. Como não são os homens que ficam a maior parte do tempo em casa, a necessidade de ter alguém que cuide dos filhos para que eles se dediquem aos passatempos não é nem sequer mencionada. Não seria melhor dizer tudo isso à Jovem? Ela não poderia ter uma conversa que a protegesse agora ou sobre o que fazer caso engravide? Quais são seus *verdadeiros* direitos em termos de emprego? O que a mulher pode prever no trabalho e em casa em termos de apoio genuíno? E quanto à Jovem que prefere não ter filhos ou não pode tê-los por razões fisiológicas ou financeiras? Como a sociedade a apoia? Como podemos lhe explicar que ela tem valor infinito por direito e sua vida é respeitada? Somos instruídas, mesmo antes de nascer, que só existimos para suprir as necessidades e expectativas dos outros; portanto, mensagens assim podem parecer vazias e irrealistas.

Sinto dor no coração quando uma mulher me diz que o parceiro a acusa de "resmungar" sempre que ela lhe pergunta sobre seus planos para que *ela também* possa se planejar. Que mundo horrível e sufocante. Claro que essa atitude nos silencia, por causa dessa imagem medieval de mocreia venenosa. Quando você ouviu falar de um homem acusado de ser resmungão? A fase da vida em que essa ideia se cristaliza é o período fértil, mesmo em relacionamentos que começaram como parceria de duas pessoas igualmente instruídas e esclarecidas. De certa forma, quando nascem as crianças, isso voa pela janela. Voltamos às velhas estruturas clichês que ambos estão cansados demais para combater.

Como vemos, os padrões criados na infância determinam o modo como homens e mulheres aprendem a se inter-relacionar. Muitas de minhas pacientes comentam que ter um filho é como "ser transportada de volta aos anos 1950"; a potência e as promessas anteriores parecem, de repente, impossíveis. Essa situação é terrível para as mulheres, quando param de pensar que o erro é delas e a confrontam. Creio que seja chocante também para os parceiros, que aprenderam a ter o mesmo sonho de igualdade. Entretanto, em vez de examinar a arma usada e descobrir o que deu errado, é mais fácil para os homens chamarem as mulheres de resmungonas ou "controladoras"; palavras violentas também, pois nos sufocam. Elas nos quebram as pernas. Mas, como já existe o modelo, parece que foi encontrada a solução. *A mulher é o problema! Ela espera demais! É tudo culpa dela.*

Um dos principais problemas é que o trabalho doméstico ainda é desvalorizado e subestimado – diminuído por ser invisível. Mesmo antes de constituirmos família, a manutenção do lar parece ficar por conta da Jovem, talvez porque nos tenham convencido da importância de deixar a casa em ordem, enquanto o mesmo não se espera dos meninos. Você só percebe que o trabalho doméstico existe quando ele não é feito. O remorso pela incapacidade de cumprir as obrigações faz as mulheres se sentirem mais culpadas que iradas. Desse modo, quando as pessoas se unem em relacionamentos heterossexuais, os hábitos já estão formados. A Jovem é vista pelos outros e por si mesma como responsável pelos padrões de vida.

Outra fonte importante de sentimento reprimido nesse estágio da vida da Jovem é a percepção de que seu corpo feminino necessita de mais um referencial. É aí que entra a interface baseada em gênero, vitalícia, com instituições médicas, seja para o controle de natalidade, exames de Papanicolau, interrupção da gravidez, questões reprodutivas, endometriose ou infecções por fungos. Quando chegamos a esse ponto, não há retorno.

Os níveis de atenção que esperamos refletem o fato de que, mais uma vez, não notamos a discriminação em larga escala. Atribuímos o mau tratamento à escassez geral de serviços e à mão de obra sobrecarregada, mal remunerada e desrespeitada. Não ousamos pedir mais. Ou reconhecemos que certas providências específicas para mulheres estão em estado crítico.

Aqui no Reino Unido, um chanceler recente realocou um imposto de um quarto de milhão, obtido das vendas de absorventes, para uma organização em prol da vida. O dinheiro deveria custear instituições de caridade para mulheres. Várias parlamentares se posicionaram contra. Mas foram ignoradas. Essa falta da devida diligência quanto ao *modus operandi* das instituições de caridade escolhidas é um exemplo das mudanças superficiais, irrealistas, feitas em nosso nome. A oferta, que à primeira vista parece nos ajudar, é prejudicial. A linguagem açucarada e bajuladora desvia a atenção da verdadeira ferida.

Em termos de cuidados, as próprias qualidades que nos são atribuídas – empatia e compreensão – são usadas contra nós. Não queremos bajulação; não gostamos que façam estardalhaço por nossa causa. Atos assim contribuem para entrarmos como sonâmbulas em uma situação na qual somos todas muito maltratadas. E nem pensamos em questionar. Veja os problemas persistentes da medicação para a menopausa: falta de remédios, relutância em prescrevê-los, insistência em exame de sangue e falta de conhecimento apropriado dos clínicos gerais responsáveis por encaminhamento. Sem falar no fato de que raramente nos informam sobre o tratamento de reposição hormonal, com receitas subsidiadas. Veja as horas de espera para um exame rotineiro de gravidez em espaços superlotados, que mais parecem uma cena de filme de catástrofe, ou o tratamento absurdo nos centros de saúde de mulheres que perdem o bebê ou têm de lutar na justiça para que seu sofrimento e sua perda sejam levados a sério. Hoje, as mulheres já podem requisitar certidão de óbito pela morte de um bebê. O fato de tal certidão precisar ser "requisitada" demonstra o tipo de dificuldade que enfrentamos, a interface que devemos ter com o mundo, enquanto enfrentamos a mais profunda dor íntima.

Já é normal em meu trabalho ajudar mulheres jovens a receber tratamento melhor nos serviços de saúde, a começar por ouvir, com atenção, suas experiências geralmente chocantes. Sempre me pergunto por que esse problema não recebe mais cobertura da mídia. Só posso concluir que seja porque as mulheres estão ocupadas, não se valorizam o suficiente para exigir mais e não têm a força endêmica do ego para questionar por que isso acontece com elas e com outras conhecidas.

A linguagem da medicina acompanhou o patriarcado. Entristece-me muito ainda ouvir termos como "cérvix incompetente", "útero hostil", "gravidez geriátrica", "aborto espontâneo tardio" e "resultado adverso", todos atribuídos às mulheres como descrições com as quais elas se identificam, sem falar no uso frequente da palavra "falha" no decorrer da conversa sobre fertilidade. Acho triste e assustador o fato de nós, mulheres, não termos escolha, sendo obrigadas a aceitar essas palavras sobre nós, nosso corpo e nossas experiências de caráter muito pessoal. Linguagem é poder, e as mulheres com as quais trabalhei não se sentem aptas a questionar o uso desses termos, porque são *médicos*. Entretanto, entraram em uso na medicina porque, muito tempo atrás, um homem, e depois outros, escolheram aplicá-los. Hoje, podemos falar sobre essas experiências dolorosas e formativas de maneira diferente. Seria, talvez, pelo fato de os livros contemporâneos de medicina nem ao menos incluírem uma representação realista da genitália feminina normal? Há um trabalho em andamento para iniciar esse processo mais amplo de mudança, mas é lento e marginalizado. Percebo que o modo como falamos do nosso corpo (ou não) e da vergonha em torno de grande parte de nossa biologia é comprometido pelo fato de não dominarmos o vocabulário usado para descrever nossos sintomas e também pelas estruturas que desvalorizam e rotulam nossas experiências.

Ao passarem pelas sessões em meu consultório, as mulheres dessa idade costumam mencionar catástrofes no âmbito da saúde: sofrem enxaquecas que duram dois dias, ou são diagnosticadas com endometriose, ou tiveram quatro abortos espontâneos na vida. A maioria das mulheres que se consultam comigo carregam as cicatrizes de pelo menos uma condição de saúde comprometedora. Conviver com dores menstruais angustiantes, ou sofrer de dores musculoesqueléticas recorrentes, ou problemas de tireoide, ou fluxo menstrual pesado e debilitante são problemas considerados absolutamente comuns. Essas experiências são toleradas e vistas como parte normal da vida. Noto que as dificuldades com menopausa e até com a perimenopausa provocam as mesmas atitudes de exaustão, aquela ideia de que temos de aguentar porque não há outro jeito. Como se nossa energia para crer que alguém se importa ou talvez possa ajudar estivesse esgotada.

Ouço repetidas vezes que as consultas com profissionais são tão desanimadoras e inúteis que as mulheres acabam desistindo e recorrem aos conselhos e às dicas de amigas; às vezes, em algum grupo de rede social, alguém sugere um médico conceituado. Mas é uma descoberta ocasional. Pouquíssimas mulheres esperam ser ouvidas ou imaginam que podem ocupar o espaço de um consultório, muito menos ouvir opções criativas de uma abordagem útil. Não culpo os clínicos gerais. Muitas médicas são minhas amigas, aliadas e, cada vez mais, pacientes. Essa é uma questão sistêmica. É social. É uma programação. Começa antes de a mulher entrar no consultório. É sobre vergonha e medo de perguntar. Também tem a ver com a sensação de que nosso corpo é demais para nós. A experiência desesperadora de uma abordagem de gado, com filas e excesso de marcação de consultas pré-natais, enquanto em outro local as parteiras, sobrecarregadas, correm entre duas salas de parto, é um tema universal e melancólico.

É inevitável que as mulheres carreguem o peso e todos os aspectos da gravidez, mas há muito mais que isso. A fertilidade, por exemplo. Historicamente, os discursos acerca da infertilidade e do aborto espontâneo apontam a mulher como responsável, apesar do conhecimento cada vez maior de que 50% dos casos relatados de infertilidade são masculinos. E aquele possível DNA danificado e a saúde generalizada do esperma têm sido uma área mais bem pesquisada. Entretanto, as implicações históricas e a imaginação identificam o corpo da mulher como suspeito, o que ainda significa que uma mulher não se permite sentir a verdadeira experiência da dor, caso tenha um aborto espontâneo. Perder o bebê é um sofrimento. Sofremos pela perda de potencial, mas essa dor se mistura à vergonha *do que interpretamos* como nossa incapacidade. Vejo, ainda, que sentimos uma raiva muito grande, principalmente se nossas experiências forem menosprezadas por familiares e profissionais da saúde.

São frequentes os momentos em que encorajo as mulheres a se conectarem com seus sentimentos em torno do aborto, ainda que tenha ocorrido muito no início da gravidez. É impossível que uma experiência tão carregada de energia potencial (por mais equivocada que tenha sido a impressão da mulher naquele instante) se apague sem a menor reverberação emocional. A energia precisa ir para algum lugar. E, se não se expressa, só pode se encolher de volta dentro da pessoa.

Após o evento da adolescência e da menstruação, uma mulher só costuma ter confronto consciente com as realidades do corpo quando engravida ou planeja engravidar. Em termos clínicos, tenho extensa experiência com o sofrimento psicológico de mulheres nos diversos estágios da fertilização *in vitro*: a falta e a perda da dignidade, a angústia da intervenção hormonal, a dor do aborto espontâneo, a culpa por causa do investimento financeiro – sobretudo se esses esforços enormes não derem certo. A tensão é imensa, tanto na mente quanto no corpo da mulher, sem falar na identidade e nos relacionamentos.

Um problema-chave é, de novo, a autoculpa. Há a sensação clara de que, se algo dá errado no planejamento, em termos de fertilidade, a falha é da mulher. Essa mensagem de nossos sistemas não é contestada nas questões de gravidez e parto. E a vítima é, mais uma vez, a autoestima já baixa da mulher. Em algum lugar, no fundo do coração, ela talvez desconfie de que isso aconteça, mas, no fim, esse questionamento não se equipara à raiva reprimida. A raiva de si mesma e dos outros é invertida e internalizada.

E mesmo para aquelas cuja gravidez termina bem também há motivos para a raiva. Qualquer pessoa que tenha aguardado atendimento de rotina nas maternidades superlotadas do mundo já experimentou o costumeiro coquetel de irritação, menosprezo e humilhação, que são as marcas registradas do tratamento de uma equipe de profissionais tão esgotados que não conseguem mais ser compassivos. Às vezes me pergunto se esses serviços dariam mais importância e respeito à gravidez e ao parto se essa experiência fosse dos homens. Há preocupante falta de interesse no tratamento dessas mulheres justamente nos momentos mais vulneráveis e tumultuosos da vida. E, com isso, chegamos à história de Jasmine.

Jasmine

Raiva como dor de estômago e insônia. Estratégia: sofrer

Jasmine era uma pessoa cujo corpo falava muito de suas experiências. Casara-se quando era Jovem e morava em Londres com uma filha ainda bebê. Os problemas que a afligiam eram insônia e dores de estômago. Passara por *check-up* médico, e nenhum problema físico foi encontrado. O médico, então, recomendou terapia para investigar uma possível origem psicológica.

Levou algum tempo até Jasmine me contar sobre o bebê que perdera dois anos antes. Teve de dar à luz quando o feto já estava totalmente formado, após notar que ele não se movia. Nem o hospital nem a família estavam equipados para dar a atenção posterior de que ela precisaria. O mais impressionante era que, em vez de reclamar dos erros cometidos (pois, com certeza, houve negligência), ela se fechou: "Não vou processar. Tirar dinheiro de um sistema que já está prestes a falir? Foi por isso que perdi o bebê, tenho certeza...".

Quando alguns familiares apareceram para ver como ela estava, Jasmine se mostrou firme: "Não queria que eles sofressem também". Essa bravura serviu de máscara entre ela e o marido. Ela disse que tinha que parar de *dar vazão* às emoções, pois, do contrário, a dor a devoraria, engoliria por completo. O médico lhe receitou antidepressivos, apesar de Jasmine insistir que não estava deprimida. Mas a clínica tinha outra coisa a oferecer.

Percebi que Jasmine tinha oceanos de lágrimas a derramar, impactados dentro dela. Era como se o estômago sofresse sob o peso de um choro contido. Ela carregava as lágrimas por dentro, como uma mala cheia de cacos de vidro. Seus olhos assustados eram como dois abismos à minha frente. O que aconteceria se as lágrimas aparecessem? Quando começamos a falar do marido de Jasmine, ela ficou na defensiva. "Eu o amo demais" (sempre desconfio dessa frase, que implica certo exagero). Sondei-a delicadamente durante algumas semanas e descobri que o marido saía com os colegas quase todas as noites depois do trabalho, e ela mal o via. Um dia, Jasmine revelou que teria dificuldade de pagar a conta daquele mês porque o marido "cortara a mesada".

"Mesada?", perguntei. "Como a dada a uma criança?"

"Ou à esposa", ela respondeu.

Eu não sabia como prosseguir, pois Jasmine fora tão condicionada por sua formação e pelas opiniões do marido que se achava na obrigação de ser grata ao apoio dele. Mesmo quando retruquei que ela não era capaz de ganhar o próprio dinheiro, pois ficava em casa cuidando da filha, Jasmine insistiu: "Sim, por isso ele me paga". Estava tudo simplesmente errado. Mas muito difícil de contestar. Até agora, acho difícil articular quanto essa situação é assustadoramente problemática em um relacionamento e uma sociedade que afirmam que temos direitos iguais; um homem dá à esposa um ordenado modesto (e, no caso de Jasmine, irrisório) e, com isso, decide quanto ela e os serviços prestados valem. Tremo só de pensar. Jasmine não tinha controle nenhum das finanças da família, do dinheiro que gastavam juntos, nem mesmo do que ela usava, pois o marido queria uma planilha das despesas para que aprovasse antes.

Entretanto, ele era um "homem adorável" que se preocupava muito com dinheiro e queria segurar as rédeas. Concordou com a terapia, embora não gostasse muito da ideia, porque a doença da mulher "custava mais", pois lhe obrigava a tirar folga do trabalho para cuidar da filha. Pelo que compreendi, algum tempo depois da morte do primeiro bebê, Jasmine perdera o direito de usar a voz. No esforço para represar as lágrimas, represava também as palavras. Era quase como se achasse que tudo dela era tóxico; assim como "falhara" na hora de dar à luz um bebê saudável na primeira vez, não podia derramar lágrimas ou palavras saudáveis agora.

Na raiva contida, Jasmine se punia por perder o bebê, pois não havia outra pessoa para assumir a culpa. Parte desse castigo, Jasmine deu a entender com o tempo, era deixar o marido pagar tudo do próprio bolso e não permitir a ela acesso aos fundos compartilhados dos dois.

Por meio do trabalho terapêutico, aos poucos, consegui ajudar Jasmine a encontrar a própria voz. Mas sabia que, se quiséssemos abrir espaço para as palavras, teríamos de deixar as lágrimas correrem. Que filmes a faziam chorar?

E que música? Nada. Mas continuei insistindo. A cada semana, eu lhe dava uma lição de casa, experimentando tipos diferentes de música, da clássica às canções de amor. Um dia, quando ela estava sozinha em um supermercado, o sistema de som começou a tocar *Sacrifice*, de Elton John. Jasmine assumia-se como esnobe musical. Um dos motivos para o exercício do choro ser tão difícil era que ela tentava fazê-lo sob um prisma intelectual. Mas, naquele dia, por causa da convergência do clima – garoa de primavera –, e talvez por alguma associação de imagens do corredor de produtos para *pets*, ela foi transportada de volta, subitamente, à morte de seu gatinho, primeiro animal de estimação que tivera na vida. Os olhos se encheram de lágrimas. As lágrimas da criança abandonada: um pranto de entrega, desinibido, angustiado e magnífico. Jasmine saiu correndo do supermercado, entrou em uma ruela da vizinhança e lá se permitiu chorar à vontade. As lágrimas vinham do fundo do estômago, das entranhas, dos órgãos internos mais profundos e surrados. Elas gritavam: pobre Jasmine. Pobre de mim. Pobre do bebê que morreu. Pobre de nós. Pobre filha, que jamais conheceria o irmão mais velho. Pobre marido, recolhido a um canto mesquinho e parcial de si próprio; negligenciado pela dor muda e inexprimível entre eles. Que abismo enorme tinha sido tudo isso. De repente, lá estava a voz de Jasmine. As palavras que ela sempre tivera medo de dizer fluíram para fora com as lágrimas. Não a feriram por dentro, como ela temia. Lavaram e tranquilizaram sua alma. Ela havia lido em algum lugar que pessoas com úlcera e sem acesso a outros tratamentos podiam se beneficiar se bebessem muita água. Sentia, então, que estava fazendo isso. O fogo ardente que tanto lhe inflamara o estômago, causando toda aquela dor, agora era apagado pelas lágrimas.

Finalmente ela aprendeu a usar essa voz no casamento. Com a *minha voz* de suporte, Jasmine teve a coragem inicial para falar; mas depois se manteve firme, e nada mais a impedia. Ela e o marido começaram a conversar. Jasmine usou as palavras – e as lágrimas – às quais nosso trabalho lhe deu acesso. O marido também começou a fazer terapia, o que permitiu aos dois desenvolver autoconfiança e correr riscos. Já conseguiam expor as próprias emoções um ao outro novamente. E a igualdade emocional e financeira foi reconstruída.

Uma dica sobre dinheiro para a mulher jovem: informe-se. Assusto-me – de novo – com o clima dos anos 1950, quando uma mulher me diz que o marido controla todo o dinheiro e todas as contas, e ela "não sabe muito bem o que está acontecendo". O que é isso, afinal?! Segundo a "Roda de Poder e Controle" Duluth, que denota categorias de abuso financeiro, dar mesada a uma pessoa ou não lhe permitir acesso aos registros de renda familiar é prenúncio de desequilíbrio de poder. E, provavelmente, indica que algo acontece sob a superfície, talvez em níveis jamais abordados, o que só colabora para as mulheres ficarem em posição mais fraca. O que ouço em meu consultório corrobora essa ideia. Também é alarmante ouvir quantas mulheres parecem satisfeitas ou até "sugerem" que o dinheiro seja dividido assim. Por favor, vamos levar a sério a igualdade e a erosão de poder!

A história de Jasmine faz saltar aos olhos outra realidade perturbadora: o modo como são tratadas as mães de bebês natimortos.

Recentemente, têm corrido certos avanços no tratamento que essas mulheres recebem. (Pegar embriões do recipiente onde elas tinham recebido instrução para jogá-los ou buscar nos banheiros de hospitais algum tecido para teste são duas formas de experiências traumáticas que as pacientes relatam.) Até agora, porém, a experiência de uma mulher dar à luz um natimorto parece não ter o devido escrutínio. O fato de esperar que tenham o bebê morto naturalmente e quase não recebam instruções sobre o apoio seguinte é muito preocupante. Parece que a norma é um caixão com o rótulo "bebês de hospital" posicionado em uma capela e cercado de famílias em luto. Minhas pacientes que passaram por isso ainda se culpam pela morte do bebê, pelo menos até certo ponto. Não são capazes de sufocar a dúvida quanto à própria responsabilidade: eu deveria ter me esforçado mais. Deveria ter procurado ajuda antes. Embora o *post-mortem* e os profissionais de medicina tentem convencê-las de que nada fizeram de errado, quando a forçam dar à luz o natimorto, tal ato parece uma punição grotesca, uma cicatriz psicológica perene, que transmite a ideia contrária.

As mulheres com as quais trabalhei cujos bebês morreram ainda dentro delas me dizem que se sentiram como carne, como "reprodutoras", nada mais que um útero contendo algo assustador. A inferência é que são forçadas a sentir que fizeram algo errado e muito ruim, e portam uma doença que deve ser impedida e nunca mais citada. Dão seguimento ao parto em alas hospitalares decadentes, ao som de bebês vivos chorando em leitos próximos. Embora seja oferecido apoio psicológico, se "ela quiser", um psicólogo entra e segura a mão da mulher: ela não é levada ao consultório *dele*.

Isso acontece em muitos hospitais-escola importantes. Mulheres que se achavam capazes de tomar as próprias decisões percebem que estão sozinhas na sala quando alguém traz a agulha para pôr fim ao coração do bebê, ou quando lhe pedem que comprem um vestido de boneca para a cremação da criança, porque as roupas "de verdade" não servem. Mais tarde, essa mesma mulher vê, horrorizada, um caixão lotado de natimortos, enquanto seu abdômen ainda está maior que o tamanho normal por ter abrigado um.

O Royal College of Obstetricians and Gynaecologists fala da importância de um parto normal para o natimorto por questões de saúde da mãe e de futuros bebês. No entanto, sinto, em várias ocasiões, que o impacto psicológico é desconsiderado, pouco abordado, pois como uma mulher poderia dar um *feedback*? Eles acabam me procurando e, enfim, se abrem. Fico horrorizada. Sempre. Mas meu foco tem que ser a ajuda a essa mulher *agora*. E, assim, os gritos imediatos e pavorosos de dor ecoam pelos corredores vazios do hospital e espalham-se ao vento. Nada muda.

A jovem começa a entender, mesmo que só em nível inconsciente, que o campo da medicina, povoado quase totalmente por homens até o século XXI, deixou no rastro um legado incontestável sobre a experiência da mulher, incluindo suas necessidades e sua saúde mental. Os fatos inevitáveis da biologia – carregamos o bebê, damos à luz, nosso corpo continua sustentando-o – criam uma base para subestimação e culpa. A titularidade do terreno onde são criados os recém-nascidos implica nossa responsabilidade. Em nível intelectual, compreendemos que o trabalho de trazer bebês ao mundo deveria ser compartilhado. As realidades práticas desafiam esse conceito. Facilmente a mulher se torna o ventre, a burocracia, e não muito mais que isso.

A jovem descobre que essa atitude permeia todos os aspectos dos cuidados da mulher. É triste o reconhecimento de que, no Reino Unido, o aborto ainda precise da assinatura de dois médicos, o que gera angústia sem precedentes e sofrimento emocional desnecessário. Essa tecnicidade é uma emenda à legislação de 1861 que criminalizava a interrupção da gravidez na Grã-Bretanha, de acordo com a Lei de Crimes Contra a Pessoa. Essa aberração jurídica ainda pesa, o que indica que, até hoje, as mulheres não são donas do próprio corpo. Em resumo: no Reino Unido, a decisão de abortar é criminosa. Há movimentos de protesto, e alguns políticos se empenham em dar às mulheres o devido controle sobre seu corpo. A realidade que esses lobistas enfrentam é que aqueles que procuram apoio não percebem o *status* do aborto na Grã-Bretanha. Em meu trabalho terapêutico, sinto profundamente o efeito marcante do caso Roe *versus* Wade* nos Estados Unidos e o efeito em cascata sobre a psique das mulheres em qualquer lugar. Como nós, países ocidentais, podemos desafiar o Afeganistão, o Irã e a Índia quanto ao tratamento dado às mulheres enquanto testemunhamos o desrespeito dos direitos mais básicos femininos em nosso meio?

No Reino Unido, a saúde da mulher é mal pesquisada e parca em recursos. Mulheres Jovens e outras mais velhas me procuram para falar sobre os efeitos debilitantes de condições tão dolorosas como enxaqueca, TPM, endometriose e perimenopausa, que se estendem para secura vaginal, ou vaginismo, ou lassidão pós-parto. Uma mulher esperou quatro anos para remover o tecido cicatrizado dolorido após um rasgo vaginal. Ela não pôde ter o segundo bebê que tanto desejava porque não conseguia ter relações sexuais, pois a dor era tão grande que a fazia vomitar.

Essas mulheres recorrem a mim, a terapeuta *psicológica*, em busca de apoio, geralmente porque não tiveram nenhum após o impacto devastador desses transtornos de saúde. De onde estou sentada, não é mais possível ou ético ignorar a quantidade de mulheres que especulam se teriam sido tratadas com tão pouco caso se fossem homens. Cada vez mais mulheres vão às consultas com o parceiro, pois sentem que terão mais chance de serem levadas a sério do que se comparecessem sozinhas.

A maioria das mulheres com as quais falei sobre o tema do parto em minha vida profissional e pessoal sofreu algum tipo de experiência traumática. Minha pergunta é: isso é normal? Ter um bebê é tão horrível, ou estamos fazendo algo errado? As pacientes me dizem que a percepção do uso excessivo de medicamentos e de controle patriarcal do parto pode ser muito útil. O trabalho com parteiras ou *home care*

---

* Batalha judicial ocorrida em 1973, na qual a Suprema Corte dos EUA decidiu que a Constituição do país deveria garantir às mulheres o direito ao aborto, sem restrições governamentais. (N. da T.)

oferece soluções aparentemente mais naturais. Mas, na realidade, a falta de profissionais pode fazer com que essas opções sejam perigosas, além de criar trauma em torno de intervenção não planejada. Mais uma vez, preocupo-me com os serviços superficiais de certas maternidades que, sem profissionais capacitados, deixam as mulheres menos capazes de decidir e mais expostas ao perigo. Desumanizadas.

A falta de apoio financeiro e de pesquisa acadêmica sobre problemas que afetam as mulheres, desde o parto até a menopausa e a fibromialgia, expõe a posição típica e deprimente dos serviços que deveriam beneficiar a saúde da mulher e de fato ajudá-la a contribuir com geração de renda. Descobertas atrozes na mídia revelam a tendência de ignorar o que as mulheres dizem aos profissionais de saúde sobre o próprio corpo. O desvio da administração hospitalar sem formação clínica voltada a orçamentos e políticas substitui o ensinamento de "escutar os pacientes".

Você pode ver, portanto, como é impactante ajudar as mulheres a assumirem a própria raiva, encorajá-las a compreender essa ira e perceber que elas não têm de tolerar tratamentos vexatórios; assim, podem se livrar das pressuposições e das baixas expectativas que, apesar de antiquadas, permanecem inquestionáveis. Além disso, também precisam sentir que podem ter controle e voz nas estruturas que deveriam apoiá-las. Profissionais e serviços de saúde devem ser parceiros das mulheres e caminhar juntos com o objetivo de cuidar do corpo da mulher. Precisam ter visão ampla se quiserem cuidar do bem-estar fisiológico e psicológico das mulheres. Pois, no fim, mesmo sob mero ponto de vista cínico e capitalista, a sociedade necessita de força de trabalho maior e mais forte.

Na atual situação, minhas pacientes tendem a conservar o pouco de energia que têm quando adoecem. O conhecimento de que a assistência à saúde física será inadequada as ajuda a sofrer menos no presente. O que fazemos é guardar tudo dentro de nós: dor em cima de dor.

É difícil desenvolver autoconfiança em nossas falas sobre o próprio corpo e sobre as necessidades físicas quando aprendemos, desde muito cedo, que essas tentativas podem resultar em nada. Quando as mais velhas de nossa família internalizam e passam adiante essas expectativas lúgubres, nós as refletimos. As pacientes dizem que, às vezes, pedem perdão por marcar consultas médicas, assim como se desculpam por frequentar as sessões de terapia. Confusão e raiva em torno de nossos direitos são fatores constantes no crescimento das mulheres em uma sociedade programada para desvalorizar nossas experiências e dores. Precisamos desesperadamente de profissionais melhores. E, na condição de mulher, cada uma de nós precisa segurar a mão das outras e conduzi-las ao consultório. *Tenha a expectativa* de que os profissionais de saúde a vejam como igual, não com complacência e desvalorização.

Quanto mais ouço casos de verdadeiro horror físico da Jovem, de interrupção da gravidez a ataque sexual, de natimortos a períodos de dor tão intensa que culminam em desmaio, mais me assusto com a realidade de que nossa biologia é, em muitos sentidos, ainda nosso destino. Desespero-me diante do cenário de que não evoluímos além do ponto em que um espaço aberto dentro de nós deixa-nos sempre vulneráveis, como se aquilo fosse um ralo traiçoeiro. Mas o problema real não seria a postura de "estou bem"? Não seria a questão de lidar com tudo, *apesar dos pesares*? Essas partes de nosso corpo existem. Elas precisam de nossa (e de *sua*) atenção. Podemos conversar sobre isso, por favor?

Nosso silêncio forçado parece se aplicar a qualquer experiência negativa que envolva os órgãos reprodutores. Que os céus ajudem a Jovem tentando fazer uma denúncia de agressão sexual. Pelo que vejo, a cena é triste. Em determinado ponto do processo legal, a narrativa da mulher será posta em dúvida. Como se essa dupla violação não fosse estressante o suficiente, a própria vulnerabilidade da Jovem é usada contra ela. Aquilo que a fez correr o risco de ataque, em primeiro lugar, se volta contra ela no julgamento. Ter uma vagina, a parte física que sofreu a agressão, é o que a torna fraca no tribunal. Um processo presidido e legislado por homens nunca oferece a neutralidade e a segurança necessárias a uma mulher que se expõe publicamente em um julgamento. De maneira astuta, a sociedade estruturou nosso cérebro, condicionado desde a mais tenra infância, a cair na autoculpa. Sentimo-nos fracas e *desacreditadas*. Aquele espaço vazio literal dentro de nós, nosso útero, nos deixa mais suscetíveis a um ataque; nesse caso, pelas narrativas de outras pessoas. Todas as minhas pacientes vítimas de agressão sexual sentem que fizeram algo errado, tanto no momento do ataque quanto depois, por causa do escrutínio alheio. Kellice foi o exemplo perfeito de como nossa mente tenta nos proteger jogando-nos debaixo de um ônibus em alta velocidade.

Kellice

Raiva como transtorno de estresse pós-traumático (TEPT).

Estratégia: lidar diretamente com a raiva

Para proteger identidades individuais, Kellice é, na realidade, uma amálgama de várias pacientes no decorrer de meu trabalho como terapeuta, pois as experiências na vida de várias mulheres jovens têm elementos horríveis em comum. Kellice foi vítima de agressão sexual enquanto eu trabalhava com ela. Diferentemente de outras, ela resolveu denunciar o caso, e fiz o que pude para apoiá-la. Tive de prestar depoimento, o que nunca ajuda, pois, como já expliquei, só podemos falar em termos de "o que a paciente me contou". Isso a faz sentir que ela não pode contar tanto comigo, como acreditava.

Quando me recordo de "Kellice" (mais mulheres jovens do que consigo enumerar) e do que lhe aconteceu, fico enojada. Não só por causa do inferno que ela foi obrigada a aguentar, mas por causa da repetição posterior do ataque nas mãos de nosso sistema policial e jurídico, quando ela procurou a justiça. Sinto essa dor no estômago. Ojeriza. Ódio. E indignação por saber tudo o que essas jovens me contam e não fazer nada além de rabiscar uma contribuição parca em uma carta inverossímil. É repugnante. Tenho vergonha. Será isso tudo o que podemos oferecer à mulher que se sente nua, exposta e humilhada até os ossos diante dos pais, dos investigadores, de um sistema estruturado *contra* ela? Como podemos ser tão retardatários e bárbaros? Por que o corpo e as experiências da mulher ainda são tratados com tanto desdém? É como se fôssemos arrastadas pela sujeira até o fundo de uma jaula, diante de uma multidão observadora e de carrascos encapuzados. Já acompanhei de tudo: desde a vida da jovem antes do ataque até a agressão em si e, depois, o embaraço vergonhoso de uma experiência judicial; e em todo o processo as mulheres são mastigadas e cuspidas do outro lado. E têm a vida arruinada.

Kellice começou a sofrer com terríveis sintomas de TEPT após a agressão. Pioraram quando ela foi obrigada a reviver a experiência nas mãos da polícia e no decorrer do julgamento. Conseguimos tratar a raiva contida; e, como resultado, as lembranças ajudaram a aliviar alguns dos sintomas (em si, traumatizantes) conforme surgiam. Quando os pensamentos intrusivos vinham à tona, visualizávamos cortá-los com ferramentas automáticas poderosas. Kellice sentia necessidade de contrapor a violência sofrida com alguns meios próprios de expressão. Desenhava figuras de homens e lhes cortava a cabeça, montava imagens com pilhas de travesseiros e as amassava com o peso do corpo e espetava casacos com um utensílio de madeira. Precisava resistir à inversão dos sentimentos e à reconstrução do ataque. Tinha de expulsá-los de seu íntimo. Era muito trabalhoso, mas melhor para ela que os sintomas anteriores e impactantes em sua vida.

A experiência inteira de trabalhar intimamente com a psique das mulheres e com o desgaste emocional da violência sexual me mostra os limites medievais do sistema jurídico, quão pouco preparados estamos para proteger as mulheres e garantir que tenham tratamento justo – e como os sintomas posteriores à experiência parecem um ataque duplo. Esses casos estão vívidos em meu coração e me corroem enquanto não acontece uma verdadeira mudança.

O que podemos fazer pela Jovem

- Os homens precisam pedir.
- Precisamos falar. *Não pedir*. Falar.
- Diga "vagina" pelo menos 16 vezes por dia. Precisamos abordar essa vergonha do corpo. Agora. Por enquanto, todas nós a sustentamos.
- Também é uma questão cultural. Será que ajudaria se fizéssemos como na Escandinávia e passássemos algum tempo nuas em uma sauna?
- Fale. Fale tudo. Principalmente ao sentir a pressão para se calar.
- Imagine-se olhando nos olhos do colega ou chefe homem e lhe dizendo uma das 16 "vaginas". O lócus da eterna vergonha e vulnerabilidade pode finalmente se tornar fonte de poder mental audacioso.
- Fale com as pessoas sobre suas necessidades.
- Incentive outras mulheres, no trabalho, na faculdade ou na família, a serem mais abertas e sinceras acerca do corpo feminino em geral. Pergunte, por exemplo, "Você está falando da vagina?".
- Apoie outras mulheres como se fosse por reflexo. Esse instinto tem base de dados.

- Com a cabeça erguida, volte à sala onde foi ignorada. Vagina em primeiro lugar.
- Se você pretende constituir uma família, converse abertamente com o parceiro. Ele pode ter licença-paternidade? Se o bebê chorar à noite, ele se levantará? Se os filhos ficarem doentes, ele poderá faltar ao trabalho? A família será um time ou um espetáculo solo?
- Empregadores! Comecem agora mesmo um treinamento de Recursos Humanos sobre como os homens devem respeitar as mulheres e entender as fronteiras e o abuso de poder. Será que eles realmente escutam a Jovem? Sabem fazer isso?

Agora é hora de um bom caldo de galinha para fortalecer. Precisamos de músculos para a próxima parada. A Adulta: no ápice do jogo do poder patriarcal, só mesmo tomando remédio.

CAPÍTULO 9

Adulta

A Adulta já navegou pelos primeiros anos no mundo do trabalho, tem filhos jovens (se os tem) e, pelo que observo, geralmente não pode contar com o auxílio de pais dinâmicos. Talvez os pais estejam aproveitando a calmaria da terceira idade. E muitos ainda se ocupam, claro. Ou moram longe porque, na tentativa de "Estar com Tudo", a mulher adulta talvez não resida mais na cidade em que nasceu. É possível que tenha mudado de cidade por causa do trabalho do parceiro; mas, por outro lado, os pais podem estar muito idosos para ajudar. Seja qual for o motivo, a Adulta se vira sem os outros. Ainda que a dor dessa rejeição a incomode, ela encontra roupas apropriadas para seu corpo irreconhecível e toca o barco.

Se esse for o momento em que tem o primeiro filho, a Adulta anseia também por muitas outras coisas interessantes. Entre ter de lidar com um sistema de saúde contrário a ela e o retorno à carreira "apropriada" depois da licença-maternidade, farta de noites maldormidas, vômitos e cocô mole, a Mulher Adulta é aquela que vejo com a maior sobrecarga de raiva feminina, a mais visceral, sublimada e manifestada no corpo.

Barreiras impostas ao nosso progresso, colisão frontal com a desigualdade absurda e a futilidade de um sistema de círculo vicioso são os obstáculos que permeiam os Anos Procriativos, refletindo até que ponto temos as mãos atadas. Normalmente, enterramos a raiva lá no fundo e a observamos emergir na forma dos mais variados sintomas. Neste capítulo, conheceremos muitas mulheres diminuídas e desvalorizadas em vários sentidos e abordaremos nosso direito de sentir fúria diante dessa palhaçada total. Também entra em cena aqui a navegação psicológica de *não* ter filhos. Quando reconhecemos as absurdas tentativas da sociedade de nos controlar, podemos exigir mais e melhor.

Embora seja inegável que a neurologia feminina muda no momento do parto, percebo que as estruturas patriarcais exploram esses eventos biológicos. Uma paciente que sofria com uma virose febril pediu ao parceiro que fosse à mercearia comprar maçãs, pois a filhinha deles precisava de fruta para o almoço na escola. O papai voltou com uma manga e, quando ela lhe perguntou sobre a maçã, ele respondeu, indignado, que não sairia de novo. A atitude fora deliberada e impensada, pois obviamente a manga não caberia na lancheira, o que demonstrou total falta de conexão do marido com as tarefas domésticas. Mas foi também um ato claro de agressão contra a esposa doente e a filha: "Agora vocês não me amolarão de novo para fazer isso!".

Quando pedimos a alguém que nos faça algo – "Pode buscar/fazer o almoço/preencher este formulário/levar X à consulta?" –, sabemos que é um ato de ousadia, ou seja, passar um peso para outra pessoa. Também reforçamos a pressuposição dos outros, e até de nós mesmas, de que o peso é nosso. Esta é a Carga: o pensamento, o peso das emoções, a tomada de decisão. E, como já vimos, somos programadas para carregá-la mesmo antes de nascermos.

O paradoxo é que esse trabalho invisível, sempre atrelado ao papel de dona de casa/mãe, e paralelo a qualquer outra profissão, também é desvalorizado e *supostamente* venerado, obrigando a mulher a questionar que valor ela tem quando não contribui para a renda familiar. Uma quantidade assustadora de mulheres me conta que teve de abandonar a profissão por causa das demandas da maternidade. A "mentira" que lhes venderam sobre "estar com tudo" não se materializou. Elas tentaram *com afinco*, mas a complicação é total quando pensamos em como as mães são responsabilizadas por quaisquer imperfeições na vida familiar.

Na psicologia, aprendemos a enxergar os problemas através da lente do biopsicossocial, isto é, um emaranhado complexo e uma interconexão entre esses fatores-chave. Então, como determinadas condições se desviam tanto desse prisma? Como foram reduzidas a algo puramente físico, que pode ser rotulado de estresse geral e tratado com medicamentos?

A depressão pós-parto é um bom exemplo. Tratei de várias mulheres adultas diagnosticadas com depressão pós-parto por médicos ou membros da família preocupados (ou até por si mesmas). Para mim, o mistério é vermos esse estado como um subtipo separado e discreto de depressão. Sob minha perspectiva profissional, quem *não se sentiria* moída e esmagada por essa vasta transformação na vida? Sim, claro que ocorrem mudanças hormonais significativas. Mas, assim como na TPM, se considerarmos todos os problemas de uma mulher nessa condição, localizaremos o foco *nela* e em *sua química abalada*, não no quadro geral. Para os homens, isso pode significar mais reconhecimento e aceitação desse estado.

Embora não neguemos o diagnóstico de depressão pós-parto, que é muito perigoso, sugiro a necessidade de uma espécie diferente de conversa a esse respeito. Tentarei articular os fatores-chave para mães de primeira viagem sem uma experiência formalizada de depressão: você nunca está sozinha; perde tantas horas de sono que talvez comece a alucinar; e é responsável por cuidar de um ser humano minúsculo, totalmente dependente e vulnerável, 24 horas por dia. Nunca mais poderá sair de casa só com as chaves e o celular. Ao contrário, estará sempre às voltas com uma pilha de fraldas, roupas extras, mamadeiras, brinquedos e cobertores, até o bebê acordar de novo e começar a chorar de fome ou ter uma excreção líquida violenta que vaza nas roupas e exige troca imediata. E lembre-se: o bebê não pode ajudar você a vesti-lo. Ele não consegue se virar de lado nem pôr o braço na manga. Todo esforço da mãe é delicado, desengonçado e lento. Se você mora em apartamento, há trabalho extra. Consegue descer com o carrinho? É seguro deixar o carrinho no *hall*? Pode trocar as fraldas em um espaço comum?

Em um cenário alternativo, o bebê resolve dormir às 11 horas da manhã, após uma noite em que você não dormiu mais que quarenta minutos seguidos. Tira a camisola suja de vômito do próprio leite e vai tomar banho. O bebê acorda dali a três minutos, quando você mal começa a se deliciar no conforto da ducha. Em agonia, você sai da água agradável e sente o toque gelado do piso, com água pingando da pele. O que faz? Tenta colocar o bebê sobre algo macio enquanto volta ao banho, ou desiste dele, depois de ter lavado só a cabeça? Os cabelos escorrem frios, embaraçados, pelo pescoço gelado, mas dos seios já começa a escapar leite, e o rostinho angustiado do bebê lhe diz o que fazer.

Você está com raiva, sente-se sufocada de maneira que jamais imaginou ser possível. Seu marido insinua ou diz abertamente que as esposas dos amigos têm muito mais facilidade com essa tarefa. Ele sai com os amigos depois do trabalho, fica com eles até a meia-noite e não entende por que você sente que sua vida mudou para sempre e por que se pergunta "O que fui fazer?". Sem falar de quantos homens ousam dizer que as horas extras no trabalho são para "sustentar *vocês*!". E, se você tem esposa ou namorada, ela também lhe diz que deixou de lado a carreira para que *você* pudesse ter uma família! Que tal essa? O perigo de nomear os sentimentos daquela raiva impotente que surgiu com a nova "depressão pós-parto" estremece sua relação com as outras pessoas; justamente aquelas que esperavam de você um(a) filho(a)/sobrinho(a)/netinho(a).

A sociedade sabe como evitar a questão do fraquíssimo sistema de apoio. Não estou falando das instalações físicas. Refiro-me a conversas em torno do parto, que apelam para termos do tipo "alegria de ter um bebê", "bênção" e "gratidão", mas não leva em consideração a realidade dura e fragmentada. Você é literalmente forçada a sair de si e tem até medo de urinar e deixar o sangue correr no banheiro. O registro no cérebro de uma experiência traumática de quase morte no parto é perfeitamente plausível. Até 45% das mulheres sentem isso. Além disso, acordam suadas à noite, têm imagens em *flashback* e ataques de pânico. Tudo muito aterrador.

Ouço exemplos de familiares e amigos que adoram fazer carinho e tirar fotos com bebês, mas nunca pensam ou não têm tempo de oferecer algo mais substancial, que valorizaria a necessidade humana da mãe como mulher, como pessoa. Nem aliviam as dores crônicas pelos movimentos repetidos de erguer o bebê, ou o sofrimento por falta de sono, ou a possibilidade de ir sozinha ao banheiro. Os membros da família geralmente se esquivam de qualquer responsabilidade pelo bem-estar desse ser que todos queriam que você trouxesse ao mundo. Talvez até a tenham pressionado para engravidar. Talvez sejam velhos demais para ajudar em termos práticos. E as amigas estão ocupadas, tentando não sucumbir sob a própria carga. A falta de reconhecimento pode não ser deliberada, mas sem a percepção dos outros de seus sentimentos conflitantes a mulher adulta só pode concluir que "o problema deve ser meu".

Se as outras pessoas não se oferecem para segurar o bebê para que você possa comer, dormir ou tomar banho, isso deve significar que ter um filho é algo leve como uma brisa. E, se está com dificuldade, então *você* é que deve ser o problema. Se chora, sente uma angústia ou até questiona a decisão, deve sofrer de *depressão pós-parto*. Se não consegue assumir uma postura de beneficência e benigna serenidade, plenamente equipada para a tarefa, então há algum problema patológico. Já que nós, mulheres, não temos a permissão de sentir raiva do parto e da maternidade quando enfrentamos dificuldades, corremos o risco de receber um diagnóstico perturbador e convincente, que nos rouba de todas as reações individuais e importantes e isenta de responsabilidade todas as demais pessoas.

Observo que essa tendência tem crescido. Os números aparentemente "confusos" durante a pandemia, quando as mães novatas sofriam em dobro, foram, na realidade, reveladores e autênticos. Durante o primeiro *lockdown*, trabalhei remotamente, mal saindo do consultório para respirar e deparando-me com situações assustadoras de abuso doméstico e tentativas de suicídio. Os pacientes que mais me preocupavam eram as mães de primeira viagem e seus bebês. Corriam perigo real, e eu percebia os vastos níveis de apoio necessário a uma mãe e um bebê: literalmente, altíssimos. Quantas Adultas modernas podem se dar ao luxo de contar com esse apoio? Quanto mais a Adulta é instruída a esperar algo da vida em geral, bem como da experiência da maternidade, mais suscetível é a sentimentos de inadequação ou à negatividade em torno da experiência real. O que me espanta é que a vida da mulher tem de se estender para englobar uma família e um ótimo emprego. Mas onde ficam os homens? Sabemos como é trabalhoso criar um filho. Portanto, sob o ponto de vista logístico, como é possível para a mesma pessoa fazer isso *e* ter uma carreira brilhante? Ela tem excelente nível de escolaridade, é imensamente capaz, mas o feminismo não lhe deu mais duas mãos.

O que minha paciente vê quando se torna Mãe é um grande risco de perder a posição arduamente conquistada na sociedade. Ela é amparada por profissionais de saúde que veem um bebê feliz e muito bem cuidado. Mas seu olhar estupefato, gélido, é ignorado. De onde veio a pressuposição de que *ela* deve ficar com o bebê enquanto o parceiro, antes seu *igual*, retoma a vida cotidiana? A mulher adulta possivelmente não tem a linguagem apropriada para articular essa dúvida. É o tabu supremo. E ninguém quer ouvi-lo, porque ela teve a sorte de ser abençoada com um bebê. Sobretudo naquela idade!

Para muitas mulheres na idade Adulta, a licença-maternidade significa grande queda financeira. Pior ainda para aquelas que decidem dar um intervalo na carreira e priorizar a família ou talvez mudar de profissão. Essas minhas pacientes relatam sentimento enorme de desconforto por não terem mais segurança financeira ou estarem na posição de pedir dinheiro ou receber mesada do marido (é bom lembrar que a mesada tem a classificação legal de abusiva). Quando o marido torce o nariz (sim, *isso acontece*) porque a companheira pede dinheiro para roupas dela ou do bebê, a mulher fica com raiva, mas também se sente humilhada. Mais uma vez, vemos as mulheres sendo *obrigadas a pedir*. Gosto de lembrar que essa situação é uma forma de abuso financeiro. Mas o prejuízo ao autorrespeito e ao relacionamento já foi causado.

O que vejo no trabalho clínico é que casais homossexuais têm sofrimento em dobro, nesse sentido, em uma sociedade cujo modelo é a mulher adulta cujo parceiro do sexo masculino recebe salário melhor; esta, ao menos, tem certa proteção. Em um relacionamento de duas mulheres com filhos, uma tem a licença-maternidade enquanto a outra continua trabalhando, porém com salário inferior ao dos homens. Isso pode gerar pressões e tensões em uma relação igualmente vítima da Voz do Patriarcado: se uma mulher passa a vida sempre perdendo, duas mulheres juntas enfrentam tantas perdas que temos dificuldade de quantificar.

Com tantas mulheres esperando até os 30 e poucos anos para dar à luz o primeiro filho (no caminho até a tal *gravidez geriátrica*...), poderíamos dizer que ela *tem* sorte. E, comparados à dor de não engravidar quando há desejo desesperado por um bebê, esses sentimentos pós-parto tão complexos podem parecer, na melhor das hipóteses, desvairados; e, na pior, horrendos. Assim, a mulher se anula ainda mais. E agora já sabemos o que acontece com a raiva internalizada... A mulher está *errada* por ter esses sentimentos, quando sabe que outras mulheres – amigas, familiares, colegas – estão desesperadas por uma chance dessa versão de vida. E, como supostamente temos tanto domínio sobre o próprio corpo e a fertilidade hoje, essa mulher não pode alegar que o bebê foi uma surpresa. Aos olhos dos outros, é um ultraje o fato de sentimentos conflitantes surgirem por causa do tal bebê. A falta de compreensão das pessoas mais próximas contribui para aqueles sentimentos de traição, ira e vergonha que ela me relata. Em essência, não temos permissão de passar por duas experiências ao mesmo tempo.

Minhas pacientes Adultas acostumadas a um tratamento de igualdade no mundo do trabalho, acadêmico e dos relacionamentos não entendem como puderam decair até essa posição sem valor. Os estresses importantes do homem no trabalho ainda imperam. São *reais*. Não se pode esperar que o homem chegue em casa e segure o bebê. Ele *tem* de devolvê-lo. Sinto muito, moça, mas o trabalho que põe o pão na mesa obviamente supera essa versão suave de labuta e sobrecarga. Os micromomentos de licença-maternidade moldam os eventos futuros.

Minha paciente Adulta é humilhada pela própria biologia, pela posição porosa, delicada e frágil tanto na sociedade quanto em termos de estabilidade e postura no relacionamento. E, de repente, todos querem opinar. As pessoas podem não ter a menor noção das realizações profissionais dessa mulher, mas todos têm ideias brilhantes de como os bebês devem ser alimentados, quanto dormem, como "se aliviam" sozinhos e de quanto ar puro necessitam. *Cale-se, mãe de primeira viagem!* Você é iniciante. Talvez já tenha sido chefe de um departamento na empresa, mas agora não sabe nada. Seu inventário é pequeno, sua autoestima é baixa, e você fica extremamente irada por causa dessa desvalorização e do menosprezo. Mas não pode reclamar em voz alta, pois, afinal, *você quis isso*.

De meu posto de observação na cadeira de terapeuta, tenho o privilégio de ver como essa dinâmica afeta a mulher adulta quando as crianças estão mais velhas: a nova exasperação que chega quando a escola se ajusta ao hábito de telefonar para *você* se houver um problema, ou a realidade de enfrentar o dia após uma noite cuidando de uma criança doente, suportando as reuniões com cafeína e ibuprofeno, isso depois de contatar uma babá para cuidar dos filhos. Não duvidamos do que sentem nossos colegas quando temos de correr para casa por causa de vômitos, ou da queda de algum brinquedo no parquinho, ou por causa de piolhos (sim, isso também acontece). A mulher. A mãe.

E esse é um dia atípico. Que dizer dos dias comuns, quando se pressupõe que A Carga é nossa: levar e buscar as crianças, entrevistar candidatas a babá, visitas ao berçário, reuniões de pais e mestres, horário marcado para cortar as unhas dos pés, consultas ao dentista, jantar... *Outra* refeição? Já? Lição de casa, uniforme... É um emprego. E não um emprego dentro de outro. É um emprego *multiplicado* por outro. Ninguém nos avisou que teríamos dois empregos em período integral. Esse detalhe foi omitido em meio a uma miscelânea de falsas garantias de que os membros da família ajudariam, e os empregadores fariam concessões, e os amigos dariam todo o apoio. Na verdade, "estar com tudo" significa *fazer* tudo. E isso é conveniente para os homens e as estruturas patriarcais que fingem dar a mão prestativa antes que seja tarde demais e percebamos que tudo não passava de balela.

Esse abandono ecoa nas experiências de mulheres com o processo físico de constituir uma família. Muitos parceiros masculinos parecem extremamente refratários à compreensão dos sentimentos da mulher oriundos do trauma do parto e a qualquer agonia pós-natal.

Pode demorar anos até uma mulher estar pronta para reavaliar e processar esse período. Vejo que os homens evitam se envolver, quase como se sentissem que alguém os acusa. Talvez prefiram se esquivar por medo da própria ansiedade. Mas é um privilégio ter essa escolha. Um privilégio que sai pela culatra. Pois o que vejo em meu consultório é a raiva sufocada da mulher, e não ouso chamá-la *de nenhum outro nome*. Principalmente de depressão pós-parto. A experiência emocional agonizante de trabalhar com mulheres como Tamara me ensinou muito.

Tamara

Raiva como desespero contido. Estratégia: amizade e comunidade

Tamara passava por um tratamento com uma equipe de saúde mental perinatal de uma comunidade especializada. Seus sintomas crônicos eram sentimentos de desespero, isolamento, medo, e ela fora diagnosticada com depressão pós-parto. Tamara era frágil, mas organizada, e tinha todos os artefatos mais recentes de que *você precisa*. O apartamento do casal tinha tantos apetrechos de bebê que mal havia espaço para dar um passo com segurança, o que só contribuía para as previsões intrusivas de queda ou de algum dano causado ao bebê.

Tamara não percebera que estava furiosa. A família vivia desesperada para que ela tivesse filhos. Mas, de repente, onde estava a família? Os pais não moravam na Inglaterra, e, quando passaram a primeira semana com ela, foi o único apoio que Tamara recebeu deles.

Os amigos debandaram; ninguém morava perto, e ela não se encontrava com eles durante o dia. O marido não estava disposto a fazer a menor concessão. Os colegas de trabalho de Tamara enviaram flores, cartões e mais geringonças de bebê, como se tudo isso pudesse substituir a presença física ou algum apoio.

Tamara precisava de alguém que a ouvisse e compreendesse o que ela sentia, e não apenas lhe desse algum aparelhinho simpático ou dissesse que havia algo errado com ela. A maternidade é uma condição solitária; não somos programadas para vivê-la de maneira tão individualista e isolada.

Recomendaram-lhe um grupo aparentemente apático de "apoio" para mães de primeira viagem. Tamara se sentia confusa e incompreendida nele. "Eles falavam conosco como se tivéssemos alguma doença. Mas não estávamos doentes. Simplesmente não entendiam o que se passava conosco. E tínhamos tanta vergonha de articular esses sentimentos que aceitávamos o rótulo de 'doente'." Posteriormente, ela desabafou comigo: "Como é possível ainda estarmos nessa posição? Parece vitoriano! Chamam-me de histérica! Não estou deprimida! Estou é furiosa!". Mas parecia que, quanto mais Tamara expressava os sentimentos, mais temerosas ficavam as pessoas que lhe eram próximas e mais estreitas se tornavam as grades de "cuidados" à sua volta.

Tamara me procurou por recomendação de uma pessoa que ela conheceu no grupo. Quando começamos a trabalhar, ela parecia lívida. No início, era agitada e tinha medo de me mostrar suas emoções, pois achava que acabaria tendo mais "problemas". Temia se encrencar caso me revelasse as profundezas de seus sentimentos, pois eu poderia transmiti-los ao grupo. Tamara hesitava em se comprometer com o trabalho terapêutico.

Repetia sempre: "Há algo errado, há algo errado". Com o tempo, ajudei-a a acreditar na versão *dela* dos eventos, que o erro terrível era do mundo ao redor. Como poderia não se sentir traída e furiosa? Não fora a promessa que lhe fizeram. Além da nova e esmagadora posição psicológica em que se encontrava, para a qual estava completamente despreparada, e sem jamais ter sofrido qualquer discriminação óbvia na vida, havia o trauma físico que sofrera durante o parto.

Após dar à luz o filho de parto normal (mais uma vez, acreditara em uma fantasia que envolvia essa forma de parto) e sofrer lesão de terceiro grau, ela também passou por um flagelo físico. Quatro meses depois do nascimento, Tamara ainda tinha medo de que alguma excreção rompesse o tecido restaurado. "Esse não é meu corpo! Não é minha vida!" Devo explicar que ela cuidava fisicamente muito bem do bebê, e ninguém duvidava de sua capacidade para isso, mas tanto os familiares quanto os profissionais de saúde falavam com Tamara como se ela fosse deficiente, o que não correspondia à realidade.

Ela tentou participar de um programa local para mães iniciantes, mas achou as pessoas competitivas e convencidas. "Ninguém ouve ninguém. Só falam sobre quem fez melhor que os outros, qual bebê é mais perfeito e quem tem os melhores equipamentos..." Assusta-me a semelhança dessa experiência da nova maternidade com as da Pré-adolescente e da Adolescente e tremo ao perceber que quase nada muda. Grande parte da vida das mulheres as joga *contra* as outras em vez de *aproximá-las*.

Como Billie, que conhecemos no capítulo 6, Tamara precisava muito de uma amiga. Precisava sentir o apoio de outras mulheres. Quando nos enturmamos com outras em situação semelhante, começa a brotar aquele sentimento de importância e conexão. A experiência de Tamara de sempre guardar os sentimentos agravaram seus sintomas. Sob meu incentivo velado, apesar de relutante, Tamara começou a frequentar aulas de natação para bebês. Conversamos sobre como ela se sentia no vestiário: questões de cabelo, ataduras, troca de fraldas etc. Refletimos sobre a raiva dela em cada um desses aspectos – por que é tão difícil manter as coisas em ordem melhor? – e exploramos seus sentimentos de oscilação quando ela começou a conversar com uma das mães todas as semanas; essa mãe a convidara para um café após a terceira aula. Por que era tão difícil? Em poucas palavras, Tamara se decepcionara muito com as pessoas. Ficara literalmente segurando sozinha o bebê. Por que deixaria que mais alguém fizesse isso com ela?

Entretanto, ao identificar o obstáculo à aproximação de qualquer pessoa, ela começou a confiar naquela mulher que agora fazia parte de seus contatos. A raiva de Tamara precisava de uma amiga. E em Fatima ela encontrou. Apesar de origens diversas, elas tinham algo importante em comum: o sentimento de abandono e decepção e a fúria por ele desencadeada. Seus bebês cresciam, assim como a autoconfiança. Tamara explicou a Fatima minha ênfase no fato de aquele ser um momento vasto na vida de cada uma delas; nada seria como antes em nível físico ou emocional, e era permitido a elas ter sentimentos fortes em relação a isso. As duas começaram a reunir mais mulheres e, dali a alguns meses, batizaram a si próprias de A Jangada da Vida. Tornaram-se pessoas mais felizes e animadas, começaram a fazer passeios de dia e, posteriormente, acampamentos com os companheiros. A voz comum dessas mulheres, mais alta e cheia de expectativa, parecia se traduzir no lar, e os homens começaram a ouvir, a respeitar e a reagir ao que elas lhes pediam. E o que pediam era que se mexessem para compartilhar A Carga. E, aos poucos, eles aceitaram.

Quando uma mulher chega ao meu consultório com diagnóstico de depressão pós-parto, cedo ou tarde ela explica que não sabe para onde foi a antiga vida. Não digo que a depressão pós-parto seja um rótulo errado que a sociedade dá às mulheres que enfrentam essa realidade. Apenas *peço* uma conversa mais frutífera, produtiva, sobre o modo como rotulamos mães que sofrem dor psicológica.

O pagamento do empregador à mulher adulta em licença-maternidade é reduzido de forma drástica por cerca de seis meses, quando então, de repente, ela começa a depender do marido. Em vez de lhe garantir que está tudo bem, que ele se planejou para isso, o parceiro se desespera, e o pânico por suportar a carga financeira às vezes se expressa de maneira agressiva. Mulheres das mais variadas posições econômicas me contam que os maridos reclamam por elas terem usado o dinheiro em roupas novas que sirvam para o corpo diferente durante e após o parto ou por algum móvel para o bebê... De repente, o "nosso" vira "meu"; "*Meu* dinheiro está sendo desperdiçado". Quando a mulher explica que a situação não foi escolha dela, ou diz que pode devolver o que comprou, o homem sente remorso. Mas dali a duas semanas ela precisa pedir de novo.

O que quero dizer é que as mulheres se sentem diminuídas, assustadas, impotentes, encurraladas. Contudo, esse comportamento parece existir independentemente de profissão ou riqueza. É um problema sistêmico, cujas raízes estão nos tempos em que a mulher era Bebê; vimos, com certeza, que na Jovem o condicionamento precoce abriu as comportas para essa enxurrada. E o mesmo sistema ainda mantém a Adulta em posição restrita: ansiosa, incapaz e com o sentimento opressivo de que todo o autovalor de outrora agora se dissolveu. A solução? Voltar ao trabalho. O problema dessa volta? Todos os hábitos domésticos que se estabeleceram nesse período permanecem. Só que agora ela precisa conciliar os cuidados da criança – um emprego em si – com o malabarismo profissional.

Isso significa que, ao voltar ao trabalho, a mulher costuma fazê-lo de uma posição na qual sente que já viveu um dia. Minha experiência me mostra que os homens geralmente saem cedo de casa para ir à academia ou a uma reunião, ou apenas adiantar as coisas em um dia cheio, com a necessidade mínima de se preocupar com as limitações da rotina doméstica e do planejamento que as tarefas domésticas exigem: desde uniformes para educação física até lancheiras, ou a necessidade de cuidar de alguém que passou mal à noite e não pode ir à escola naquele dia. Se o casamento ou a relação acaba (e para isso contribui a má divisão da Carga), veja quantos maridos mudam os dias de ficar com a criança e manipulam ou até burlam os acordos de guarda compartilhada conforme a conveniência deles, mesmo que tudo tenha sido decidido no tribunal. Todas nós já ouvimos versões dessa situação. Talvez você até viva algo assim neste momento. As mulheres são punidas tanto fora quanto na instituição do casamento.

Numa instituição que deveria protegê-la muito bem, espera-se que a mulher providencie os presentes e se lembre dos aniversários dos familiares. E cabe a ela a responsabilidade do planejamento humano logístico, que começa assim que os dois passam a viver juntos. Lembra-se das expectativas domésticas que condicionam a vida da Jovem? Bem, a Adulta vê essas mesmas expectativas evoluírem até se firmarem. Nosso condicionamento cria o cenário para uma exploração ainda mais extrema, que inclui o aspecto emocional. Uma paciente me contou, incrédula, que o companheiro lhe perguntou por que o estresse que ele expressava pesava tanto sobre ela. "Não me sinto assim sufocado quando você me fala de seus sentimentos!", ele argumentou. Ela tentou explicar que uma vida de condicionamento, assumindo a responsabilidade pelos sentimentos dos outros, significava que as emoções das outras pessoas realmente se refletiam mais sobre as mulheres. Ele não entendeu a que ela se referia.

Outra paciente Adulta descreveu uma viagem desastrosa de volta para casa após um período de férias da família... Deveriam estar em Londres perto da hora do almoço. Chegaram à meia-noite, após passarem sete horas em um saguão de desembarque em outro país da Europa. Surpreendentemente, as crianças novinhas não se abalaram com a experiência, pois a mãe absorvia toda ansiedade, incerteza e frustração, deixando-as livres para brincar com suas telinhas. "Onde estava seu marido?", perguntei. "Oh, não sei. Quase entrando em pânico. Zangado por eu não saber o que estava acontecendo, já que havia planejado o itinerário."

Deixe-me esclarecer: aquela era uma mulher que trabalhava mais horas que o marido, o qual, por motivos de saúde, precisara "desacelerar" e agora, por conveniência, se fazia de vítima. A esposa, portanto, precisava "acelerar" e também já começava a sofrer as repercussões médicas disso: pressão arterial alta e batimentos cardíacos irregulares.

Esse é um marido que espera que a esposa cozinhe algo separado para ele por causa de sua condição; em suma, um marido que se tornou mais uma pessoa dependente dela. De certa forma, ele sabia que deveria assumir responsabilidade adulta pela viagem e começava a entrar em pânico porque se sentia pouco masculino. Por que nos sentimos obrigadas a cuidar dos homens dessa maneira? Para poupá-los dos próprios sentimentos desconfortáveis? Ah, sim, voltemos à sala de aula do passado: sente-se ao lado desse garotinho para *controlá-lo*, por favor!

Esse marido relutava em tomar a iniciativa porque temia que o papel temporário de cuidador dos filhos se tornasse permanente. Portanto, vivia irritado e confuso: "Preciso demonstrar que tenho o controle agora mesmo! Não sei nada sobre a situação! Não quero ter o controle porque é trabalhoso. Mas preciso parecer que tenho! Como faço isso? Você não consegue fornecer os meios para eu parecer que tenho o controle, mulher!".

Conforme as mulheres adultas assumem ostensivamente "o controle", mostram-se capazes e começam a pagar pelos afazeres domésticos como limpeza, férias, educação dos filhos, e os homens, às vezes, se sentem impotentes e inseguros. Já não podem mais grasnar: "Trabalho tantas horas assim para pagar *sua vida*!". Precisam dar vazão a essa ansiedade. Pelo que vejo no trabalho clínico, costumam descontar a frustração na companheira, que parece dona de certo poder que anula o deles. E homens assustados geralmente se tornam agressivos. O homem inseguro manifesta os sentimentos como forma de autodefesa. Aprendeu que demonstrar emoção é ser vulnerável; desse modo, prefere localizar essa vulnerabilidade na parceira. Ele a *projeta*. A mulher confusa, por sua vez, esconde os próprios sentimentos na hora do ataque, sofrendo impacto prejudicial ao seu bem-estar. Ela *suprime* a raiva, e é claro que esse conflito interno eleva o cortisol e cria o ambiente perfeito para a manifestação física.

Na fase adulta da mulher, não é só na vida em família que vemos nossa raiva ser sufocada e esmagada; a sociedade tem inúmeros meios de impor exigências impossíveis a nós. Por exemplo, o fato de não termos filhos, seja por escolha ou não. Minha paciente Bianca é um exemplo. Na vida dela, a sogra era a porta-voz do julgamento da sociedade. Percebo que a maioria das pacientes com problemas com "sogra" afirmam que estes começam quando surge a questão de ter ou não ter filhos. É o ponto em que os valores e as visões de mundo parecem colidir, e nos deparamos com ideias antiquadas que chegam com força e crítica.

Bianca

Raiva como fibromialgia. Estratégia: agressividade física

Bianca não podia ter filhos. Quando nos conhecemos, ela processava a dor indescritível que essa realidade lhe causava e, no decorrer dos anos, recorrera à terapia para lidar com esse sofrimento e viver a vida. Quando veio ao meu consultório, Bianca fora recém-diagnosticada com fibromialgia. Atribuía o surgimento da doença à descoberta de que não poderia engravidar. "Uma semana depois, eu nem conseguia sair da cama." Em nosso trabalho terapêutico, Bianca explorou exaustivamente os diferentes caminhos disponíveis para ela e o marido. Não se sentia capaz de se submeter à angústia da fertilização *in vitro*, pois a irmã sofrera um verdadeiro inferno nessa jornada. Bianca achava que seu corpo não suportaria tamanha intervenção ou ataque.

O casal pensou em adoção, mas a burocracia e os obstáculos eram tantos que os dois desanimaram. O cenário emocional compartilhado fora completamente destroçado pela notícia. Para piorar as coisas, havia uma sogra cruel e insensível que vinha não só de outra época, mas também de classe social e bagagem cultural diferentes das de Bianca. Era individualista, egoísta e nem um pouco empática. Materialista, preocupava-se unicamente com a reputação da família. "Ela nem sequer *gosta* de crianças! Todos os filhos foram criados por babás e matriculados em colégios internos aos 7 anos de idade!", desabafou Bianca.

A terapia era dolorosa, e Bianca tinha que lidar com um marido emocionalmente subdesenvolvido, filho de uma mãe que não parava de lhe sussurrar ao ouvido. Bianca tinha certeza de que a sogra plantava as sementes do motim, e o marido logo pularia do barco em busca de uma mulher que pudesse lhe dar um filho. A sogra de Bianca era contra adoção, fato que agravava a burocracia psicológica. Seus resmungos influentes só podem ser descritos como fascistas, baseados no desejo de ter um herdeiro para exibir uma linhagem pura. Bianca estava de mãos atadas, quase derrotada.

Semana após semana, consegui dar força emocional a Bianca, como um criador a cuidar de um cordeirinho. A princípio, ela se mostrava na defensiva contra o marido e a família a tal ponto que levei algum tempo até conquistar sua confiança e lhe dar lentes para ver a situação real. Quando Bianca enxergou através dessas lentes, percebeu o emaranhado de víboras humanas que se contorciam ao seu redor. Aos poucos, começou a discernir o veneno daquelas pessoas que queriam dominá-la.

No início, Bianca arriscou me contar um pouco das coisas horríveis que a sogra lhe dizia sobre seu corpo e, por associação, sobre como ele era decepcionante. Talvez tivesse algo a ver com uma genética defeituosa. As adagas lançadas pela sogra vinham como perguntas "aparentemente inocentes"; por isso, Bianca se sentia confusa quanto ao que estava acontecendo. Quando a ajudei a compreender o verdadeiro significado do interrogatório da sogra e a ficha caiu, Bianca ganhou coragem.

Antes de um fim de semana programado com a visita da família do marido, incentivei Bianca a se esconder no quarto assim que começassem os ataques (eram sempre brilhantemente planejados para um momento em que ela e a sogra estivessem sozinhas em um ambiente) e usasse a raquete de tênis do marido para bater no colchão. Foi um momento vital em nosso trabalho terapêutico. A partir dele, com mais humor e agressividade verbalizada nas sessões, Bianca pôde acessar a raiva. Aos poucos, seu corpo começou a se curar também.

O processo foi tão gradual que mal era percebido, até o dia em que notei que ela não mancava e se levantou da cadeira com facilidade. Descobri que ela não só golpeava o colchão quando a sogra chegava para passar uns dias, mas fazia isso regularmente, no decorrer do dia. "É importante eu começar e terminar o dia com violência", esclareceu Bianca, antes de rirmos juntas dessa lógica brilhante. "Não é sempre que se ouve uma mulher dizer isso", emendei.

O mais maravilhoso em termos da recuperação contínua de Bianca foi a aplicação dessa energia solta na linguagem. De repente, ela não sentia mais necessidade de correr atrás da raquete quando a sogra falava alguma abominação. Agora, usando as palavras elaboradas em nosso trabalho, em combinação com a raiva que ela já podia acessar, Bianca começou a extravasar seus sentimentos na hora exata, por meio da linguagem. Palavras poderosas, bem escolhidas. Às vezes acompanhadas de gestos disfarçados com as mãos, indicando "dá um tempo", que destilavam a energia da raquete de tênis e encapsulavam quase com perfeição suas emoções. Ela disse à sogra que suas ideias eram racistas. A sogra ficou chocada. E, mais importante, silenciou-se em reflexão.

A história de Bianca ilustra como as mulheres têm pouca escolha, *mas* internalizam as forças esmagadoras da necessidade e da exigência do ambiente. Entretanto, isso se aplica também às sogras, elas próprias fritas na frigideira do condicionamento social a que são submetidas. A sociedade faz isso com todas nós e depois joga-nos umas contra as outras, enquanto rastejamos no pântano de tantos condicionamentos. O patriarcado ajuda a criar um campo de batalha para as mulheres, em vez de uma vala neutra onde ideias comuns são lançadas. Se fôssemos capazes de ter conversas francas com aqueles considerados nossos inimigos, toda a energia desperdiçada em ódio nos bastidores e na tentativa de caminhar em meio a projeções, ou no que se interpreta como projeção, poderia ter uso bem diferente. Mas é por esse motivo, podemos dizer, que a sociedade prefere que vivamos em conflito, pois assim não nos fortalecemos para uma ação real.

Esclarecido esse ponto, o tema das sogras sempre vem à tona. A Mulher Adulta acha difícil dizer o que pensa por medo de parecer ingrata ou mal-educada. Quando escavamos fundo sua visão de como a sogra a trata, encontramos raiva, mais que qualquer outra coisa. As pacientes Adultas revelam que, no confronto com a mãe do marido, elas nunca vencem. Você é uma ameaça, é a Outra. Entretanto, é movida pelo impulso de impressionar e ser a mais desejável nora, engolindo, enfim, os sentimentos de raiva. Embora esteja na posição de poder, você se expõe como submissa. Como essas sogras se tornaram tão insensíveis com as versões mais jovens de si próprias? Seria porque não há outra maneira de expressar as iniquidades da vida além de projetar a raiva sobre a geração subsequente, que tem *tanto* por que ser grata?

As pacientes captam um sentimento de desconfortável inveja na sogra, como se pensasse que a nora se apoderou de algo a que não tinha direito. Há um fato estranho que pode contribuir para isso: o microquimerismo. É quando as células trafegam entre a mãe e o feto na gravidez. O DNA masculino é identificado no cérebro feminino, sugerindo que pequenas partes do filho ficam para sempre presentes no cérebro da mãe. Grotesco, mas verdadeiro. Com o passar do tempo, isso tem implicações para o corpo da mãe, em termos de certas vulnerabilidades a doenças. Talvez a sogra sinta, em nível carnal, que seu corpo sofreu para produzir o filho, enquanto a companheira dele só lhe rouba os espólios.

Estamos diante de duas mulheres sofrendo de maneiras diferentes e de um homem que tudo ignora. Veja as complexidades conscientes e inconscientes que temos de enfrentar. Minha perplexidade aumenta a cada ano diante dessa pressuposição de que, como Mulheres Adultas, somos obrigadas a dar atenção a famílias que nos sobrecarregam. Perdi a parte em que concordamos com isso. No entanto, a maioria das mulheres aceita, sem questionar, a nova realidade de que, mesmo que essas relações nos tenham causado sofrimento a vida toda, estamos aqui, prontas para cumprir o dever. Que é isso, *afinal*? Você pode imaginar o que aconteceria se começássemos a dizer "não"? Quanto tempo levaria até a sociedade entrar em colapso? E por que celebramos com tanta alegria quando os homens se oferecem para um passeio da escola ou dão um cartão de aniversário a alguém (em geral, em ambos os casos, porque foram incentivados por uma companheira, sejamos francas)? Não são exemplos de como deixamos os homens se tornarem incapazes?

Algo dessa pressuposição de *fazer mais, ir mais longe, sem fazer perguntas*, mexe com a vulnerabilidade impregnada nas mulheres: a tendência de adivinhar as necessidades de outra pessoa; a consideração e a empatia para as quais somos condicionadas e a maternidade sabe explorar.

Tudo fica mais difícil quando a sociedade dá um passo à frente, confiante de que as mulheres assumirão essas responsabilidades. O que torna nossa vida profissional mais complicada. Como Adultas, ainda tentamos ser levadas a sério no trabalho. Enquanto movimentos pela igualdade e pela diversidade são aclamados pelas empresas, percebo que a realidade não corresponde às palavras. As recepcionistas das escolas também são condicionadas pelo patriarcado. É a mãe que recebe um telefonema desdenhoso por ter se esquecido de separar o uniforme para a educação física ou de enviar os ingredientes para uma aula de economia doméstica; a mãe é a culpada por faltar a uma reunião ou a um dia de esporte. Perverso também é o fato de a mãe perder as promoções ou correr o risco de demissão, e de não ter onde se apoiar, enquanto as outras à sua volta parecem tão bem comprometidas e desembaraçadas. E, quando não são os fatos rotineiros da vida que atrapalham a profissão, é a saúde fraca por tentar esconder o caos. Quanto ao tema das promoções, seria bom acrescentar algo acerca da antiga convenção dos campos de golfe e das ligas de futebol, dos encontros de ciclistas e dos clubes para senhores. Essa palhaçada ainda acontece; e, pelo que me contam as pacientes, é mais forte que nunca. Sim, poderíamos ter pena dos homens que só conseguem se comunicar com conversas sobre esporte. Mas não devemos. Esse é o território onde os acordos são selados, as alianças, estabelecidas, e o avanço profissional, garantido. A discriminação existe, mulheres. E eles não nos deixam vê-la.

Conheceremos agora Anika. Ela é sua melhor amiga, sua irmã, sua prima. É você. É toda mulher sufocada que faz de tudo para lidar com o que vimos anteriormente e um pouco mais.

Anika

Raiva como transtorno de pânico. Estratégia: música e "dança embaraçosa"

Anika é *designer* e sofre de um transtorno de pânico que afeta a mente. Ela calcula que já perdeu anos de trabalho e inúmeras promoções por causa desse problema. No início da terapia, um relacionamento de muitos anos havia acabado, e Anika tentava adaptar a si própria e a filha de 8 anos à vida de uma rotina só com a mãe. Nas primeiras sessões, ela tinha expressão congelada e me explicava que a ansiedade começava na base da coluna e, "de repente, subia até o peito". Causava sensação de paralisia, resultando em falta de ar, e ela corria suada em direção à saída mais próxima. Pior que tudo isso, as experiências já culminavam em dissociação, isto é, a mente parecia "se separar do cérebro" e flutuar acima dela. Anika observava a si mesma de fora e esforçava-se para se reconectar.

Esses estados podem perdurar, pois, se o cérebro experimenta a leitura como trauma, a dissociação pode ser identificada como solução autoprotetora. Felizmente, como Anika mal começara a sofrer desse mal, eu sabia que "o retorno" poderia ser restabelecido logo. Se alguma vez você se desassociou em estados de ansiedade, sabe como é horrível. Mas o tratamento não é mágico nem depende só de querer. Envolve reorientação paciente e dedicada, além de alguma providência quanto à raiva.

Anika e eu entramos em um programa de reeducação que envolvia principalmente dança e música. Ela começou a tocar canções alegres em casa ou no carro. Um som ambiente era melhor que qualquer música com fones de ouvido, pois isso poderia causar distanciamento e desorientação. E ela também começou a dançar. Muito. De um jeito furioso, agressivo, caracterizado por movimentos ultrajantes e risadas escandalosas. Encorajei-a a rir o máximo possível. Ela havia me falado de uma sensação de "buraco" no estômago, muito comum nas pessoas que sofrem de pânico. Já que 95% da serotonina é produzida no estômago, faz sentido que o vazio ocorra ali. Recomendo às minhas pacientes que reinterpretem os sentimentos de estresse e pânico como excitação, pois envolvem os mesmos hormônios de cortisol e adrenalina; assim, logo se estabelece uma relação diferente com os sintomas.

De fato, dali a três semanas, Anika relatou alguns resultados positivos. As frequentes "danças embaraçosas", que causavam tanta vergonha na filha, pois a faziam agitar os braços como louca e causavam risos intermitentes, já exerciam impacto. Assim como as sessões de "terapia musical" intensiva em casa. Anika sentia que os ataques de pânico começavam a mudar de forma; ela se sentia capaz de dominá-los.

Essa mudança nos permitiu focar melhor na causa. Anika era a filha mais nova e bem-sucedida nos estudos de uma família com dois filhos mais velhos e disfuncionais. Era ao mesmo tempo sinal luminoso e muleta emocional para os pais, uma prova de que não haviam "fracassado em tudo". Essa ideia era cruel e fria, com emoções carregadas de desespero, fúria e ressentimento.

Anika vestia o manto da responsabilidade todos os dias, ajudando a cuidar dos irmãos ou, quando sua carreira profissional decolou, oferecendo apoio remoto aos pais em longos telefonemas à noite. O problema é que esse papel de cuidadora a atraiu para um casamento em que ela teve a mesma função.

Anika faz terapia há três anos, sem a menor intenção de parar, pois sabe que precisa proteger a filha dos ataques intergeracionais que poderão lhe ocorrer. Aos poucos, vai descobrindo sua história, que até então fora escrita por outras pessoas. Os múltiplos sabores da raiva deixados por essa situação são tangíveis. Às vezes, ela grita nas sessões de terapia; outras, chora. Às vezes, começa a balançar a cabeça, horrorizada, vendo a si própria como agora vê a filha e vociferando contra a Carga que tem que carregar. Hoje, ela vê os antigos ataques de pânico como gritos de fúria, sem outra válvula de escape. Sempre conversa com a filha sobre raiva e a importância de expressá-la na hora em que é sentida, pois não quer que a menina sofra do mesmo modo cauterizado que ela sofreu.

O que a história de Anika ajuda a ilustrar é que, apesar de o mundo dar a impressão de construir um lugar para as mulheres, a realidade é *muito* diferente. Outra paciente, assistente social, me contou que um dia os sogros vieram cuidar do bebê por algum motivo qualquer. O marido, consultor de TI, voltou do trabalho pouco depois dela. Minha paciente preparara frango assado para o jantar. Depois que todos comeram, a sogra se levantou e lhe disse: "Vamos lavar a louça. *Meu marido* trabalhou o dia inteiro".

Outra paciente, que trabalha no centro financeiro de Londres, me disse que no caminho passou por uma jovem que ia deixar a filhinha em uma creche às 7 horas da manhã, naquele dia. "O bebê parecia perfeitamente bem cuidado. Tudo de que precisaria estava lá, no carrinho. Mas vi os olhos da mulher. Ela estava cansada. Parecia ter providenciado tudo; porém, discerni no olhar dela o peso do dia ainda por vir."

Essa mesma paciente tinha sessões comigo havia vários anos, na maior parte do tempo tentando se livrar do trabalho de consultora hospitalar. Estava exausta, e um dos filhos perdia aulas constantemente porque sofria ataques de asma. Entretanto, ela se via em um dilema, pois relutava em deixar um emprego que a definia e valorizava sua dedicação desde que era Garotinha. Além disso, não era casada com o companheiro, que sempre se recusara a "ficar amarrado", apesar de os dois já terem três filhos. Ela tinha medo do desdém sutil, porém crescente, do parceiro, caso ficasse desempregada. Também havia a preocupação de se colocar em posição financeira precária.

Essas histórias não são raras. Em algum momento durante a licença-maternidade, o homem se aprofunda mais no trabalho. A carreira do homem torna-se inquestionável, intocada. A tendência que começou na licença para a mulher assumir a responsabilidade do lar não cessa quando ela volta ao trabalho. Ela precisa fazer as duas coisas. Enquanto agora o homem se estabelece como o "principal provedor" (mesmo que os salários dos dois não tenham grande diferença), a carreira da mulher é subtraída da parceria, e sua autoestima, comprometida; e as responsabilidades adicionais de cuidar do bebê significam que ela é menos capaz de se impor no trabalho.

Pior ainda é o modo como as mulheres se adaptam à perda da verdadeira igualdade e da parceria no relacionamento quando chegam os bebês. Ouço com estranha frequência que, a partir desse ponto, os homens passam a recusar qualquer comprometimento de sua liberdade. Como no caso da Mulher Jovem, percebo que eles começam a acusar a esposa de comportamento "controlador" ou "enganador" e se irritam quando elas perguntam que horas chegarão ou se podem ajudar um pouco mais. Vejo mulheres que, apesar de sofrer, se aquietam e se mostram submissas; tentam ocultar as próprias necessidades. É uma verdade atemporal que, no fundo, temos medo dos homens e do que possam nos fazer. Mesmo de nossos parceiros, aqueles que prometeram ser melhores que os outros.

Se pensarmos em que ponto a violência contra as mulheres começa (o que, é provável, você não tenha feito), talvez seja no momento em que precisamos pedir o básico e perceber que até mesmo esse ato de pedir não nos ajuda. Creio que aí se fundamenta a violência. Estamos, na realidade, implorando.

Na fase da Garota, nós a vemos internalizar a necessidade de agradar. Como Garotinha e, em seguida, Pré-adolescente, ela é forçada a se conectar com a própria vulnerabilidade. Na Jovem, fortalece-se o desejo de ser a Melhor Versão de Si Mesma (para ele). Como Adulta, a mulher percebe que as escolhas que precisa fazer são impossíveis e, desde que não fique tudo pior, deve encontrar um meio de engolir.

A contracorrente de violência passiva é reforçada pela inaptidão permitida aos maridos-crianças, que se esquecem de avisar às esposas que terão de trabalhar até mais tarde, ou pretendem sair para um drinque com os colegas depois do trabalho, ou entram em pânico perante a ideia de levar os filhos a uma festa ou a uma brincadeira em grupo. Essa marca indireta de agressividade reflete-se nas pressões impostas à mulher adulta por pais idosos e por empregadores inflexíveis, ou quando ela descobre que seu salário é a metade do que ganham os colegas do sexo masculino, embora tenha dedicado a vida ao emprego e até evitado constituir uma família. Uma paciente percebeu há pouco tempo que nunca seria capaz de comprar um apartamento equivalente ao que mencionavam os colegas homens, pois cedo ou tarde, claro, a diferença de salários se estende até um hiato enorme na qualidade de vida.

Esses momentos se acumulam na vida de uma mulher, bem como no inconsciente dos homens que a cercam. Há uma série de expectativas que tanto as mulheres quanto os homens se condicionam a ter por causa do tratamento que recebem das empresas e da sociedade em geral. As mulheres se especializam nas "soluções alternativas" ou aprendem a magia de distorcer o tempo para se tornarem visíveis/invisíveis de acordo com a necessidade e presentes em todos os locais nos quais as esperam. As pessoas ao redor da mulher – filhos, companheiros e outros membros da família – acostumam-se com os serviços intermináveis e já não os veem mais como algo extraordinário ou digno de gratidão. Essa sutil desvalorização e exploração constitui a evidência daquela violação comum e invisível da Mulher Adulta de que falamos.

Em que momento a "supermulher" se torna o fantoche do qual todos se aproveitam de maneira tão agressiva? Em que ponto o desejo de ser certinha com todos – colegas, clientes, chefes, filhos, pais e marido – a transforma em um objeto marginalizado que a sociedade, mais uma vez, molda conforme a conveniência e a necessidade? Não temos um código genético para aprender a cortar as unhas dos pezinhos do bebê ou para encontrar uma academia para as crianças frequentarem depois da aula. Essas situações *parecem* escolhas, livre-arbítrio e vontade própria. Mas será que, no fim, não sustentam uma gama de percepções que praticamente nunca mudaram? E, no entanto, como aparentam ser movidas por "escolha", se pedimos ajuda, despertamos a incredulidade. Nossos sentimentos de fracasso proporcionam munição àqueles que tentam nos explorar ou nos incutir uma sensação de inferioridade. Um ecossistema perfeito e silenciosamente violento. As mulheres acatam a submissão, desvalorizam-se, diminuem-se e aceitam a experiência impostora de deixar os homens sentirem que ainda mandam. Já pensou se o outro lado do patriarcalismo for pior? Pelo menos, desse lado conhecemos as regras. Se rirmos, eles nos matam ou, no mínimo, destruirão nossas chances de promoção. A violência é programada em nosso sistema de divisão por gênero.

Os índices de violência com base em gênero têm aumentado em nível global. Em 2020, o equivalente a 11% das mulheres e garotas perderam a vida a cada minuto, no seio da própria família. Também devemos nos lembrar de que metade dos casos nunca são registrados. De certa forma, as mulheres ainda são consideradas válvula de escape para expressões da ira masculina. Sinto que a repressão da raiva feminina tem papel fundamental nisso. Se você estivesse em meu lugar, abriria os olhos para a quantidade de lares nos quais a violência contra as mulheres existe de maneira superficial ou literalmente física e até sexual... Talvez você viva em condições semelhantes. Se meninos e meninas crescem em um lar onde testemunham paridade entre os sexos, em termos de privilégio e poder, só podemos presumir que esse estado terá impacto no modo como essas crianças enxergarão e respeitarão umas às outras. Contudo, em nossa sociedade, meninos e meninas não veem igualdade. Ela simplesmente não existe. Um dia desses, fui a uma festa de uma criança de 11 anos. Meninos e meninas sentavam-se em lados separados da mesa. É algo subentendido. Acontece. Por quê? Porque *fazemos acontecer*!

Nesse ponto, eu até chamaria de abusivo o modelo convencional de família; em seu estilo terrivelmente inócuo, é um modelo que dá terreno fértil para formas mais flagrantes de violência. Já vi cenas horrendas de abuso conjugal em alguns casais mais ricos da cidade: mulheres que sentem muito medo ou abdicaram de todos os seus direitos e meios financeiros a ponto de não terem força para sair de situações que literalmente as matam. E outras se preocupam tanto com o estado mental ou com o nível de ódio do marido que não querem deixá-lo sozinho com os filhos e, por esse motivo, veem-se obrigadas a se silenciar.

Para as Adultas que me consultam, parece haver uma vantagem em virar camaleão e fragmentar o *self* das mais variadas e mutáveis maneiras. Uma mulher pode evoluir na nova vida após ter filhos: cresce em sabedoria e experiência. A adoção de novas regras incentiva o crescimento e pode despertar a autoconfiança. Já os homens, em contrapartida, perdem a criatividade e se sentem abandonados, o que, infelizmente, pode levar a modos cruéis e sutis de extravasar a inveja. Eles explodem e nos inibem por reflexo, quase como o vilão de um filme que ressuscita, de repente, após todos pensarem que morreu.

Homens assim podem ficar agressivos de um jeito passivo e cruel, invejosos da força e da capacidade cada vez maior da mulher. Só um tipo diferente de homem – emocionalmente mais forte, talvez após também ter feito terapia – permite à mulher essa oportunidade de florescer nas mais variadas ocupações e não se sentir intimidado ou sufocado pelo crescimento da parceira. Entenda que me refiro a *partes* da mente masculina. É possível que, nas ações conscientes, esses homens consigam parabenizar e apoiar a companheira. Entretanto, uma parte inconsciente talvez lute contra a ameaça de igualdade, porque esta teria o potencial de mudar o mundo do homem. É compreensível que isso pareça assustador. Imagine se os homens pudessem ser mais corajosos. Imagine se, em vez de lutar contra nós, os homens dissessem: "Eu pego isso no supermercado! Vou lavar a roupa, fazer o almoço, tirar folga do trabalho para cuidar de nosso filho doente! Esqueço-me do meu ego, como espero que você se esqueça do seu. Não estamos em guerra. O que temos é uma parceria. Amo você. Somos um Time".

Enquanto ouço sempre os mesmos temas no consultório, pergunto-me se refletem o modo como a sociedade absorve a agressividade masculina em suas estruturas solidificadas, desde os salários desiguais até visões estereotipadas de parentes mais velhos sobre as tarefas domésticas e a criação dos filhos. Essas estruturas alimentam a convicção masculina individual de que é "normal" aceitar viagens a trabalho, insistir em reuniões para o café da manhã na empresa e evitar os vários aspectos dos cuidados com seres humanos em crescimento, dos quais as mulheres se encarregam desde os primeiros dias da licença-maternidade.

A sociedade, por sua vez, ainda se aproveita da aceitação submissa desse *status quo* e a adapta aos cenários de economia e marketing. É muito difícil se desligar dessa programação, porque as mensagens se mesclam e se alinham às pessoas que nos criaram, desde nossa fase de Bebê. Em nível global, a maioria de nós sofreu lavagem cerebral pelas experiências na área doméstica dominada por mulheres, bem como por mulheres ocupando todas as funções de cuidadora, desde os primeiros anos ensinando e cuidando. Quando ouvimos a geração atual de mulheres adultas discutir a respeito de seus anos de juventude, parece até que a segunda onda de feminismo passou por elas sem afetá-las, apesar de aprendermos oficialmente na escola que podemos "Estar com Tudo". A evidência concreta não existiu. Não um modelo.

Portanto, as expectativas dessas mulheres adultas certamente começaram cedo, assim como para os homens de seu convívio. Mas afirmo com veemência que não fizemos nada para mudar as pressões exercidas sobre a Garotinha na época. Ela ainda é recrutada para animar as pessoas, distraí-las, parecer encantadora, comportar-se com gentileza. Olhe ao redor. A sociedade espera mais das meninas e das mulheres nessas áreas-chave. Áreas que sugam e diminuem a energia para outros interesses, sejam eles acadêmicos ou pessoais. A mensagem continua sendo insidiosa. É perpetuada e perpétua. As garotas, e depois as mulheres, se ferem mutuamente quando difamam e humilham outras mulheres pelas costas, em vez de se unirem e resolverem as diferenças. Os homens nos ferem quando *insistem* em não compartilhar a licença do trabalho. E mencionam "outras esposas" benevolentes e compreensivas. A propósito, essa atitude é imperdoável. Não podemos pedir exemplos porque não sabemos quem são essas "outras esposas". É um gesto brilhante e eficiente que nos enfraquece diante do competidor. Grotesco.

Recentemente, ri diante do aparente absurdo de um pedido formal de desculpas do Parlamento Escocês às mulheres do século XVII que perderam a vida após acusações de bruxaria. Intimamente, fiquei pensando se as coisas mudaram muito. A mulher era jogada na água para provar sua inocência. Se se afogasse, não era bruxa. De qualquer maneira, ela morre. Esse estado de você se vir encurralada em qualquer sentido, ou de ser punida de várias maneiras por ter muito sucesso ou nenhum, ser mãe sempre presente ou muito ausente, esposa dedicada ou carente, não acabou. Se for franca demais, é insuportável. Se não for, também.

Talvez o pedido de perdão às bruxas não seja errado, afinal. Mas quem pede perdão pelos crimes de hoje? Outras mulheres não hesitam em apontar o erro para se safarem. *Ela é vagabunda/não cuida dos filhos/olhe só aqueles tornozelos gordos*. As vítimas se unindo aos torturadores. Sempre assim. Calamo-nos por medo do que pode acontecer se falarmos demais.

Vemos, portanto, que a violência contra a mulher adulta tem várias formas e inclui a violência emocional contra nós mesmas, que nos mantém atadas a uma série de comportamentos que não parecem muito diferentes dos da Idade Média.

Enfim, Adulta... Ser mãe... A Carga... Os Anos-Sanduíche. Como podemos ajudá-la a dar voz à raiva quando, na verdade, você não tem tempo? Vira um zumbi, controlada pela culpa e pela pressão social para oferecer um barco salva-vidas em nome da família extensa ou do governo. O efeito agregado da contínua autoanulação e supressão tem peso. Essa energia cinética precisa ir para algum lugar. A jornada desde as agressões em pequena escala até o controle coercitivo e o flagrante abuso doméstico se incute em nós, da estupefação à agonia, sem sabermos como chegamos a esse ponto. É de surpreender que as mulheres estejam exaustas, "deprimidas" ou "ansiosas"? Ou pior: que a inflamação causada pela perpétua repressão desses sentimentos comece a provocar danos prolongados ao corpo? A desregulação neuroendócrina desencadeada por emoção negativa extrema pode causar várias doenças crônicas e até a mortalidade precoce.

Para lidar com as demandas de nossa posição e com as pressões que nos são impostas por aqueles que deveriam cuidar de nós, precisamos do apoio de outras mulheres da nossa idade. E elas, do nosso. Mas, como no caso da Pré-adolescente e da Jovem, todas passam pelas mesmas experiências. Também são vítimas de posições de alto/baixo poder, o que não ajuda a diminuir a frustração e a má vontade. A pressão para ser perfeita como mãe e profissional, sobretudo na fase posterior à maternidade, parece imensa. O volume de acessórios, *podcasts* e aulas são prova disso. Contudo, há sacrifícios em todo lugar para minhas pacientes. "Meio período" de trabalho geralmente é um caminho rápido para o estresse, a insatisfação e o baixo autovalor, causando a sensação de não fazer nada direito.

Será realmente possível para as mulheres se empenhar em se tornar líderes na sociedade, trabalhando em termos de igualdade com os homens e sendo respeitadas? Temos permissão para ganhar quantias maiores e mais influentes de dinheiro *sem sermos punidas*?

Um tema muito repetido pelas mulheres em meu consultório ou fora dele é quanto elas são oprimidas pelo preconceito e pelos estereótipos. Em um mundo que tenta encorajar a fluidez de identidade, as mulheres parecem presas em um corredor estreito de estereótipos permissíveis, principalmente com o avanço da idade. Parece que o mundo ainda não está pronto para uma mulher de 50 e poucos anos namorar um homem mais jovem. Ela fica insegura ao se sentir atraída por homens dez ou vinte anos mais novos, embora os homens, claro, nunca precisem tolerar esse tipo de vergonha.

A realidade é que, se você, mulher, lutar por respeito e uma posição à mesa, terá de aceitar o fato de que vê-la ali ainda não é natural para muitas pessoas. Se tiver a ousadia de almejar posição de poder, seja sexual ou profissional, perceberá que *riem* de você; tentarão menosprezá-la, fazê-la se sentir ridícula, até horrorosa. É a bruxa de novo. Não estou dizendo que os homens sejam imunes a se tornar figuras de chacota ou ameaça, mas estamos a anos-luz de permitir que as mulheres desafiem papéis previamente atribuídos ou decididos. Sem dúvida, esse é mais um obstáculo na pista para a liberdade, o caminho que nos permite acesso ao sentimento puro, sem as amarras da frustração impotente e até mesmo da raiva. O caminho mais fácil de pisar e menos ameaçador.

O que podemos fazer pela Adulta

- Homens! Por que vocês também não têm dificuldade de "estar com tudo"? Por que isso só se aplica às suas parceiras?
- Antes de formarmos uma família, temos de pensar bem. Como vimos anteriormente, se você planeja ter uma família agora, como será? Quem vai cuidar da casa? E das finanças?
- Siga e compartilhe uma agenda. Inclua lembretes. A tecnologia pode se encarregar da parte mais difícil nessa prática.
- Parceiros! Vocês ouvem? Ainda escutam *com atenção*, após tantos anos vividos com elas?
- Empregadores: deem continuidade ao programa! Por que não há mais empresas que oferecem licença-paternidade compartilhada, permitindo ao pai

usufruir dessa forma de renda? Parece uma "proteção" para mulheres que tiverem bebês. Na prática, a situação é outra.

- Já ouviu falar daqueles programas empresariais para dar mais voz ativa às mulheres e permitir-lhes aumento de salário? Que tal um programa de treinamento para os homens que ensine a dar mais espaço às mulheres e tratá-las com respeito?
- Membros da família extensa: tentem ser mais conscienciosos. Examinem seu comportamento, pensem antes de falar. Se não querem ser simplesmente cruéis e egoístas, de que vale esta palavra ou aquela ação?

Pronta para entrar em uma sala onde ninguém a olha e perceber que acham mais interessante espiar pela janela que lhe dar atenção? Bem-vinda à menopausa.

CAPÍTULO 10

Mulher na Menopausa

Para onde foram todas as mulheres? Essa é uma pergunta comum nos centros financeiros, no setor jurídico, nas funções administrativas mais altas e nos painéis executivos. Hum... Talvez tenham saído para ajudar algum adolescente em crise na universidade? Ou elas têm pais que moram a quilômetros de distância e um deles caiu da escada? Ou talvez os sintomas da ansiedade as tenham dominado por completo... De acordo com o Primeiro Relatório da Sessão 2022-2023 do Parlamento Britânico sobre Menopausa e Ambiente de Trabalho, 900 mil mulheres deixaram o emprego por causa de experiências intoleráveis da menopausa. Assim como em qualquer coleta de dados, as estatísticas reais seriam muito mais altas. Muitas mulheres não mencionam os sintomas ou não acham que vale a pena falar deles. Entretanto, as empresas reconhecem a perda em conhecimento e sabedoria causada pelo êxodo de empregadas (que, em termos históricos, só entraram em cena recentemente) decorrente das ondas de complicações internas e externas dessa fase da vida da mulher. Como na depressão pós-parto, devo explicar que os "sintomas da menopausa" vão muito além da questão hormonal e precisam ser levados em consideração à luz das pressões ambientais, em geral insustentáveis, sobre a mulher nessa fase.

Neste capítulo, examinamos de modo mais apurado por que as pessoas acham tão difícil receber instrução de mulheres poderosas. E por que a "menopausa" é um jeito brilhante de nos mostrar a porta de saída, justamente quando estamos nos firmando. De fato, certa vez, um clínico geral disse a uma Mulher na Menopausa: "Não se preocupe! É o modo de a natureza lhe dizer que está na hora de sossegar". Obviamente, os homens não recebem esses sinais. Devemos deduzir que, para homens que tomam as decisões, isso tenha algo a ver com seleção sexual? Consideram-nos decorativas, de modo que nossa função se desgasta com o tempo?

A mulher na menopausa e a mulher jovem nem sempre se dão bem. A lendária Síndrome da Abelha-Rainha não ajuda; falamos aqui da mulher em posição de chefia que trata as subalternas mais jovens de jeito diferente. Pesquisadores inferem que essa atitude está associada ao conhecimento da mulher mais velha sobre o que passou até chegar à posição em que está, além de ter que se preocupar que as outras também *estejam comprometidas* com a carreira ou, ao menos, tenham capacidade de se comprometer. Andamos em círculos. Os caminhos que seguimos desde a infância, mais uma vez, nos restringem e nos deixam em maus lençóis. Homens em posto de chefia não precisam se proteger assim. Ou, se a Abelha-Rainha trabalha do alto da ponte levadiça e a puxa quando bem entende, esse comportamento é sinal sombrio da percepção que ela tem do espaço definido para as mulheres pela sociedade.

Convido você a seguir o exemplo de minhas pacientes na Menopausa quando tentam eliminar essas narrativas limitantes e reescrever o *script*. Comecemos com Simone.

Simone

Raiva como passividade. Estratégia: uso do poder da água

Simone ocupava alta posição em uma empresa tradicional de contabilidade, onde começara a trabalhar aos 18 anos. Era tão eficiente no trabalho que conseguiu desafiar todas as mínimas expectativas. Não que alguém se importasse, pois ela aperfeiçoara um modo de se mover sem ser vista, caso alguém notasse e resolvesse boicotá-la. Após passar em certificações profissionais nos vários programas da empresa, ao chegar à segunda metade da carreira, Simone conta que "[...] convenci a organização a me promover a chefe de um departamento". Ela era discretamente capaz e considerada presença segura. Até entrar na perimenopausa. Queria muito evitar as histórias de terror que ouvira, por isso logo recorreu à reposição hormonal. Parte do tratamento envolvia o uso de dispositivo intrauterino (DIU). Desde o início do tratamento, ela teve dificuldade com o dispositivo e procurou-me mais ou menos nessa época para lidar com a ansiedade que a atacava em ondas (tinha a impressão de que eram causadas pelas mudanças hormonais, pois nunca as tivera antes).

A dificuldade de Simone com o DIU tinha a ver com a sensação desesperada de urinar. Mas, quando corria ao banheiro, não conseguia. Começou a enlouquecer em silêncio, sem saber se o problema era psicológico ("*Sinto* que algo pressiona minha bexiga e causa dor!") ou algum transtorno fisiológico. Muitas mulheres relatam esse problema com o DIU, seja ele de cobre ou hormonal. Ele é visto como cura geral para vários problemas femininos de saúde, desde o controle de natalidade até períodos dolorosos da terapia de reposição hormonal. E, assim como a pílula anticoncepcional, é *brilhante*. Significa que várias mulheres conseguem viver a vida mais como... de novo, os homens.

Claro que há uma questão maior aqui. Em seus tronos de poder, os homens não têm histórico de glória. Será que queremos mesmo ser *mais como os homens*? Argumenta-se que, na tentativa de ajustar nossa biologia e nivelar o ritmo do jogo, estamos perpetuando, por interesse próprio, uma forma de viver que, no fim, é prejudicial a nós mesmas e ao nosso ambiente. Quando tentamos obter os mesmos ganhos financeiros dos homens, fazemos subir os preços, aumentamos a inflação e nos trituramos em uma máquina de ganância capitalista. As crianças são as que perdem, pois nossos problemas psicológicos se estendem à nova geração... Na realidade, penso que essa visão combina perfeitamente com nosso notório e polido circuito de culpa. Compartilhado de modo mais igualitário, o poder tem a capacidade de beneficiar a todos. Indivíduos sem voz ganham voz, histórias diferentes são contadas, a sociedade se organiza de maneira mais eficiente, e as economias crescem.

Após esses devidos esclarecimentos, voltemos ao DIU, equalizador em potencial. Por ser um meio relativamente barato e eficaz de tratar inúmeras condições, e porque tantas mulheres se dão muito bem com o dispositivo, ele parece atuar como uma espécie de bala de prata. É mais ou menos como se disséssemos: "Ah, finalmente encontramos uma solução para bloquear [literalmente] tantos problemas de saúde da mulher, e, se alguma tem problemas com ele, a dificuldade é dela, pois 'todas as outras o usam normalmente!'". Foi o que aconteceu com Simone. Se o dispositivo foi posto de modo incorreto, ou simplesmente não era compatível com seu corpo, ela não encontrou um único profissional de saúde que se importasse ou sequer prestasse atenção ao problema. "Olham-me como se eu fosse doida! Parecem ter certeza de que o problema está na minha cabeça." Muitas pacientes relatam o desconforto de ser "mulher de certa idade" no sistema de saúde. Os problemas não as deixam nem um pouco *sexy*. O útero dessa mulher é apenas grotesco e inútil; portanto, qualquer coisa que ajude a controlá-lo é um favor enorme. "Por que você voltou? Você e seu ventre velho. Ainda nessa, é?" Claro que essa não é a atitude de *todos* os médicos. Mas você tem a impressão de ser ignorada e, se sofre, é forçada a crer que as coisas são assim mesmo, e a mulher tem de aceitar.

Sem dúvida, a autoconfiança de Simone se abalou. Na tentativa de enfrentar o terror de ser atropelada pela jamanta da menopausa e evitar a experiência de vida que ela temia resultar na perda de posição e respeito, Simone se frustrou com a solução oferecida. O dilema parecia ao mesmo tempo trivial (um pedacinho de plástico invisível inserido no útero) e enorme. Quando ficava nervosa, queria urinar. Achava que isso poderia acontecer sem controle. Para Simone, sair às pressas de uma reunião na qual se sentia vulnerável e cheia de adrenalina, esse descontrole era uma possiblidade genuína.

Juntas, analisamos o problema apresentado: Simone sentir que não tinha controle do corpo; este sofria interferência externa, que, por sua vez, exercia sobre ela tamanho efeito, a ponto de lhe diminuir o autovalor e as noções de sua posição no mundo. Havia tanta vergonha que ela tinha dificuldade de se impor e exigir que o médico a levasse a sério.

"Qual é a pior coisa que pode acontecer?", perguntei a Simone.

"Eu me molhar durante uma apresentação."

"Por que não pode retirar o dispositivo?"

"Porque corro o risco de sofrer períodos descontrolados de menopausa."

Parecia não haver saída. Mas era óbvio que Simone se sentia totalmente sozinha diante do problema de não poder falar de suas preocupações com os profissionais de saúde. O medo de mencionar qualquer questão pessoal no trabalho é algo que ouço com frequência de minhas pacientes, assoladas pelo pavor de serem apagadas; pavor esse que, por si, já as silencia.

Nosso corpo, sempre vergonhoso e à beira de perder o controle socialmente aprovado, se prepara para trair e embaraçar a Mulher na Menopausa, de modo até então inédito. A recém-chegada redundância à nossa fisicalidade, somada ao potencial que ela tem de nos derrubar, é crua e humilhante – o suor, os níveis dissociativos de ansiedade, a autodúvida, a dificuldade de controlar o peso. É tudo tão cruel em um mundo que aplaude a juventude e a compostura, ao mesmo tempo que devasta essas qualidades. O que estamos permitindo a nós mesmas? Nosso corpo é dilacerado por um olhar social lascivo quando somos férteis e depois por desprezo e repugnância quando essa fertilidade não existe mais.

No caso de Simone, tínhamos de dar permissão àquela ira. De modo específico, uma raiva equivalente à culminação de anos dedicados a uma empresa que gostaria que ela saísse *de maneira elegante*, sem causar problemas. Também era a raiva de tantos anos tendo de usar roupas que a faziam parecer assexuada e disfarçavam sua forma feminina, para que ela fosse levada a sério. Agora as roupas tinham outro propósito. Eram escolhidas para disfarçar as vergonhosas maneiras pelas quais o corpo poderia decepcioná-la, aos olhos de um mundo dominado por homens e mulheres que internalizaram as visões convictas de um sistema misógino sutil.

"Extravase tudo!", eu insistia com Simone. Pedia-lhe que relaxasse e abrisse para diferentes possibilidades aquelas partes controladas da mente. Este é o nosso *corpo*. Ele não precisa ser uma gaiola. Ao contrário, pode ser o produto final motorizado da mente, as partes livres de nós que se movem pelo espaço conforme direcionadas por nosso cérebro brilhante e inexorável.

Simone começou a nadar. Matriculou-se em uma academia só para mulheres e me falou sobre a leveza e sobre a liberdade de sentir o corpo sustentado por algo com que ela podia contar. Nadava todos os dias depois do trabalho e mal podia esperar para se sentir *livre e solta* após longo período *de reclusão* no escritório.

Algo começou a acontecer. À medida que Simone se sentia apoiada pela água, começou a permitir que eu a apoiasse também. De repente, podia contar com duas coisas na vida. Quanto mais ela compreendia que éramos confiáveis – a água e eu –, mais seu inconsciente ousava acreditar que outros objetos também eram. Marcou consultas mais longas com uma médica conceituada da qual ela gostava. Juntas, elas descobriram que repetidas infecções do trato urinário eram a fonte do problema. Concluíram que o DIU talvez não fosse o melhor caminho para ela e, em comum acordo, planejaram um pacote alternativo de cuidados. Simone começava a perceber que era viável confiar nas pessoas; que a confiança dava sensação de segurança, não de ameaça.

Quando perdeu o medo da incontinência, foi possível desenvolver um relacionamento diferente com seu corpo mutável. Gostava da sensação sedosa na água e parecia internalizar a experiência, levando-a consigo para terreno sólido. Passou a sentir o corpo mais tonificado, os músculos em sintonia com a água. A própria mente seguia esse caminho. Ela já era mais capaz de formar pensamentos calmos, fluídicos, em harmonia com seus instintos. Parecia mais coesa, mais integrada. Simone adquiriu sentimento renovado de otimismo e vivacidade em relação ao trabalho, diferente do pavor e das projeções negativas de tempos recentes. Ela se colocou em posições mais visíveis e, no fim, tornou-se mentora de mulheres mais jovens. Enquanto trabalhava consigo mesma, ousando esperar que seria *respeitada*, Simone se converteu em dínamo. O processo foi gradual e elegante, e ela resplandeceu.

É impressionante como os homens do convívio de minhas pacientes se incomodam com o fato de elas terem posições de autoridade profissional. Outro exemplo é uma Mulher na Menopausa que trabalha em uma empresa de tecnologia dominada por homens. Como gerente, ela solicitou *feedback* para a revisão anual por pares. Foi terrível. Um colega reconheceu que ela fazia um bom trabalho. "Desafiava" a equipe, o que, na prática, significava que, apesar de relutantes, eles admitiam que era necessário. Mas era, sem dúvida, uma faca de dois gumes. A mulher foi acusada de não "dar atenção" suficiente. Não tinha tanta empatia. Outro colega afirmou que ela não o apoiou para que ele saísse mais cedo para comparecer a uma reunião de pais e mestres. Portanto, ele não a endossaria. Que inversão de papéis!

Uma mulher jamais pensaria em anunciar a vida pessoal no trabalho. Contudo, na situação de minha paciente, o homem tinha o privilégio de desfrutar de uma plataforma, de um fórum por meio do qual podia falar mal e denunciá-la por "falta de empatia". Quando lhe perguntei se achava que a empresa puniria um homem por falta de empatia, ela reconheceu que provavelmente não. Seria "esquisito" acusar um homem disso. Depois perguntei se ela pensava em citar essa opinião, e ela ficou horrorizada. "Acusá-los de sexismo? Jamais me perdoariam. Não, não posso fazer isso. Eles dariam um jeito de se livrar de mim. Eu seria uma bomba prestes a explodir. Não." Em silêncio, então, ela fervia até se acalmar. Com o tempo, porém, a informação de que outra pessoa viu e denunciou o tratamento sexista, ou seja, o conhecimento de que havia um motivo para esse sentimento, lhe deu coragem. Ela não se sentiu mais confusa em relação aos sentimentos impotentes que a agitavam. Sabia o que aqueles homens estavam fazendo, e isso se traduzia em uma nova forma de emancipação realmente possível, pois o ataque não era mais oculto. Conversou com outras duas mulheres que trabalhavam na empresa. Falou de suas experiências, e elas fizeram o mesmo. Hoje, fazem planos sobre as mudanças que vão exigir.

Parece tão óbvio quando dito com todas as letras: claro que esses homens, confortáveis no ambiente dominado por eles mesmos, não apoiariam uma mulher que se intromete e perturba a ordem das coisas. Todavia, na condição de mulheres, temos a tristeza de admitir que talvez estejamos trancafiadas nesses velhos *scripts* desgastados. Chegamos a acreditar que estávamos livres, longe dessa situação. Infelizmente, penso que esse mito de libertação nos deixa ainda mais expostas.

Em mais um exemplo de mulheres que boicotam a si mesmas, outra Mulher na Menopausa, minha paciente, preocupava-se que o movimento Me Too fizesse com que os homens tivessem medo de contratar mulheres. O temor dessa paciente era de que, ao colocar mulheres em funções de influência no ambiente de trabalho, os homens sintam que seguram uma batata quente e, com isso, temam falar – é uma limitação dupla para mulheres com medo de apontar aquelas coisas que todos temem que elas apontem. Vetamos a nós mesmas. *Sou uma bomba*, como diria minha paciente da empresa de tecnologia. Por medo de nos perturbar, os homens desenvolvem uma tensão que só os deixa mais frustrados, e, a partir daí, em quem você acha que eles descontarão? Nunca antes eles precisaram se preocupar com isso. *É culpa de quem*? Daquela bruxa! Queimem-na na fogueira!

Encorajo as mulheres a criar o hábito de perguntar a si mesmas: "Isso aconteceria com um homem?". Esse pode ser um alerta da quantidade de situações nas quais somos cegas para o sexismo casual. Aplica-se ao homem que corre no parque e grita para você: "Saia da frente!"; ao pai que não deixa a filha dirigir o carro dele porque é "muito baixinha"; à mulher em cargo de chefia que não emprega mães; ao mecânico, ao encanador ou ao médico que explica o que não é necessário. Você entende, pois vê essas coisas todos os dias. Talvez sofra sob a acusação de que "trabalhar de casa", prática popularizada na pandemia, não funciona; talvez por ser mulher e ter reconhecido aumento em sua produtividade justamente por não perder tempo nas idas e vindas, e por estar disponível para resolver demandas domésticas, pois, do contrário, teria de sair mais cedo do escritório ou dar telefonemas discretos. Pelo que vejo, parece que os homens têm mais dificuldade na tentativa de trabalhar em casa. Um cenário doméstico assinala comoção e multitarefas. Portanto, talvez não por acaso as vozes que mais clamam pela volta ao trabalho presencial sejam de homens. "Não é possível ter a mesma eficiência em casa!" Talvez não *para eles*...

Se pudermos identificar como *sexismo* (mesmo que apenas em nossa autoconversa) essas noções e esses comportamentos insidiosos, porém influentes, grande parte da raiva que se acumula nos bastidores começará a se dissipar. Aos poucos, começamos a falar abertamente sobre essa raiva, e, passo a passo, a narrativa vem à tona. Precisamos de uma nova onda de feminismo. Uma da qual os homens também se sintam participantes. Se pedirmos que avaliem se "estão com tudo", se aceitarem essa ideia de pôr a mão na massa, de repente estaremos falando de *pessoa*lidade. Precisamos acordar de todos os padrões aos quais entramos durante o sonambulismo. É como se, cada vez que surge algo novo (empregos em tecnologia, trabalhar de casa, Me Too), tendemos a nos inserir em um lugar de opressão, em vez de ver a novidade que pode nos ajudar. E qual é a consequência? *Adoecemos.*

Basta olharmos ao redor em busca dos exemplos de mulheres lutando para chegar "ao topo". Não citarei nomes, pois logo ficam desatualizados. De fato, a cada nome que uso hoje, outro logo aparece para substituí-lo. É uma lista interminável. Sim, tivemos primeiras-ministras no Reino Unido. A feminilidade delas era questionada. Aquelas mulheres eram rígidas demais, desengonçadas. Masculinizadas? Por outro lado, interessavam-se *demais* por roupas. Uma foi reduzida a um par de pernas em trajes caríssimos. Outra fez o que pôde para convencer os outros de sua masculinidade: engrossava a voz, tirava o leite das crianças e até iniciou uma guerra. No fim, era confronto demais para os homens do partido dessa primeira-ministra. A Mãe teve de ser eliminada, da maneira mais humilhante possível. Apesar de muitos homens na política serem cruéis, são vistos como decididos e focados. Não se aceita o mesmo das mulheres.

Vira malignidade a ação de uma mulher porque ela deveria agir de modo diferente, de acordo com sua biologia. Não só é imperdoável, mas *duplamente* imperdoável. O mesmo acontece com minhas pacientes em posição de liderança e autoridade, pois se declaram esmagadas por pressões, para que sejam muita coisa para muita gente, e ainda sentem que não "conquistaram". Em contrapartida, parece que as mulheres em cargos de chefia sentem impulso em tratar mal outras mulheres; são condescendentes, tirânicas e geralmente avessas às mulheres que se tornaram mães; difamadas por colegas e subordinados do sexo masculino e detestadas pelas funcionárias. O topo é um local solitário.

Creio que ajuda minhas pacientes terem a chance de falar sobre o possível motivo de suas chefes agirem *contra* elas dessa maneira. Elas utilizam a oportunidade do processo oferecida na terapia para pensar em uma nova forma de se aproximar da chefe, estabelecendo com ela conversas diferentes. Não digo que seja uma bala mágica, mas, sim, que devemos continuar tentando. Quanto mais se discute e reconhece, maior é a esperança de podermos mudar as coisas.

Essa mesma estrutura de impossibilidade impactante sobre as mulheres líderes pode ser aplicada à maioria das mulheres de vida pública, incluindo aquelas que lá chegaram por acaso do destino. Mulheres que foram usadas como peões em um mundo de homens e sofrem punição dupla da mídia e do público cruel, que tripudiam sobre elas, como se tivessem escolha. Ou mulheres especialistas que tentam transmitir uma mensagem ao público. Cuidado. Você *será* marcada como bruxa, por um ou outro motivo. Nem me fale das celebridades do sexo feminino. Nós as *adoramos* e *odiamos*. Chegamos a puni-las a ponto de destruição só por se atreverem a atrair atenções. O ultraje das mulheres diante da realidade é a única maneira de incitar uma mudança real; é o único jeito de proteger gerações futuras da caça às bruxas.

Qualquer tentativa de diminuir a mulher na menopausa por ela não ser mais tão feminina é, em si, um ato de violência. O sentimento de minhas pacientes de serem diminuídas e humilhadas também é violento. Elas não realizam seu pleno potencial, confirmando o palpite secreto de todas as pessoas. Pesquisas que visam saber "Para onde foram todas as mulheres?" parecem causar certo choque perante o desaparecimento de tantas pessoas talentosas do ambiente de trabalho. Mas acho que sei a resposta. Minha paciente Mara tinha certeza.

Mara

Raiva como câncer. Estratégia: dormir

Mara dizia que o emprego lhe causara câncer de mama. Ela trabalhava como enfermeira e tinha certeza de que o trabalho lhe comprometera a saúde. O sistema de turnos, combinado com o estresse cada vez pior da função, ou seja, o medo de que o nível de cansaço resultasse em algum erro fatal, acabou criando uma raiva que, no seu entender, causara a doença. Mara se enfurecia perante o fato de que o trabalho ao qual dedicara a vida agora a ameaçava. Naquele ponto da vida, sentia que a boa índole e a disposição de fazer o bem tinham sido exploradas. Tinha certeza de que, se olhasse em volta, veria que a vida das amigas mais próximas também trazia a marca de "se doar".

Mara precisava encontrar um meio de expressar a raiva que sentia dos empregadores. Costumava dar nome a ela, mas nada podia fazer de produtivo. Tinha certeza de que o sentimento era reabsorvido pelo corpo. Como vimos anteriormente, a inflamação está associada a níveis crônicos de raiva. Um artigo de 2021 do periódico *Nature* mostrava que por volta de 20% dos casos de câncer em seres humanos tinham como origem uma inflamação prolongada. Os autores sugeriam que a inflamação está relacionada a cada estágio da progressão do câncer, bem como ao alastramento da malignidade. Ela também propicia ambiente favorável para a formação de tumor e metástase. Por exemplo, doenças intestinais inflamatórias crônicas, como colite ulcerativa, carregam o risco de câncer de cólon.

Inúmeros estudos revelam níveis excepcionalmente baixos de raiva entre pacientes com câncer, o que leva os pesquisadores a concluírem que a raiva está sendo reprimida. Evidências significativas também apontam a raiva suprimida como precursora do câncer e como componente no avanço da doença após sua manifestação. É difícil pesquisar a relação entre raiva e câncer, uma vez que só podemos estudar pacientes que agora *já têm* câncer, a menos que iniciemos um enorme estudo longitudinal sobre a raiva da população e vejamos quem recebe o diagnóstico. E, se perguntarmos aos pacientes com o diagnóstico de câncer hoje, certamente ouviremos algumas respostas zangadas. Entretanto, Mara tinha convicção, e já trabalhei com várias mulheres que sentem que o diagnóstico de câncer tem a ver com sentimentos reprimidos, principalmente a raiva. Mara sugeria que o rigor dos horários e os turnos da noite haviam bagunçado seu biorritmo, mas achava que a decisão de seguir essa carreira era sintomática de uma vida inteira dedicada a servir. Chegara ao ponto em que não sabia mais se escolhera o emprego ou fora escolhida por ele. Começava a compreender quanto se enfurecia com essa possibilidade. A ideia de que essa realidade reprimida talvez tivesse comprometido sua saúde criava um vórtice de sentimentos palpável, avassalador.

Mara, uma Mulher na Menopausa, sempre tivera dificuldade em dizer "não". Priorizava o Outro – desde pacientes até membros da família e amigos –, e seu problema de saúde era sinal claro de que devia estabelecer limites. "Ouvi falar desses limites...", Mara murmurou, melancólica. "Mas não sei como são." A maioria das mulheres não sabe. Como parte de nosso condicionamento, somos muito dissuadidas de declarar nossas necessidades em linhas exatas. Só quando começamos a entrar em sintonia com nosso aparelho emocional é que coletamos dados suficientes para entender essas linhas tão difíceis.

Meu desejo perene é que levemos a sério esse aparelho – o "sistema afetivo" – como qualquer outro sistema do corpo humano (voltaremos ao tema no Capítulo 12). A ciência médica atual enfatiza as descobertas acerca da relação de *feedback* entre cérebro e estômago, mente e corpo. Os psicanalistas sabem disso há muito tempo. Os famosos casos de Freud de pacientes que "somatizam", ou carregam as dores psíquicas como condições físicas, são pilares da formação terapêutica.

Mara precisava cuidar do próprio corpo, assim como cuidara do corpo de pacientes e familiares. Juntas, começamos a elaborar meios de focar em seu bem-estar, de modo que a raiva sentisse que uma mudança estaria a caminho. Na terapia, Mara tinha um lugar para externar essas emoções, mas, em casa e no trabalho, de que precisaria para se sentir melhor? De que ela necessitava, mas não tinha?

"Dormir" era a resposta. Desde que tivera filhos, Mara não dormia mais que algumas horas por dia. Muitas vezes, mal pegara no sono quando o despertador a chamava para o trabalho. Se tentasse cochilar um pouco ao voltar de um plantão noturno, a luz do sol não deixava. Por fim, desistia e mantinha-se acordada o restante do dia, com cafeína.

Mara tirara licença para se tratar e recebia auxílio-doença. Decidimos que ela aprenderia a dormir. Resultados de estudos científicos indicam forte associação entre privação de sono e humor, com base no fato de que a amígdala tem papel fundamental em ambos. Alguns pesquisadores vão mais longe e relacionam a raiva especificamente à falta de sono. Mara começou a notar que se cansava naturalmente (claro que o tratamento para câncer contribuía para isso) e tentou, então, se entregar a essas sensações. Parece óbvio, mas posso apostar que a maioria das mulheres sofre de algum tipo de privação de sono, problema que piora na época da menopausa. Muitas mulheres fantasiam largar as funções intensas do trabalho porque se sentem exaustas. Algumas largam, de fato.

Para Mara, dormir era a única lição de casa, e ela logo começou a descansar mais tempo à noite. Às vezes, estava tão exaurida para se locomover até meu consultório que tínhamos uma sessão *on-line*. Contudo, com o passar dos meses, e mesmo depois de terminado o tratamento, Mara prometeu respeitar as horas de sono. Conseguiu até combinar no trabalho que não assumiria mais os turnos da noite. Finalmente, escutou os limites que o corpo tentava estabelecer e usou-os para moldar uma vida alinhada a eles.

Mara nos oferece uma lição salutar. As experiências dela nos lembram, em nível muito básico, de que tudo, desde o humor até o sistema imunológico, fica comprometido quando não dormimos bem, e esses fundamentos são essenciais para o nosso bem-estar. Precisamos dormir para o corpo lidar com a inflamação, mas também para o bem da imunidade emocional. Converso muito com minhas pacientes sobre essa ideia. Em determinados momentos da vida, todas as pessoas podem ficar vulneráveis nesse nível. Nosso bioma psicológico se desgasta. É difícil estabelecer limites. Nossa saúde física começa a sofrer, e isso afeta nossa psicologia – de novo, o elo inextricável entre corpo e mente. É essencial sintonizar o alarme pessoal e reconhecê-lo. Seja a paciência que se esgota com o comportamento dos outros, ou uma sensação de antagonismo, ou apenas um desconforto emocional, escute o que seu corpo lhe diz. Respeite essas mensagens. Podemos nos poupar de danos ou males maiores, sejam eles emocionais ou até mesmo físicos, quando detectamos logo os sentimentos. Parte dessa sintonia com as necessidades nos ajuda a identificar onde a sociedade montou armadilhas. Precisamos ser realistas, cientes de que elas ficam muito bem escondidas e de que as escolhas que *pensávamos* ter feito na vida são exemplos disso.

As estruturas patriarcais despertaram para o risco de perder seu domínio; assim, agarram qualquer oportunidade de difamar e esmagar, sempre que possível. A misoginia se sente ameaçada em novos contextos; portanto, ela precisa criar meios mais astutos de reter o triunfo internalizado. Parece intolerável que as mulheres cheguem ao topo em seu setor. É um tapa na cara dos que nos oprimiram. Obviamente, ainda não existiu uma geração definida e inteira de mulheres que trabalham em igualdade com os homens, seja em termos de remuneração, seja em termos de liberdade. Refiro-me à liberdade de crescer na vida profissional, sem os obstáculos das demandas do serviço doméstico ou das estruturas do local de trabalho. Tanto a esfera doméstica quanto a profissional desabonam as mulheres como iguais. Não é à toa que sentimos tanta raiva.

Parece propício, agora que discutimos a situação na qual as mulheres se arriscam e são bloqueadas, eu compartilhar como foi difícil escrever este livro. Conforme expliquei no início, eu também sentia raiva. Achava ultrajantes as coisas que ouvia e via. Os "dados" de entrada a respeito dos maus-tratos sofridos pelas mulheres e as condições precárias de sua saúde tinham que ser divulgados. Eu não podia deixar de compartilhá-los: seria antiético. No entanto, em meio a tanta emoção, a cada frase que meus dedos digitavam, invadia-me um sentimento igual e oposto de dúvida.

Eu me perguntava, com frequência, se o "homem típico" tinha as mesmas dúvidas. Quem é ele, afinal? Alguém que não teve que sofrer o ataque diário, as instruções, o esmagamento, os sinais passivo-agressivos para voltar ao seu canto? Mas os homens que conheço são maravilhosos. São gentis, confusos e assustados também. Claro que conheci alguns que não passam de imensas porcarias. Todas nós conhecemos. Já trabalhamos para eles. Talvez até tenhamos sido criadas por eles. Fomos tocadas e assediadas por eles. Entretanto, temos nossos filhos, netos e sobrinhos, cheios de complexidade e promessa. Falo de um *sistema* aqui. De um sistema elaborado, construído e sustentado por homens há milênios. Cujos valores e instituições não permitem a entrada verdadeira de mulheres. E é triste como esse sistema afeta a *nós todas*, nos abala e causa danos.

Não acho que a resposta seja "Aja como homem!". Nosso conhecimento de que *não* somos aquele estereótipo aparentemente confiante do homem imaginado drenaria nossa verdadeira força interna. Pense nas primeiras-ministras... Chutadas para fora do clube, no fim das contas. Os esforços das duas para se encaixar não abordaram os problemas do sistema. Se tentarmos ser masculinas, negaremos nossos recursos reais, que são múltiplos e impressionantes. Um dos fatores que aumenta nossa raiva é a negligência desses recursos. Precisamos encontrar nosso poder orgânico e, por fim, expressá-lo.

Quando, porém, ergo a voz na sociedade, sou eu como mulher que tenho medo. Temo ser cancelada; temo os golpes da mão anônima capazes de me despedaçar e eliminar. O ataque é implantado em nosso interior. Nossa falta de autoconfiança e o medo permitem que a raiva cresça e nos destrua por dentro. A bomba já está programada para explodir. A arma é autoimune. Às vezes, nossa imunidade emocional começa a atacar o tecido saudável, além do doente. Como terapeuta, sempre encorajo o reforço e o fortalecimento das partes boas, fortes e saudáveis do ego. Se estas forem incentivadas, teremos um arsenal maior para lidar com as invasões insalubres e agressivas ao nosso bem-estar.

As mulheres são invejadas e abusadas por sua força e capacidade. É justamente aí que começa o abuso. Quando alguém desconfia de que outra pessoa tem poder igual ou superior, boicota-a. As mulheres *têm, de fato*, capacidade maior. Veja o que nosso corpo consegue fazer. O que acontece quando você é capaz, *porém* suprimida? Fica com *raiva*. Apesar de tudo o que o corpo feminino pode fazer, ele também nos desafia, da menstruação ao enjoo matinal. Mas talvez nossa força venha, em parte, da adversidade, de saber do que somos capazes.

Conforme amadurecemos, tornamo-nos mais livres da necessidade de atrair os homens sendo gratas e submissas. Não nos sujeitamos mais ao mesmo tipo de atenção lasciva e humilhante. O que significa que, em certo sentido, temos mais poder de escolha quanto ao modo como gastamos nosso desejo. Para as Mulheres na Menopausa, a força vital pode ser maior. O desejo feminino é complexo e, durante grande parte de nossa vida, foi filtrado pelo olhar masculino. Quanto desse desejo foi realmente nosso? Quando foi que entramos nesse ponto pós-fertilidade, onde nos atrevemos a assumir mais o nosso corpo fora do escrutínio público? Onde estará nosso foco?

Algo significativo realmente começa a agitar o campo da Mulher na Menopausa. Em parte, deve ser o fato de que as mulheres pouco se importam com suas ações ou decisões nesse estágio, o que é, em si, bastante libertador. Mas penso que certas celebridades femininas exercem impacto muito positivo. Falam com todas as letras, sem deixar dúvida, sobre o que as mulheres podem esperar para si e, pelo que ouço tantas vezes de minhas pacientes, inspiram pessoas comuns a erguer a cabeça e lutar por seus direitos.

Alguns clínicos gerais ainda dispensam as pacientes, dando-lhes todo tipo de diagnóstico alternativo para sintomas da menopausa e da perimenopausa, de depressão a psicose. Alguns ainda insistem em testar os níveis de hormônios, prática que sabemos não ser nada útil, pois esses níveis flutuam constantemente. No entanto, médicos experientes e centrados na paciente sabem que a menopausa surge com tantas variações de sintomas que não é possível aplicar um composto químico que sirva para todas. É impossível restringir a menopausa em nível hormonal. Essa tentativa é parte da mesma tendência estressante de separar cérebro e mente do corpo e da química, ou os órgãos e os níveis hormonais da emoção. Pelo amor de Deus, observe e escute a paciente *inteira*. Ela conhece o próprio corpo melhor que qualquer um. Está nele há mais de quarenta anos!

Patti era uma Mulher na Menopausa que precisava retomar o contato com o corpo, pois ele tentava lhe dizer a verdade havia muito tempo.

Patti

Raiva como preocupação. Estratégia: processo bilateral; por exemplo, caminhar!

Patti era a cuidadora da mãe em tempo integral. Tinha três filhos adoráveis, prestativos, que moravam em regiões diferentes do país. Todos a visitavam, mas Patti passava muito tempo sozinha com a mãe. Tinha muitos amigos, mas os cuidados com a genitora ocupavam boa parte de seu tempo. Era uma pessoa de fala mansa, bondosa como um anjo, o tipo de criatura que se desdobraria por qualquer um. Vivia fazendo favores às pessoas e gostava de dar pequenos presentes. Inclusive a mim.

O marido de Patti a abandonara por uma mulher mais jovem com quem ele trabalhava. Ela nem sequer falava desse período com amargura, mas mencionou uma urticária dolorosa que lhe surgira no torso. Piorava quando ela passava por um estresse grande, e, às vezes, ela coçava as áreas durante as sessões, com expressão de dor. Sua preocupação pelos outros quase lhe arrancava a pele.

Logo percebemos que Patti nada fazia para si. Jamais. Mas experimentava uma sensação de paz ao caminhar, mesmo distâncias curtas, como uma ida ao supermercado ou quando levava a mãe na cadeira de rodas para um breve passeio. Patti explicou-me que o exercício de andar clareava a mente, e ela se sentia mais relaxada depois.

Há evidências de que longas caminhadas podem aliviar o estresse psicológico, e sabemos que o movimento bilateral de caminhar é emocionalmente reparador. Pesquisas apontam redução na atividade da amígdala mesmo após uma hora de caminhada. Compartilhei essas ideias com Patti e conversamos sobre a possibilidade de ela percorrer distâncias maiores. Com cautela, ela passou a deixar a mãe em uma casa de repouso uma vez por semana e tentou planejar uma trilha com amigas. Os níveis de ansiedade de Patti subiram com a aproximação da data e a maior preocupação com a mãe. Conversamos a respeito disso. Observei que ela ficou um tanto irritada comigo por incentivar o plano, e vimos como se formava a relação entre raiva e preocupação. Ela começou a falar sobre a afronta de eu sugerir uma atividade tão ultrajante, mas imediatamente reverteu para a preocupação com outra pessoa, poupando-me (e a ela mesma) de um sentimento terrível.

Observei que talvez fosse mais fácil ser uma pessoa "preocupada" que zangada. Ela percebeu que, após ser abandonada pelo marido, passou a canalizar os sentimentos nos filhos e na maneira como os rapazes lidavam com a situação, sentimentos esses que se concretizaram em ansiedade geral por eles, à medida que ficavam mais velhos. Ela reconhecia que se sentia mais aflita com eles do que as amigas se preocupavam com os filhos delas. Quando cresceram e se mudaram, a preocupação se concentrou na mãe.

No decorrer dos meses de nossas conversas, Patti acostumou-se a explorar mais profundamente seus sentimentos. Começou a enxergar quanto os bloqueava, a ponto de se converterem em raiva, sobretudo na questão do ex-marido. Pesou sobre os ombros de Patti um fardo enorme de traição por todos os anos em que ela acreditara que os dois eram felizes e que os motivos de felicidade para ela também eram os dele. Vinha à tona o sentido de que Patti colocara os cuidados com a mãe no lugar da atenção que não conseguira mais dedicar ao marido. Os sentimentos de raiva foram sensivelmente afogados por sentimentos de preocupação pela genitora, com a qual ela passara a morar. Em silêncio, ela se perguntava se o fizera para ter companhia, uma vez que os meninos já estavam na faculdade, naquela época. Embora, sem dúvida, a mãe de Patti se beneficiasse por ter a filha sempre perto, a mulher era tão debilitada que não podia ficar sozinha um dia inteiro.

Agora Patti faz trilha regularmente e planeja uma viagem de uma semana com as amigas mais próximas. De bom grado, os filhos combinaram entre si horários para ficar com a avó e ficaram felizes porque a mãe finalmente resolveu cuidar de si mesma um pouco. Patti faz uma caminhada diária de pelo menos uma hora, às vezes com amigas, às vezes para se encontrar com alguém em uma cafeteria. Parece saudável, tem bom papo, seus horizontes se expandiram, e ela chama o ex-marido de "grande porcaria" (embora se desculpe depois). A urticária? Bem, ela nem mais a menciona.

O que podemos fazer pela Mulher na Menopausa

- Comece a enxergar a si própria com mais clareza. Nossa identidade, às vezes, fica embaçada. Cave fundo nos sentimentos para determinar onde se encontra no nível emocional, distante das outras pessoas.
- Caminhe. Bastante. É excelente para a criatividade e ótimo para processar sentimentos dolorosos. E é grátis.
- Vista o que quiser vestir.
- Assuma o palco central. De todas as maneiras possíveis.
- Apoie as mulheres mais jovens ou mais velhas. Isso não significar *cuidar* delas.
- Não passe muito tempo olhando para trás. Há montanhas para escalar, e você precisará de energia.
- Saia da zona de conforto. Todos os dias.
- Faça terapia de reposição hormonal, se servir para você.

- Trabalhe a vida: reivindique seu espaço. A vida é curta. Aproveite o fato de que hoje você se preocupa menos com o que *os outros* pensam.

Enfim, a idade avançada, chutando e gritando com a menor dignidade possível. Não nos curvamos quando era isso que queriam de nós. Agora é que não nos curvaremos mesmo. Ah, espere um pouco. Esqueci que o patriarcado nos segura pelo peito até estarmos debaixo da terra.

CAPÍTULO 11

Mulher Mais Velha

Este é, sem dúvida, um destino muito pior que ser um homem mais velho. Para começar, a mulher mais velha corre mais risco de sofrer negligência e abuso. Parece que desencadeamos algo intolerável para as outras pessoas, mesmo a essa altura da vida. Tudo que nos fazia ser reverenciadas e úteis nos abandonou; entretanto, *ainda* estamos aqui! Ocupando espaço. Não temos permissão para fazer muitas coisas, claro. Nossa aposentadoria paga pouco por causa dos anos que passamos cuidando dos filhos e/ou trabalhando com remuneração inferior. Também nos atolamos em uma velhice fria e solitária ou nos cuidados de um marido doente. Pois, agora, o cumprimento desses deveres é o que se espera de nós. Trabalhadoras idosas são duplamente mais passíveis que os homens de ocupar a posição de cuidadora, de acordo com o Censo de 2021 do Reino Unido. Um estudo em 2022 demonstrou claramente que cuidadoras de homens eram "mais passíveis de sofrer estresse, permanecer estressadas ou começar a se estressar após um ano de trabalho". Pesquisadores atribuíram essa situação ao fato de homens mais velhos terem mais problemas comportamentais impactantes ou relacionados à saúde e necessitarem de mais atenção; em geral, suas cuidadoras são esposas mais jovens e saudáveis.

Estresse é uma palavra interessante. Eufemística e infinitamente maleável. Quando converso com minhas pacientes mais velhas, que costumam cumprir múltiplas tarefas de cuidar de alguém (incluindo netos), e lhes dou a chance de explorar os próprios sentimentos, o que descobrimos sob a aparente "tristeza" é um poço de raiva e ressentimento. No entanto, nossa sociedade inteira se fundamenta na premissa de "na saúde ou na doença" e nega qualquer responsabilidade coletiva. Se a mulher ainda está de pé carregando uma bandeja, quem se importa se o marido joga merda sobre ela (às vezes, literalmente)? Essas mesmas mulheres talvez já tenham tomado conta dos pais e dos sogros, e, agora, esse próximo passo é visto com naturalidade. Interessante, a mulher mais velha corre mais risco de não ter assistência médica, pois é vista como frágil demais para aguentar os efeitos colaterais do tratamento. Além disso, também há o perigo da exclusão e da pobreza na idade avançada.

Observo que as pacientes mais velhas tendem a não se identificar com a "raiva", e isso acontece com mais intensidade que em qualquer outra faixa etária. Ao contrário, as necessidades não supridas de toda uma vida se calcificam e não mais se apresentam internamente como dor ou mágoa. No curso da vida, esses sentimentos suprimidos parecem se diluir em um caldeirão interno que, de tão cheio, se deforma. Na idade avançada, o produto final se revela algo retorcido e gélido. Os comportamentos são tão distorcidos que adquirem aparência externa muito diferente. Amigos e familiares – e até a própria identidade de idosa – não reconheceriam nossas expressões como raiva propriamente dita. A combinação de defesas internas e expectativas sociais nos dificultam muito a expressão do sentimento na forma mais pura.

Clinicamente, reconheço padrões na expressão da raiva. A maioria das mulheres que procuram terapia sabe que vive em um mundo separado por gênero. Não é uma surpresa para elas que boa parte do condicionamento tenha afetado o produto final de seus sentimentos. Além disso, somos cada vez mais cercadas por regras sociais que parecem indicar a volta dos tempos vitorianos. As mulheres mais velhas com quem trabalhei ao menos são isentas do impacto da mídia social. Mas o alcance pernicioso dessa mídia é, na verdade, apenas uma extensão das regras patriarcais históricas. Nossos pensamentos e nossas opiniões sempre foram policiados pela sociedade, o que dificulta muito a expressão de raiva ou frustração. Hoje, claro, a ameaça de ser "cancelada" deixa as mulheres mais hesitantes para soltar a voz, por medo de que suas palavras sejam captadas e disseminadas em uma espiral.

O terrível cenário da opinião dos pares não é novo; não surgiu simplesmente a partir do advento das plataformas de mídia social. Sempre patrulhamos nosso próprio lar e nossa família em busca de evidências de que o pensamento de uma ou outra pessoa não se alinha às ideias aceitáveis da semana. Se tivermos sorte, encontraremos meios de trabalhar com os sentimentos de raiva por meio de conversas, debates e argumentação, talvez com explosões emocionais e brigas feias, produtos residuais inevitáveis. Historicamente, porém, extravasar o que está entalado não é uma atitude típica.

Principalmente para as mulheres. Há sempre muita coisa que a mulher não pode dizer. Você não deve dizer, por exemplo, que odeia seus pais, ou sua sogra, ou seu chefe. Não deve dizer que se enfureceu porque outra mulher a empurrou para a cova dos leões. Pelo menos, não diretamente a ela. Não pode dizer que está zangada com os filhos ou que seu pai idoso lhe causa revolta. Mesmo no espaço seguro do consultório da terapeuta, as mulheres guardam seus pensamentos e não permitem exploração, a fim de encontrar espaço no qual suas visões possam ser trabalhadas ou desafiadas. A ameaça de julgamento também causa sensação de perigo, mesmo nesse contexto.

O trabalho com uma comunidade de mulheres mais velhas é salutar, pois a mulher mais velha se sente um pouco mais livre para dizer o que sente e tende a ignorar as restrições com as quais estava acostumada, embora a raiva continue excluída de seu vocabulário. Trabalhar com mulheres mais velhas também permite perspectiva e certa visão em retrospectiva sobre a sociedade, com base em uma sabedoria já vivida e talvez um tanto esgotada. A mulher mais velha já viu isso três ou quatro vezes. Ouviu os mesmos lamentos, pronunciados com vocabulário diferente, sobre conceitos *aparentemente* novos. Mas uma observação que minhas pacientes mais velhas *conseguem* fazer é quanto se espera que as mulheres jovens façam tudo. Minha paciente mais velha, Suzette, dizia: "Muito bem. Mas vocês, garotas, precisam cuidar de *tudo*. E os homens? Não podem ajudar?". Quando pensa nas netas e nas sobrinhas-netas, Suzette parece chocada porque "Não há apoio! Eu tinha minha mãe, minha tia e minhas irmãs. Vocês não têm nada disso, e, no entanto, espera-se que sigam carreiras brilhantes. Para mim, isso não faz sentido! Há creches que cobram os olhos da cara, enquanto as moças que trabalham lá não desgrudam do celular!". Na eterna dor das mulheres, Suzette era *ouro* puro: "Você gasta a licença-maternidade inteira para encontrar uma creche que tenha vaga! E deixa lá tudo o que recebeu!". Suzette apenas apontou o óbvio. Mas o óbvio parecia insano e ridículo.

Quando minhas pacientes mais velhas falam de suas funções profissionais, se é que têm uma fora do trabalho doméstico, fica claro que eram pagas para cuidar – como secretárias ou assistentes, enfermeiras, às vezes professoras de ensino fundamental. Embora, na aparência, esses papéis tenham nomes diferentes, a pressuposição é a de que as mulheres são as cuidadoras do grupo. Os olhares de soslaio se voltam para elas quando alguém precisa de um café ou de um sanduíche. As mulheres são encaminhadas para treinamento se tiverem tom "muito agressivo" e não suficientemente maternal: se você não é ótima na fala mansa, no bate-papo que deixa as pessoas à vontade; se você se dedica logo à tarefa, enfrenta dificuldade para convencer de que é a pessoa apropriada para a equipe. Já que é mulher, tem que viver o papel da mulher. Mas será que *se comporta* como uma? Pelo que observo e com o endosso de estatísticas globais, você tem uma profissão mal remunerada em uma área de predominância feminina ou exerce um cargo no qual a remuneração é inferior à dos homens. E, além disso, ainda tem de cuidar deles, preocupar-se com os sentimentos, os desejos ou até a digestão desses homens.

Essas pressuposições se aplicam ao ambiente doméstico, quando falamos de cuidar de familiares mais velhos. Parece *natural*, já que a mulher é vista como a cuidadora predominante da família até aquele momento, pois é ela que entra em ação quando as pessoas precisam de ajuda na idade avançada ou na doença. Por quê? Só porque alguém fazia isso antes elas devem seguir o mesmo exemplo? O argumento oposto é válido: "Ora, ela já se empenhou demais. Vamos lhe dar uma folga... Já sei, eu faço esse trabalho! Não são meus pais, mas os conheço há quarenta anos, e os dois cuidaram dos meus filhos e nos ajudaram a comprar nossa casa. *Eu* os levo às compras e às consultas médicas!".

Mulheres mais velhas que já passaram por tudo, de todos os lados, podem fazer perguntas mais claras que indiquem seu espanto diante das escolhas das mulheres mais jovens. Não parece que somos julgadas quando mulheres de nossa idade nos questionam. A mulher mais velha demonstra o desespero por nós. Embora tivesse menos escolhas de carreiras, pelo menos não teve de pelejar sozinha, com o corpo e a mente caindo aos pedaços, enquanto tentava manter as responsabilidades domésticas tradicionais. Vamos conhecer Suzette melhor agora.

Suzette

Raiva como agitação no fim da vida. Estratégia: música. E cantarolar.

Suzette nos oferece uma ótima perspectiva sobre tudo, desde carreira até amizade. "Não fique de mal com elas. Porque as pessoas um dia morrem. E você percebe que aquela foi a última palavra dita a elas." Ela me contou que sempre fora competitiva com as amigas. "Aquela até morreu *antes* de mim!"

Suzette relatou que costumava debater e discutir mesmo com as amigas mais próximas e confiáveis, sem medo de agir assim, pois é comum se deparar com um ponto de vista diferente quando falamos de algo que nos irrita ou nos confunde. Sem esse contraponto, somos privadas de um fórum valioso para autoeducação, discernimento e desenvolvimento. Meu trabalho com Suzette foi, ao mesmo tempo, educativo e aterrador. O que eu tinha para lhe oferecer? Minha relativa juventude, descobri, e a oportunidade para Suzette refletir sobre a dela.

Ela explicou que as tentativas de se firmar no emprego eletrizante de um noticiário televisivo nos anos 1960 culminaram na advertência de que ela era "muito agressiva, muito masculina". Detalhe bizarro, sua neta ouvira recentemente algo semelhante em sua carreira na televisão. Era "muito encrenqueira" e deveria "relevar as coisas". Por favor.

Uma história conhecida: um local de trabalho tolhendo as mulheres por terem comportamento que não se enquadra em um conjunto prescrito de expectativas conscientes e inconscientes, embora hoje as mensagens sejam mais sutis e passivas, usando a linguagem do feminismo e do empoderamento feminino contra nós. Uma mulher ouviu de um homem um tanto agressivo, com a aparência de um artista plástico iluminado, que o tom que ela usara era "pejorativo" e ele "nunca fora atacado daquela maneira". Essa paciente ficou mortificada. Como, de repente, se tornara a agressora? Não era verdade;

simplesmente o homem não gostou de vê-la se expressar. Foi assim que se desenvolveu a misoginia: eles viraram nosso próprio jogo contra nós, aprenderam as regras e as usaram para nossa desvantagem.

Suzette sentia-se constantemente agitada e irritável perto do fim da vida, às vezes ciente de quão pouco havia mudado em um mundo que fingia ser tão diferente. Nossas sessões eram por telefone a essa altura, pois ela estava em uma casa de repouso. A música é um delicioso conforto nos tratamentos paliativos. Suzette começou a ouvir música com fones de ouvido. Dizia que, ao cantarolar junto, sentia-se tranquila e centrada; as vibrações suaves preenchiam o interior de seu corpo e não deixavam entrar irritações externas. Ela ouvia discos inteiros de Nina Simone sem que a maioria das pessoas notasse. Criou para si uma ilha interna; um santuário calmo de lembranças, com as quais ela não precisava desperdiçar energia para explicar. E então decidiu: "Estão todos me deixando fula da vida agora" e cantarolava mais alto para abafar o mundo ruidoso, do qual já estava farta. "Acham que sou uma velha louca. E me ignoram. Pois é isso mesmo que eu quero. Quero que todos me deixem à vontade para morrer sozinha. Em paz."

Mas ela gostava de usar o pouco de energia que tinha para refletir em voz alta, quando sentia que alguém a ouvia com atenção e interesse. Incomodava a ela o fato de a neta estar vivendo uma experiência semelhante, pois a jovem também tentava conquistar fama profissional. Suzette opinou que, ao menos em seus dias de juventude, o sexismo era evidente. Claro que essa lembrança a perturbava; afinal, depois de tanta luta e até certa influência, pouca coisa havia mudado. Também foi com horror que me contou que a sobrinha-neta e outras mulheres enfrentavam dificuldade com um chefe que as assediava em uma multinacional de relações públicas. Essas mulheres tentavam decidir se deviam mover uma ação de classe contra ele. Suzette encontrava certo consolo ao conversar com uma mulher (eu) que parecia tão desesperada quanto ela diante dessa realidade.

De fato, no mesmo dia de uma das recentes sessões com Suzette, eu tinha falado com uma paciente jovem que trabalhava em uma grande empresa de tecnologia. Ela me contou que, por mais que provasse sua capacidade, um colega branco do sexo masculino sempre seria reconhecido, promovido e beneficiado com oportunidades antes dela. Evidentemente nos tornamos mais vulneráveis após termos um filho. Preciso de muitas mãos para contar quantas vezes uma mulher chega e me diz que foi rebaixada na empresa após a licença-maternidade ou, em alguns casos, até demitida. Sento-me com elas enquanto passam por tribunais e procedimentos de denúncia; as que não podem pagar por auxílio legal pedem favores e conselhos a amigos advogados. Não posso dizer que já vi uma mulher sair "triunfante". Às vezes, é indenizada, recebe alguma compensação. Mas afirmo que nada compensa o estresse que se traduz em dor física ou a surra mental. Sob minha perspectiva, acho que dinheiro nenhum nem qualquer pedido formal de desculpa desfaz o mal. Pois o dano é grande ao autovalor da mulher, a tudo o que ela achava que podia esperar. Afinal, qual é o momento em que a mulher deve desistir, já que cada passo resulta na tentativa de decifrar pilhas de documentos legais enquanto ela só tem duas horas de sono ininterrupto com uma camiseta ensopada de leite, sentindo que, apesar de todo esforço, nada recebe além de insultos?

Agora vamos conhecer Didi, uma paciente com 70 e poucos anos que seguiu um caminho mais convencional que Suzette.

Didi

Raiva como compulsão alimentar. Estratégia: riso

Didi sempre foi a boa menina, a irmã mais velha sensata e confiável, com um pai emocionalmente perverso e uma mãe que não intervinha para protegê-la. Didi sempre recorrera à comida para sufocar os sentimentos. Veio me consultar porque perdera o apetite. Em decorrência disso, emagrecera muito, e disse que não queria mais se esconder; tinha um período de vida limitado e agora sentia necessidade de expressar alguns sentimentos que vinham à tona desde que a comida cessara de funcionar como máscara.

Que sentimentos eram esses? Ela sempre fora dócil e bem-comportada, jamais tivera um parceiro e cuidou do pai, que ela tanto odiava, até *ele* morrer. O pai explorara o estado civil da filha para usá-la como empregada doméstica. A mãe morrera quando Didi estava no fim da adolescência, e ela fora recrutada como mãe substituta dos dois irmãos mais novos. Ambos saíram de casa assim que puderam. Embora a amassem e reconhecessem o afeto e a generosidade de Didi, raramente se envolviam na vida que haviam deixado para trás. A bonitinha e gorducha Didi sempre cuidara de tudo. Didi sabia resolver. Era a provedora generosa: de comida, de amor, de soluções. E guardava a raiva dentro de si. O que se poderia fazer com esse poço de sentimento que Didi quase conseguira sufocar com comida? O que se podia dar a essa mulher tão faminta de tantas coisas realmente necessárias, a ponto de a comida se tornar o único consolo?

Riso, essa era a resposta. Não planejei, mas em uma sessão, depois de me contar algumas coisas horríveis que o pai lhe dissera antes de morrer, Didi observou que fiquei boquiaberta (claro que tento segurar meus sentimentos, mas, às vezes, sabe como é...). E uma risada involuntária emanou dela. "Acredita nisso?", perguntou, balançando a cabeça. "Acredita que alguém diria algo assim a um *cachorro*? Muito menos a uma filha?" Eu ainda não tinha palavras, mas Didi chorava de rir em agonia.

"Ele sempre criticava minha comida, que era a única coisa que eu tinha a meu favor. Cozinhar era a única coisa que eu me julgava capaz de fazer e não sei..."

"E isso lhe dava dignidade?", sugeri.

Ela fez que sim com a cabeça, enfaticamente, e as lágrimas começaram a rolar enquanto ela fazia de tudo para enxugá-las.

"Mesmo assim, ele comia tudo. Que homem guloso... Que homem nojento..."

Ela mal respirava em meio ao choro, mas não tentou sufocar aquela oportunidade de extravasar e ser reconhecida.

"E claro que ele falava do meu tamanho. Era alvo fácil. Por isso, nenhum homem me queria. Ele me chamava de A Baleia. Desde meus 8 anos... E eu engolia *tudo*. O que podia fazer? Nunca tive dinheiro suficiente para me mudar. Nunca concluí os estudos. Era completamente dependente..."

Quanto mais Didi assumia os sentimentos, mais as sessões seguiam esse caminho. Um misto de lágrimas e risos, um despertar de emoções que agora jorravam dela com uma velocidade que ela mal podia controlar. Mas Didi se viciou a nadar na cascata emocional.

"Já ouviu falar da Netflix?", ela me perguntou.

Uma vizinha mais jovem lhe ensinara a assinar a Netflix. E ela descobriu o vício televisivo. "Não tenho mais a compulsão de comer. Agora é a compulsão de assistir à TV!"

Normalmente, é preciso tomar cuidado com a troca de um vício por outro. Mas Didi se viciara em comédia: *sitcoms*, *stand-up*, filmes do tipo "pastelão". Tudo, enfim. Nunca se cansava. Eu tentava trazê-la de volta a um terreno firme em nossas sessões, mas Didi resistia a um trabalho direto com seus sentimentos mais fortes de puro ódio. Parecia que as risadas eram uma pílula mais fácil de engolir.

Na terapia, levamos muito a sério a necessidade de mergulhar nas profundezas da dor, da angústia e do sofrimento, para que possamos compreendê-los e curá-los. Mas, como já mencionei, sempre acreditei que há um bom argumento para construirmos caminhos saudáveis e "bons", que protejam as pessoas quando desenterram realidades conflitantes e, às vezes, intoleráveis sobre si mesmas e seu passado. Elas precisam viver a vida! Têm empregos, família, um lar. Não temos o luxo nem as verbas para uma exploração completa ao estilo vitoriano de um sanatório na Suíça. Um revigoramento e reforço das alegrias individuais de cada pessoa pode salvá-las do colapso total ou do regresso, possíveis de ocorrer na terapia à medida que as verdades dolorosas vêm à tona.

As experiências de Didi resumem as demandas de cuidadora impostas às mulheres, as quais se tornam ainda mais flagrantes para mulheres cujos irmãos ou pais são debilitados e para os quais a função de intérprete ou de intermediária está imbuída no destino da cuidadora. Ela não só "não pediu para nascer", citando um axioma pouco valorizado (em minha opinião), mas certamente *não pediu* para ser cooptada nesse papel de cuidadora. A função simplesmente é assumida, e outros temas semelhantes se perpetuam por toda sua vida adulta.

De maneira menor ou mais definida, espera-se que as mulheres, *não os homens*, na maioria dos casos, em algum momento da vida, coloquem as necessidades dos outros à frente das suas. Essa expectativa é algo que reside em nós desde os momentos mais prematuros, com pais que querem as filhas como "doadoras de rins" emocionais. Esse legado parece que nos guia no decorrer da vida profissional e além dela.

Os homens, às vezes, se prontificam a ajudar os pais na velhice, mas essa expectativa não faz parte da psique masculina. E nunca fará, a menos que algo absolutamente fundamental mude no modo como a sociedade cuida das crianças e dos idosos. Contudo, diante da sabedoria das mulheres mais velhas, parece que o principal motivo pelo qual o *Estar com Tudo* acaba *nos fazendo mal* é o fato de que as pessoas veem nossa luta, mas nada fazem para nos ajudar.

Trabalhando juntas, minhas pacientes e eu escavamos uma fonte de fúria diante de nosso destino. Identificada essa fonte, a terapia torna-se um canal de libertação que finalmente dá às mulheres oportunidade de se desvencilhar dessas demandas, de não continuarem como reféns das necessidades dos outros. Talvez não seja possível ou útil confrontar as pessoas que nos feriram "sem querer", mas, pelos meios técnicos disponíveis na terapia (ou seja, transferência e mecanismos projetivos), temos a chance de experimentar um sentimento libertador. Se não podemos acessar a terapia, precisamos simulá-la. O primeiro passo é sermos sinceras conosco mesmas quanto ao que se espera de nós e em relação a como nos sentimos por causa disso. Em seguida, devemos elaborar meios que nos libertem desses sentimentos e das expectativas, bem como dos sentimentos que levam a elas. Neste exato momento, essas experiências estão arraigadas em nós. Pois vamos trazê-las para fora. Veremos *como* fazê-lo na Parte 3.

Em trechos anteriores deste livro, vimos exemplos de minhas pacientes refletindo o progresso da terapia nas filhas. Um elemento essencial na terapia dessas mulheres é a tentativa de compreender a relação que tiveram com a própria mãe. Às vezes, certas questões ficam entrincheiradas enquanto envelhecemos. Às vezes, suavizam-se, esvaecendo como aquelas pessoas que nos deram tantos motivos para sentir raiva. Justine era uma mulher que ainda tinha muito que trabalhar com a mulher mais velha que era sua mãe; por fim, teve uma conversa muito franca com ela. Na realidade, foi um questionamento que durou semanas, e eu temia ainda não ter terminado quando a mãe de Justine, Jacquie, faleceu. Como vimos no caso da Adolescente Katya, a morte da mãe no meio de uma desavença nunca é coisa boa, em idade alguma.

Justine e Jacquie

Raiva como impasse. Estratégia: questionar

O relacionamento das duas sempre foi gelado. Justine fora morar em outro país para criar distância entre ela e Jacquie. Justine era acadêmica, e seu retorno a Londres foi perdoável por essa razão. A não ser pelo fato de que "ela se casou com uma mulher". Jacquie se considerava sangue azul. Insistia em dizer que vinha da linhagem dos reis franceses decapitados. Para Justine, a mãe não passava, na realidade, de uma pedante. E consolava-se com a ideia de que provavelmente nunca viveria com ela de novo.

O problema é que o cérebro não gosta disso. É mais um exemplo de como o cérebro é básico, embora repleto de labirintos complexos. Era evidente que, até certo ponto, Justine se magoava, apesar de fingir que nada tinha acontecido e de que não mais se interessava pela mãe, por sua origem, pela infância, pelo desenvolvimento da feminilidade, pelas brigas, pelas ameaças e pela angústia. Algo nela não queria se separar da mãe. Não entenda errado. No decorrer dos anos, tive muitas pacientes que puseram em prática separações estratégicas, desde apertos de mão anuais à alienação total. A decisão de apelar para o "divórcio" sempre veio delas. Como terapeuta, não posso influenciar essa decisão. Mas há algo na terapia que realmente permite às pessoas avaliarem esses relacionamentos com mais clareza. Foi o que aconteceu com Justine, embora talvez não da maneira como ela julgava possível.

Após compreender que não precisava justificar a decisão de criar um hiato entre ela e a mãe, ela começou a pensar em Jacquie com menos raiva e rigidez. Com o passar dos meses, falou-me a respeito da formação austera e altamente tradicional do "privilégio", que abria pouco espaço para amor e nenhum para afeição. Ela se sentia mais curiosa sobre a história pessoal da mãe e começou a especular. Um dia, comentei isso. E, na sessão seguinte, Justine me surpreendeu com a notícia de que resolvera viajar para ver a mãe.

Muitas perguntas de Justine tinham a ver com pressões específicas que Jacquie lhe fazia quando ainda era menina. Ela ouvia da mãe frases como: "Somos *esse tipo* de gente", "É *assim* que fazemos as coisas", "O que diria tal pessoa se soubesse *o que* você fez?". Justine sentia que a mãe era uma matriarca controladora, cujas escolhas na vida se baseavam em reputação e posição familiar.

Entretanto, como *eu* fizera mais perguntas na terapia, Justine começou a se questionar (quase no fim da vida da mãe) se alguma vez, de fato, conhecera aquela mulher. E também se as pressuposições que tinha acerca de Jacquie se baseavam realmente em uma postura de frieza, como sempre acreditara.

Na realidade, por meio de um questionamento muito franco e direto (que, para surpresa de Justine, Jacquie aceitou), algumas grandes verdades emergiram. Justine descobriu que o pai não morrera de câncer, mas, sim, de falência múltipla de órgãos, provocada por álcool. Jacquie quis desesperadamente proteger a filha do conhecimento sobre os problemas do pai e também das dívidas, que haviam culminado na perda da casa quando Justine tinha apenas 6 anos. Jacquie teve de trabalhar em dois empregos para sustentar a si e a filha, pois seus pais já tinham falecido e o marido gastara todo o dinheiro que eles haviam deixado para ela.

Claro que a narrativa que Justine ouvira tantas vezes fora totalmente reescrita. A questão não era que Jacquie criara, com astúcia, uma personalidade cruel para que Justine nunca fizesse perguntas. Mas, consciente ou inconscientemente, escolhera abdicar de um relacionamento íntimo com a filha, na tentativa de protegê-la da verdade e do que essa verdade significaria em sua vida, enquanto lhe negava acesso a uma mãe que fosse capaz de compartilhar com ela parte substancial da própria vida. Tudo isso foi filtrado enquanto Jacquie trabalhava em dois empregos nos anos 1960. Era secretária durante o dia e faxineira à noite. Justine nunca soube disso. Uma vizinha idosa e insone, no apartamento ao lado, encarregava-se de olhar Justine no meio da noite, para verificar se estava dormindo. Jacquie estava decidida a manter Justine ignorante da posição precária das duas. Ao menos, todas as lembranças de sua herança e o nome aristocrático proporcionavam algo "rico" e protetivo à filha. Ela não podia lhe dar riqueza material, mas honra, sim. Podemos ver como Justine devia achar tal comportamento rígido e inexplicável, fora do contexto: a história de uma mulher tentando sobreviver e sustentar uma criança sozinha, em um mundo moldado para os homens, que só oferece espaço para mulheres que dependam de homens.

No caso de Justine e Jacquie, as perguntas diretas finalmente ajudaram uma filha a encontrar a raiz de sua ira – raiva da mãe e da aparente incapacidade dela de oferecer à filha um lar emocional apropriado. Antes desse questionamento, Justine sempre sentira que fora roubada de algo básico. Agora sabia que o responsável era o pai. Para a mulher mais velha Jacquie, revelar a verdade à filha significava que ela não morreria sozinha, afinal.

Assim como nosso corpo pode se tornar repositório de raiva contida, o mesmo acontece com os relacionamentos. Na mulher mais velha, vemos que é comum sofrer uma forma de raiva que se manifesta como arrependimento, ódio passivo de si mesma, deixando-a amarga e com destino do qual é refém. Nunca é tarde para reescrever a narrativa.

O jeito de reescrevê-la é mergulhar diretamente nos relacionamentos que se tornaram receptáculos da raiva: as querelas, os desentendimentos, as famílias fragmentadas... Não se trata de um manifesto para reunir famílias, de modo nenhum. Muitas são irremediavelmente perdidas e tóxicas; mas é um lembrete para não jogarmos partes ou experiências nossas, com as quais não estamos bem, de volta ao abismo entre nós e as outras pessoas, onde tenderão a infeccionar.

Assim como podemos melhorar a relação que temos com nós mesmas e usar a franqueza para esclarecer o canal de nossa conversa interna, certamente podemos aplicar a mesma estratégia entre nós e os outros. Camadas de ansiedade e vergonha acumulam-se em torno daquelas coisas que queremos dizer, mas sentimos que não é correto, por causa da etiqueta que consiste em deixar as pessoas à vontade. De onde vem tudo isso? Com Jacquie, havia a noção de que algo forte e significativo deveria ser passado à filha, não por meio do amor e da transparência na vida real, porém por intermédio de uma versão fantasiosa de uma árvore genealógica e de um bom apartamento em uma área nobre.

Precisamos voltar no tempo e ser a criança sem limites em nossos relacionamentos, recomeçar do zero a comunicação, perguntar o básico: "De onde vim?", "Quem é você, mamãe?", "O que você esperava quando me teve?", "O que a animava?", "De que você tinha medo?", "O que a deixava zangada?", "O que a deixa zangada agora?". Presumimos tanto sobre nós mesmas e projetamos sobre os outros tantas descobertas aparentes que deixamos de questionar, pois sentimos que sabemos a resposta.

Essas pressuposições sobre nós mesmas são limitantes e nos fecham em caixas construídas somente por nós. Deduzimos que não seremos promovidas ou não temos a convicção de exigir mais. Seria porque todas nós estamos dispostas a aceitar *menos*, já que a sociedade assim determinou? É a pressuposição da sociedade. E nós a internalizamos como *nosso* pensamento, *nosso* sentimento. Engolimos sem hesitar porque somos condicionadas. Pois frases do tipo "[...] Ah, não tenho energia para isso e *ainda* buscar as crianças..." parecem fazer muito sentido. Projete-se para o futuro, até a mulher mais velha. O que *ela* quer para a Mulher que Você é Hoje? O que *ela* recomenda que você faça, diga e peça? Como podemos não levar essa raiva para o nosso leito de morte? Como podemos evitar que essa raiva nos leve para o leito de morte? Precisamos agir *agora*.

O que podemos fazer para a mulher mais velha

- Continue a se projetar para o futuro e perguntar a si mesma: "Onde quero estar?", "Do que quero não me arrepender?".
- Pergunte à mulher mais velha sobre os sentimentos de raiva que tem. O que ela teria mudado? O que recomendaria?
- Não dispense a mulher mais velha. Não cometa o erro de descartá-la, como faz o restante da sociedade. No fim, seria como se você descartasse a si mesma.
- Se você é uma mulher mais velha, precisa dizer algo a alguém? Algo que não tinha coragem de dizer antes, quando era mais jovem?
- Precisamos aproximar as mulheres mais velhas das mais jovens. Devem ser construídas creches ao lado de casas de repouso. Ambas têm muito que compartilhar. Devemos incentivar a proximidade, não segregar os estágios da vida.
- As mulheres ainda são chamadas para fazer o trabalho sujo. Chega de estoicismo. Chega de proteger os outros. Que o mundo saiba que estamos limpando bumbuns e se envergonhe com isso. Reclame. Diga tudo. Sem inibição. Sem arrependimentos.

Parte 3

A SOLUÇÃO

CAPÍTULO 12

Fale o que Pensa

No trabalho clínico, acompanho a jornada da raiva pela mente de uma pessoa, localizando onde ela se fixa nesses estados hostis e ao mesmo tempo entorpecedores. Como vimos, as mulheres são basicamente proibidas de sentir raiva. A sociedade e suas mensagens são absorvidas e integradas em nossa estrutura psíquica, até ficarmos tão distantes de nossos sentimentos e instintos que somos conduzidas por forças externas. Nossa mente tem medo da propensão a pensamentos violentos e os converte, de qualquer maneira possível, em dóceis e corteses, mesmo que isso comprometa nossa saúde mental e física.

Precisamos tirar a raiva desses atoleiros e usar a energia de modo diferente. A descoberta da relação entre raiva reprimida e saúde fraca significa que já dispomos de uma ferramenta para lidar com nossos sintomas. Agora podemos apelar para outros recursos internos, que nos ajudarão a compreender melhor os detalhes. Terapeutas fazem perguntas. Procuram respostas, mesmo as não verbais, por meio de uma intuição excelente e afiada, além de aparelhagem interna. Podemos nos treinar para fazer algo semelhante e usar aparelhagem própria com o objetivo de desafiar nossas pressuposições e defesas internalizadas. Ainda que a terapia não seja possível, essa caixa de ferramentas interna pode ajudar muito na melhora da saúde mental e física.

A arma secreta das mulheres: o sistema afetivo e como usá-lo

Você deve conhecer os sistemas respiratório e cardiovascular. Bem, agora gostaria de lhe falar um pouco mais sobre o "sistema afetivo", termo usado em psicologia para descrever nossa compreensão das emoções e do humor. Normalmente, esse sistema é visto como uma função discreta abrangente, como a percepção ou a motivação, a cognição ou o comportamento. Acrescento que devemos encará-lo como um sistema com funções separadas, porém sincronizadas. Se enfocarmos com cuidado cada aspecto desse sistema de sentimentos, poderemos utilizá-lo em nosso benefício. Muitas mulheres choram ou congelam quando estão zangadas. Precisamos possibilitar o funcionamento contínuo de nosso aparelho, seja qual for a situação, de modo que ele se torne um ótimo filtro, processador e executor, mesmo sem terapia.

É nesse ponto que os princípios da atenção plena ou da meditação podem ajudar imensamente. Precisamos entrar em nosso processo interno, e a meditação é uma espécie de atalho até ele. Não é importante sermos incríveis na técnica, mas, sim, empregar o princípio da meditação como estrutura prática para encarar o *interno*, em vez de mergulhar na tagarelice externa. É como se você tivesse duas mentes: uma *para você* e outra transbordante das visões e dos sentimentos imaginados dos outros. Quero que você aperfeiçoe o acesso à versão *você* ligando-se melhor nela. A simples contagem de quantas vezes respira e expira é uma maneira rápida de se firmar corretamente. Seus pensamentos e sentimentos tentarão invadir. Se isso acontecer, volte à contagem de inspirar/expirar, desde o início.

Sabemos que meditação e terapia ajudam a regular o sistema nervoso. Um sistema nervoso regulado é essencial ao propósito de conectar-se com o sistema afetivo, o circuito emocional. No decorrer da evolução, esse sistema se desenvolveu até se tornar nosso barômetro e guia. Se quisermos ajudá-lo a dar forma à nossa vida, devemos operar com base em um estado de calma e conservação, onde a energia é gasta em "repousar e digerir", ao contrário dos estados nos quais o sistema simpático de "lutar ou fugir" predomina. Quanto mais tempo passamos em estados de calma, maior é a permissão de nosso corpo para seguir com a regulação e as complexidades da homeostase (as condições estáveis necessárias à sobrevivência). Quando o sistema nervoso está sob o ataque do *pensamento* irritante, as tarefas primárias parassimpáticas que controlam as respostas de repouso são relegadas, e tudo se move para cuidar da ameaça do momento. O tempo persistente gasto nessa excitação simpática força o corpo a lidar com níveis elevados de cortisol e adrenalina. Esse tipo de avalanche significa que os receptores ficarão dessensibilizados ao cortisol. Sem controle, isso pode causar danos sérios às nossas células e aos nossos sistemas, desde a imunidade até a saúde mental.

Estabelecer o ponto zero

Como toda nossa programação, da idade da Garotinha em diante, gira em torno de sermos bem-comportadas e cordatas, precisamos ser realistas quanto ao que nos sobra em termos psicofisiológicos. Somos condicionadas a congelar ou a permanecer caladas ao sentir que incomodamos alguém ou fizemos algo errado, o que significa que nos afastamos muito de nossos sentimentos puros. A sociedade realmente não nos deixa sentir que temos direito à raiva, à frustração, ao sentimento de ofensa.

Primeiro, precisamos aprender a administrar a reatividade psicológica instintiva de fugir. Devemos reprogramar e redefinir nosso ponto zero, para conseguirmos enxergar com mais clareza o que sentimos *de verdade*. Precisamos de um plano.

Plano diário

Ponha o alarme para tocar dez minutos antes do horário habitual. Enquanto desperta, alongue-se bastante, pois isso fará o sangue fluir e acordar os músculos delicadamente. O alongamento é ótimo para aumentar a emoção positiva, encorajando um intercâmbio dinâmico entre a atividade cerebral e o sistema nervoso.

Prossiga com um breve escaneamento do corpo, a começar pelas articulações e subindo. Como se sente fisicamente? Em que parte do corpo está armazenando as emoções hoje? Como as retém? Não pegue o celular! Adie esse gesto quanto puder (sejamos realistas: somos todos viciados). Mantenha os olhos fechados. Prossiga, então, com alguns minutos de atenção plena guiada (livre), focada na respiração, desde o ponto mais baixo do corpo possível. Respire como um bebê, a partir do estômago: você é um ser primitivo, um bebê mamífero de novo. Ocupe *esse* corpo ao acordar.

Ao sair devagar da cama, tente manter aquela excelente respiração a partir do estômago. Alongue de novo, até as extremidades dos dedos. Sinta cada parte de você abrir e chegar a si própria, gentilmente. Precisamos de tudo funcionando em nós. Temos que convidar o corpo a ser parte ativa de nossas tomadas de decisão e avaliação de riscos; precisamos do corpo e da mente integrados e alinhados. Não somos apenas um cérebro em um pote, com alguns tentáculos se esgueirando em volta, ou um pacote externo cuidadosamente supervisionado, sem atenção ao núcleo. Somos as duas coisas. O tempo todo. Evite os contatos sociais até mais tarde no dia, pois eles só desencadeiam sentimentos desnecessários. Precisamos dar a nós mesmas a melhor chance de começar a manhã sem empecilhos. Haverá concorrência de muitos estímulos no restante do dia. Permita-se ao menos ter esse momento.

No decorrer das horas de um novo dia, experimente outros escaneamentos do corpo. Mesmo que não passe de duas vezes, é mais do que você fazia antes. Talvez não possamos nos dar mais *tempo*, mas podemos obter mais *espaço*. De novo, é sobre aprender a lidar com as coisas sob um ponto interno de referência. Enquanto escaneia o corpo, pergunte a si mesma: o que está acontecendo? Sempre pergunto às minhas pacientes: o que você está sentindo e *onde*? Quando bebês, somos apenas corpo. Nosso cérebro e nossa propriocepção (sentido de localização do corpo no espaço) são mapeados por todos os receptores do corpo, significadores totalmente sensoriais. É para eles que devemos retornar – uma forma de funcionamento simples, onde acessamos nossa organização mais primitiva e nos esquecemos de todo pensamento embaralhado, das tagarelices e das baboseiras, de tudo aquilo que nos inflama e nos causa raiva. No lugar de tudo isso, só precisamos perguntar: o que estou sentindo? E por quê?

O "Por quê?" é seu terapeuta de bolso.

O que estou sentindo? "São dez horas da manhã, meu coração está acelerado. Estou com dor de estômago."

Por quê? "Meu chefe me deu uma bronca e insinuou que sou uma mulher idiota que não é bem-vinda aqui nem tão boa quanto meu colega homem, mais jovem que eu e praticamente não verbal." E mais um "por quê?". Talvez a resposta fosse algo assim: "É doloroso eu fazer essa pergunta de modo mais profundo, porque, embora sempre me dissessem na escola que meu bom desempenho me tiraria de uma cidadezinha sem ambições e de uma família que só me colocava para baixo, parece que me deparei com um obstáculo mais adiante. Dessa vez, na forma de um chefe abusivo e desanimador. O que posso fazer?".

Ruptura e reparação

Na psicoterapia, "ruptura e reparação" é o nome do jogo com qualquer tipo de conflito, incluindo o interno, que sentimos quando queremos, de fato, sair de uma situação insuportável. Nesse momento, a devida sintonia com nosso sistema afetivo é particularmente útil. O que você sente *no corpo*? Onde sente? No estômago? Que tipo de sensação? O agito desconfortável da adrenalina, uma dor pesada de pavor? Uma sensação fria de queda, como se todos os seus órgãos estivessem entrando em colapso?

Acostume-se a categorizar as sensações como conhecidas ou desconhecidas. No primeiro caso, de que elas fazem você se lembrar? "É como na época em que papai dizia que ia me levar ao shopping, mas nunca passava em casa para me buscar...", ou "Foi como no dia em que descobri que minhas amigas foram a um festival sem mim e me disseram que eu era muito chata", ou "Foi o mesmo sentimento do dia em que minha mãe me disse que seu câncer voltara".

Seja seu sentimento grande ou pequeno, comece a prestar atenção nele e unir os pontos. Quando sabemos o tipo de reação que provavelmente teremos *in extremis*, estamos mais bem preparadas e podemos entender por que temos sensações tão profundas, o que nosso corpo nos diz ou nos lembra e alerta. Ter conhecimento dos paralelos nos ajuda a retomar o raciocínio, mesmo sob pressão emocional. Nosso cérebro pode tentar nos dizer que a situação é diferente, mas o corpo enxerga outra verdade.

O que queremos é aptidão, ou a capacidade de manter um raciocínio lógico, vivo, enquanto aproveitamos, ao máximo, aquilo que nosso aparelho emocional nos oferece. Esses são os dados crus de que precisamos para tomar as melhores e mais bem fundamentadas decisões superiores que aperfeiçoam nosso poder. Quando sabemos por que nosso corpo teve uma reação louca, podemos ajudar a estabelecer os pensamentos. "Não se preocupe, sei que se lembrou de quando a classe inteira começou a rir de você. Mas isso não está acontecendo agora. Você é adulta. Está em segurança." Portanto, é livre para usar as informações originais, coletadas de maneira mais pura do ambiente, não encobertas pelas névoas de suas projeções.

Nosso "equipamento afetivo" – sensações do corpo, emoções ou reações sentidas – *é* realmente o contador Geiger que nos fornece uma leitura do ambiente. Quando uma pessoa está em posição inferior de poder e *status*, especializa-se nisso. É uma forma de hipervigilância na qual as mulheres, na maioria das vezes, são exímias e ágeis, pois nos adaptamos aos estados de humor e às necessidades dos outros, ignorando as explosões de fúria do pai, evitando golpes de irmãos mais fortes, bolando um jeito de fugir daquele homem sem que ele nos mate e, ainda, tendo que lidar com a maldade de outras meninas. Pois, então, comecemos a usar tudo isso em nosso benefício. É realmente um superpoder se conseguirmos canalizá-lo para funcionar *ao nosso favor*. Devemos utilizar esse poder para estabelecer o modo mais seguro e eficaz de ficar na sala, em vez de calcular qual é a saída mais rápida.

Agora que descobriu o que está sentindo, você deve expressar o sentimento de maneira lúcida, priorizando o melhor resultado. Para você. O uso de frases com "Sinto..." é, em geral, um bom método. Você ficará apta nessa prática se estiver regulada e sintonizada com o que consistem, de fato, esses sentimentos. Apresentará algo mais certo e menos equivocado, pois compreende os dados sólidos em que se baseiam essas leituras.

"*Sinto* que me exploraram nessa situação", "*Sinto* que você não ouviu o que eu lhe disse", "*Sinto* que você priorizou o que os homens diziam na reunião e não me deu espaço para articular os pensamentos", "*Sinto* que minhas emoções e necessidades não foram levadas em consideração quando ficou decidido que eu seria a cuidadora principal do meu irmão", "*Sinto* que você não sabe como é fazer o jantar todas as noites", "*Sinto* que você espera que eu cuide das crianças durante as férias escolares e presume que posso adaptar meu emprego a essa tarefa. E *sinto* que isso é desrespeitoso e demonstra que você não me leva a sério, nem à minha profissão. Não é o que se entende por igualdade", e assim por diante.

Em seguida, damos à outra pessoa espaço para se expressar: "Essa é a minha visão das situações. Qual é a sua?". Lembre-se de *respirar* e ficar atenta às sensações do corpo. Observe suas reações. Mantenha a mente aberta e curiosa. Não temos a menor ideia de como impactamos a outra pessoa. Ela(s) pode(m) achar esse tipo de comunicação pura e direta extremamente confrontante. Há algo intimidador em uma pessoa que obedece às próprias reações básicas e as exterioriza de maneira simples e autêntica. No melhor sentido, é uma atitude juvenil e ingênua. E, em um mundo onde as pessoas se embaraçam em nós sofisticados para esconder o sexismo, uma mulher franca e descomplicada, que obriga esse sexismo a se mostrar, é poderosa. Portanto, o recebedor pode ficar um tanto perplexo, o que parece uma inversão elegante das inúmeras ocasiões em que somos pegas desprevenidas e não sabemos o que responder.

Fique na sala

Não importa como começou, nós, mulheres, temos de decidir que *aqui* cessa a opressão. Precisamos puxar os freios e fazer as mudanças; temos de dizer "não" às situações nas quais *nosso* corpo e *nossa* mente se tornam o tecido mole sobre o qual esse legado de exploração encontra superfície passiva. Precisamos dizer "não" no momento certo. De um jeito ou de outro. Com humor. Com jovialidade. Devemos usar os recursos que os séculos de opressão nos deram, a habilidade de rivalizar quaisquer exércitos. Temos a "inteligência emocional" (será que já existiu forma mais negligenciada de inteligência?). As forças controladoras não enxergavam longe o suficiente para perceber que as qualidades consideradas nossas "fraquezas" eram, na realidade, nossas armas mais gritantemente eficazes.

Precisamos nos lembrar também de como é urgente e vital apoiarmos umas às outras. As mulheres são incríveis. Temos a capacidade (graças, em parte, a um histórico compartilhado de sermos relegadas a um *status* inferior) de uma riqueza relacional profunda, que agora devemos usar para nossa melhor vantagem comunal. Muitas estruturas sociais nos colocam como rivais umas das outras, desde a mídia social até os produtos para cabelos, e não nos permitem expressar, de modo aberto, nossos sentimentos de agressividade e raiva. Quando as mulheres têm dificuldade de compartilhar entre si esses sentimentos de ultraje, privam-se da chance de crescer e evoluir. Mas devemos umas às outras as conversas desconfortáveis, em vez de nos afastarmos, criando o hábito de falar mal pelas costas.

Para essa finalidade, insisto que as mulheres sempre tentem "ficar na sala". Embora todos os nossos reflexos gritem "Saia!", precisamos enfrentar o medo e resistir ao impulso de rastejarmos de volta à cama e nos escondermos sob o edredom, lamentando: "De que adianta?". Adianta, porque *você chegou aqui*. Tem os recursos para ficar. Explore fundo, agradeça ao seu sistema afetivo brilhantemente afinado por ter lhe dito que é preferível fugir daquele membro da família que a faz se sentir tão diminuída. Mas, agora, deixe o alarme para trás e localize seu desejo.

Isso se aplica também à nossa vida profissional. Lembre-se de que esse emprego sempre foi sua meta. Foi para chegar aí que você mergulhou nos estudos, noites a fio. E, mesmo que o mais importante não seja o emprego, mesmo que o principal seja o fato de você estar farta de perder as chances de optar, você merece essas escolhas. Provavelmente as merece mais que o jovem ocupando uma posição acima da sua. Lute por seus direitos, como faria para encorajar uma amiga, ou uma irmã mais nova, ou sua filha. Lute pela mulher mais velha em você. Vá em frente, pois, mesmo que até agora você não tenha se empenhado como queria, aquele homem se esforçou muito menos e não precisou lutar.

Marque um horário com seu chefe. Seja formal. Não abra espaço para hesitação. Se estiver preparada, estará também protegida. Faça essa lição de casa. O que você quer dizer? Tem evidências? A evidência é nossa aliada absoluta. Registre tudo. Faça anotações, escreva em um diário. Vá com força. Quer contar com o apoio moral de uma pessoa? Uma colega de confiança? Antes de entrar na sala, escreva exatamente o que pretende falar. E, se tiver muito medo de fazer qualquer outra coisa, apenas leia tudo. Anuncie que encaminhará seus argumentos depois da reunião. O sexismo trabalha disfarçado, e precisamos desmascará-lo sempre que surgir a oportunidade. Chega de adaptar nosso corpo; não precisamos nos tornar exímias em absorver todos os golpes. Já apanhamos o suficiente. Agora vá e escreva.

Essa é a estrada para a assertividade. É o caminho para ganharmos confiança. É o momento em que dizemos: não sou uma criança que deve obedecer e sem escolha. Sou uma pessoa adulta que enxerga de onde vem esse sentimento e resolve agir de maneira diferente.

Não estamos reprimindo o sentimento, mas, sim, reconhecendo-o. E reagindo de outra maneira. Não é mais sinal para sairmos de cena. Chega de afastamento porque tivemos um bebê ou porque enfrentamos a menopausa. Isso acabou. Ficamos na sala, em termos metafóricos: dominamos o impulso de sair, por mais desconfortável e estranho que nos pareça. E temos nossas exigências. Algo *está* errado, mas fugir *não é* a solução. E, se você não está satisfeita com o pedido de desculpas, ou com a compensação, fique mais tempo ainda. Sentimos que nosso corpo não aguenta mais, mas, se sairmos da sala, só nos restará a ferida.

Ficamos para a luta e aquartelamos a raiva. Use a raiva quando sentir que não há mais luta. Mostre um sorriso franco, pois está feliz pela oportunidade de *não* carregar essa raiva com você. Pergunte a Mara, quando ela diz que o emprego lhe causou câncer. Pergunte a Didi, e ela lhe dirá que o único meio de lidar com a raiva que tinha de um pai vil era se entupir de comida, formando uma camada interior para se proteger. Ou a Tamara, diagnosticada com depressão pós-parto.

O primeiro passo essencial para você se sentir livre da raiva reprimida é estar, de fato, sintonizada com os próprios sentimentos. A segunda parte é ser capaz de expressá-los com clareza. Pensemos, agora, no melhor modo de seguir esses passos.

Invente um vocabulário próprio

Nós, mulheres, simplesmente não temos um vocabulário apropriado para expressar sentimentos de raiva. Precisamos voltar aos anos em que deveríamos tê-lo aprendido, ou seja, os anos primordiais da infância, quando a linguagem começa a se estabelecer e o cérebro se programa em torno de símbolos e códigos. Hoje, em algumas escolas de ensino fundamental, as crianças são incentivadas a assumir seus sentimentos usando um gráfico de cores. Recebem apoio para identificar na cor escolhida seu estado de espírito naquele dia e devem pensar por que se sentem daquele jeito. Em suma: ninguém diz às crianças como *deveriam* se sentir; elas têm a liberdade de acessar e explorar o que *realmente* sentem. É algo revolucionário, que pode mudar a vida. E tão simples.

Em um cenário ideal, nossos pais deveriam nos dar essa caixa de ferramentas. Toda essa ideia de "Use suas palavras" deveria ser "Sinta seus sentimentos!", seguida de "Vamos encontrar as palavras para esses sentimentos!". Com pais assim, tão amáveis e atentos, teríamos começado a construir um mapa interno de nossas emoções, compreendendo o que elas nos dizem e por quê. Em vez disso, para a maioria de nós, os sentimentos precisam bater com muita força à porta da consciência até que os ouçamos e levemos a sério. As pessoas procuram terapia quando a situação atingiu um estágio desastroso. Já estão de joelhos, com a mente em total colapso. Esperam um conserto rápido, de poucos meses de tratamento, e depois vão embora, sem levar a sério qualquer um dos processos que as levaram ao consultório do terapeuta.

Esses hábitos de não escutar e de permitir que outras pessoas desconsiderem nossas emoções levaram anos para se estabelecer. Pois levará também algum tempo e boa dose de compromisso até nos desembaraçarmos; e isso, como você deve perceber, é fonte de raiva em si. Por que devemos pagar a conta de nossos pais, que resolveram nos colocar neste planeta, afinal? Sim, essa é a pergunta. Mas até onde vai isso? Como começou? Com a péssima formação que eles receberam dos pais, com a Segunda Guerra Mundial (que prejudicou ao menos uma geração), com o "Iluminismo"?!

Se você acha difícil categorizar com precisão seus sentimentos, principalmente os de raiva (como acontece com muitas de nós que não tiveram o benefício das técnicas modernas de educação ou da formação atenciosa dos pais), comece com o método de cores. Depois, pode passar para os números.

Por exemplo: "Estou me sentindo 4/5 Vermelha e 1/5 Azul".

Tente encontrar palavras simples para descrever isso: "Estou mais zangada que triste".

Pense de modo mais profundo: "Estou muito frustrada. Sinto-me desrespeitada, subestimada".

Por quê? "Por causa do modo como minha equipe me trata."

Onde você se sente assim? "A raiva está no estômago; a tristeza, no peito e na garganta."

O sentimento é conhecido? Faz você se lembrar de outras épocas da vida? É reverberante *porque há* um histórico?

Insisto em dizer que, quando nos sentimos sufocar por uma sensação, é muito bom categorizá-la e separar passado do presente. Você é uma mulher adulta agora. Não refém de um estágio anterior e indefeso da vida.

Use melhor a raiva

Muito bem, você ficou na sala. Agora que identificou alguns dos sentimentos que a inundavam, vale a pena descarregar um pouco da energia excedente que veio com eles, seja ela chamada de raiva ou de ansiedade. Isso a ajudará a se regular a partir do zero. Dê pulos no banheiro, soque uma almofada, morda algo e grite, ou berre no travesseiro... Faça o que fizer, esteja onde estiver, não pense mais em como "administrar a ansiedade": arrisque interpretar essa energia como raiva, mesmo que ela não se apresente assim a princípio, e libere um pouco do calor dela. Pense que você é um cavalo de corrida criado para uma aplicação incrível de energia visada. Quando os cavalos de corrida se preparam para disparar, suam e espumam; não conseguem ficar quietos; pode-se ver a adrenalina correndo pelos vasos capilares. É assim que devemos nos enxergar. Somos *treinadas* para isso, conforme atestam todas as amarras e as mordaças, a negação, e todas as noites de estudo intenso, porque nossa autoconfiança não nos deixa ir descontraídas para um exame. Aquele rugido que você reprimiu na primeira vez que um homem a olhou com lascívia por causa de suas calças justas. Você queria gritar: "*Não são para você*! Comprei essas calças para mim! Com meu dinheiro!". Aquela garota de 13 anos ainda está dentro de você. Fazemos isso *por ela*. Por aquela garotinha que não sabia o que estava acontecendo e certamente não tinha recursos para tomar qualquer providência. Era uma boa menina e pedia perdão àqueles homens que lhe bloqueavam o caminho e continuavam a encará-la depois. Mas ela estava ali, ganhando tempo, acumulando poder e conhecimento. Grande conhecimento e grandes pensamentos. Grandes capacidades. E agora vamos liberar essas capacidades.

Respire fundo. Centralize-se. Há centenas de sugestões: alternar a respiração entre as narinas, pontos de pressão, visualização. Defina e estabilize tudo. Permita-se retomar o raciocínio lógico. Planeje o que quer dizer, com a maior simplicidade possível, usando frases que começam com "Eu...". E *volte àquela sala*.

Crie o time Mulher

Vamos criar um movimento. Se pudermos vocalizar as emoções negativas que temos umas em relação às outras, sem guardar todas para depois manifestá-las como falas pejorativas e apunhaladas pelas costas, sentiremos que somos um time, um exército de apoiadoras que defende as participantes e conhece o jogo. Do contrário, só daremos seguimento ao trabalho do patriarcado. Por causa dos efeitos da projeção, isso significa que, na realidade, *nós mesmas* nos diminuímos.

Mais uma vez, tentamos desfazer a programação de gerações, em todos os níveis, desde o modo como os outros se relacionam conosco até os relacionamentos entre as próprias mulheres. Quando sabemos que as mulheres de nosso time nos defendem, fica muito mais fácil nos firmarmos. Assim fortalecida, fique na sala. Fique e participe do jogo. Volte e lute. Mesmo que a voz trepide, vale a pena falar. Use a raiva para alimentar sua determinação. Vá com coragem e faça o que tiver de fazer; não se atole na emoção. Separe as emoções dos pensamentos; separe um sentimento do outro. Remova o excesso e jogue-o fora. Dê o passo importante e *volte lá*.

Insisto tanto na necessidade de "voltar lá" porque achamos muito difícil impor nossa posição. Com o tempo, fica mais fácil. Quanto mais escoladas nos tornarmos em ouvir os próprios sentimentos e levá-los a sério, menor será nosso temor e nossa estupefação diante deles. Lembre-se: os outros não nos *fazem* sentir coisa nenhuma. Duas pessoas terão reações muito diferentes ao mesmo evento. O que é traumático para uma mulher não é necessariamente para todas. Portanto, é nosso próprio aparato histórico que nos sequestra, e precisamos controlá-lo melhor se quisermos usar a emoção em nosso benefício e não deixar que ela nos esmague.

Uma estratégia histórica para uma mulher se manter segura ao se comunicar com outras mulheres é a autodesvalorização: quando ela se autodeprecia e diz que algo "não foi tão difícil" ou alguma qualidade sua "não é tão boa assim". Embora a outra mulher possa nos oferecer um cumprimento bem-intencionado, reagimos com o que nos *parece* autoproteção e depreciamos o elogio. Tentamos evitar um ataque invejoso. Frequentemente, o que as mulheres temem das outras é o insulto disfarçado ou o sentimento complexo de "[...] Quero ser você, mas também a odeio". Por isso, fechar-se à oferta de elogio parece uma boa estratégia no momento. É prudente. Na verdade, porém, estamos entregando nosso poder. A autodesvalorização também pode parecer uma rejeição à oferta de outra pessoa de um presente genuíno; ela se deu ao trabalho de lhe dar algo que pode ter sido custoso – e você ignora. Ao jogar fora o presente, você rouba da *outra mulher* o poder. Essa energia flutua até o éter como vapor ou fumaça, um subproduto de uma reação que nos esgota, deixando-nos sem nada para a troca.

Precisamos reivindicar essa energia; se outra mulher lhe dá algo, aceite com elegância e gratidão. Faça-a sentir que a opinião dela é válida e abra-se para a reação calorosa capaz de aproximar as pessoas. Assim, as duas sairão com asas nos pés, em vez de com passos cambaleantes, você incerta se evitou levar um tiro e a outra certa de que você disparou uma bala contra ela. Paranoia e suspeita são inimigas aqui; no fim, ambas causam danos, o que é irônico, uma vez que esses sentimentos são vendidos como ferramentas de autoproteção.

Não é assim que devemos usar nosso aparelho emocional. Precisamos retreiná-lo para identificar os ataques reais. Sim, pode parecer muito difícil, nebuloso e demorado; e, afinal, por onde devemos começar? É muito mais fácil ignorar o deslize de uma mulher no trabalho ou no *playground* que tentar demolir o patriarcado tijolo por tijolo. O que não percebemos quando focamos em outras mulheres, e vemos os ataques emanando *delas*, é que, nesse processo, robustecemos a fortaleza da misoginia.

Não tenha medo de sentir

Temos de fazer uma pergunta fundamental a nós mesmas: qual é o problema da emoção forte? Há alertas em todo lugar agora, e preferimos acreditar que sofremos um tipo de transtorno de programação, em vez de examinar o motivo pelo qual certas emoções *parecem* tão insuportáveis para nós. Saímos da época em que não devíamos demonstrar sentimento porque era inapropriado e rude e entramos nos tempos em que não devemos demonstrar sentimento porque incomoda muito as pessoas ao redor. Em uma das primeiras sessões em grupo que conduzi, com o objetivo de dar às mulheres espaço para sentir e falar da própria raiva, alguém me procurou depois e disse que eu deveria tê-las avisado de que falaríamos sobre sentimentos. Reforcei a essa pessoa que o grande propósito do grupo era justamente esse. Sim, *mas e se alguém sentisse em demasia*? Respondi: “Sou terapeuta, não existe sentir em demasia. É meu trabalho. Já fiz isso com agressores violentos. Já trabalhei com pacientes psicóticos extremamente perturbados. Os sentimentos não me assustam". Mas a aversão a riscos daquela mulher dizia tudo. Assim é o condicionamento: as mulheres aprendem a ter medo de expressar sentimentos mais fortes e negativos ou de estar perto de pessoas que os expressem. Se pensarmos bem, talvez seja uma questão evolucionária. Temos medo de que alguém nos mate se falarmos com clareza de nossas necessidades; então, achamos melhor ficar em paz.

Parece que hoje nos contentamos em usar um rótulo baseado em nosso circuito orgânico, em vez de focar no universo interno do sentimento e descobrir o que ele quer nos dizer. As mensagens de nossos sentimentos são, a princípio, intimidadoras; portanto, é mais fácil *sairmos da sala* e alegar que nosso rótulo neurológico (seja ele a ansiedade social ou um estilo de apego) dificulta nossa permanência lá, cercada de toda aquela emoção. Mas os seres humanos são ótimos em sentir! Somos os mamíferos que usamos sentimentos das maneiras mais criativas e sofisticadas. Combinamo-los com nosso conhecimento da morte e da existência e os aplicamos para nosso benefício. Se, como mulheres, nós os negamos e isolamos, mantemo-nos cada vez mais longe das mensagens desses sentimentos, perdemos justamente aquilo que nos dá poder: os bens que já carregamos e foram fortalecidos em tantos anos no deserto.

Comecemos a sentir. Vamos sentir tudo. E, para estender esse compromisso: paremos de nos desculpar por dizer o que sentimos. Temos medo de magoar os outros com nossos sentimentos. É quase como se a sociedade, em determinado momento, cronometrasse nosso superpoder *de sermos emocionalmente excepcionais* e se apressasse em sufocá-lo com mensagens de "seja gentil" e "se não tem nada de bom a dizer...", ou "agora você está se exibindo". Nós, mulheres, estamos acostumadas a cair nas armadilhas das projeções e das demandas das outras pessoas. Desde nossos mais tenros vínculos familiares, somos condicionadas a reagir e a responder a estímulos para desempenho de acordo com determinadas expectativas. Quando tomamos consciência disso, encontramos opções. Se conseguirmos identificar a raiva que o condicionamento incita em nós, poderemos arriscar a posição contrária, isto é, podemos inverter as expectativas que internalizamos e observar o que acontece se permitirmos que a outra pessoa sinta *nossa* emoção, para variar.

É digno de nota o fato de atualmente a conversa corporativa se concentrar no "uso da vulnerabilidade" nas tomadas de decisão. Isso é engraçado se você pensar que, até pouco tempo atrás, a "resiliência", com peso muito mais masculino, era a norma do mundo dos negócios. A "gerência" percebeu que a super-habilidade daquelas mulheres que hoje têm permissão de se sentar à mesa era a mesma "inteligência emocional" sem valor e tão desprezada antes. *Obrigado, garotas!* Aceitaremos os espólios que vocês oferecem e lhes daremos outros nomes, de acordo com o que sonhávamos. "Fraqueza feminina" torna-se "vulnerabilidade", que é encantadora e valiosa em um homem. *Obrigado pelas ótimas ideias, garotas!* Agora suma e deixe-me promover meu amigo, que escreveu sobre o uso do quociente emocional na ficha para se candidatar ao emprego (e foi meu colega de escola). A "inteligência emocional" nos deixa sensíveis aos sentimentos dos outros e, por causa disso, nos empenhamos em não magoar as pessoas com nossos sentimentos articulados. Aprendemos a ter cautela com as palavras e muito cuidado com o modo como nos expressamos. Ou seja, temos a impressão de que podemos despertar certos sentimentos nas pessoas. Na verdade, geralmente não podemos. Claro que isso é possível se você for maldosa e seus ataques tiverem como alvo os pontos fracos e a inseguranças de alguém. Mas que tipo de pessoa seria você se agisse assim? Do que falamos aqui é a realidade de que, como mulher, você provavelmente tem medo de falar de seus sentimentos a uma pessoa, achando que talvez *você* esteja errada, e, portanto, seus pensamentos e sentimentos também estão. Ocupamo-nos tanto com a impressão de que estamos erradas e somos más que nos refreamos de expressar outros sentimentos potenciais, incluindo a raiva; e essa é uma trilha traçada para nós pela sociedade. Os próprios pilares de todas as instituições e ideias se fundamentam na premissa da superioridade e do poder dos homens. Nascemos em um cenário que inibe nossos sentimentos de idoneidade e autoconfiança. Devemos ter a ousadia de enxergar a nós mesmas como certas: pessoas que não são fundamentalmente "erradas".

Tenha conversas francas

Imagine como andaríamos com a cabeça erguida se existisse a pressuposição de que estamos certas, de que as pessoas nos amam como somos, em nível profundo e simples: se soubéssemos que nossas ideias e nossos sentimentos seriam recebidos com aplauso e celebração. Nesse espírito de confiança, se descobríssemos que alguma palavra ou algum ato nosso teve, de fato, impacto negativo sobre uma pessoa, seria mais fácil sugerir uma conversa em que ambas as partes se pronunciassem. E não seria um encontro angustiado, cheio de dor, mas, sim, estável e calmo.

Encontrar nosso ponto zero nos ajuda a ter conversas mais sinceras, abertas, sobre o sentimento. Permite-nos falar de modo mais objetivo: "Quando você me disse aquilo, senti... Será que podemos conversar um pouco? Talvez eu deva me observar melhor, mas quero que você saiba que causou um impacto...". Imagine esse nível de maturidade entre adultos... Pois, na realidade, mesmo que alguém diga as palavras tão temidas e assustadoras, "Você me magoou!", não conseguimos ainda implantar esse sentimento específico na pele da pessoa. Tem de acontecer algo *dentro dela* para completar a reação, como dois elementos químicos em combinação. O modo como nos relacionamos com os outros e seus comportamentos têm base profunda nas experiências e nas pessoas do passado. Talvez não tenhamos conhecimento consciente de quem ou do quê, mas nossas células se lembram.

Apesar de sermos responsáveis pelas palavras que usamos, não podemos arcar com a culpa total do impacto específico que elas terão sobre os outros. É algo que não podemos controlar. Às vezes, sentimos que "fazemos" uma pessoa se sentir amada e acolhida, quando, na verdade, ela está sufocada e diminuída. É impossível prever por completo o resultado ou a reação precisa que nosso comportamento pode causar. Mesmo que sejamos pessoas gentis e polidas, podemos, sem querer, desenterrar lembranças de alguma punhalada nas costas na época da escola. Conscientemente, a vítima não se lembra disso, apenas sabe que não gosta de você. Há coisas que a gente não controla.

Por outro lado, se nosso interlocutor tem uma reação um tanto difícil a algo que expressamos sobre nossos sentimentos, *ele* terá a oportunidade de fazer um autoexame interior. Imagine a *libertação* de esperar que a pessoa cuja reação foi negativa "faça a sua parte" reativa, em vez de termos de ficar mortificadas e logo baixar a guarda. Em geral, o medo de magoar significa que evitamos a expressão de emoções mais francas ou abertas. *Encolhemos*.

No fim, a solução para lidar com a raiva é a Conversa Comum. Entre todos, homens e mulheres. Todos precisam conversar mais: sobre verdades desconfortáveis e dilemas e aparentes obstáculos. Falar de tudo, desde períodos menstruais até a questão da segurança para quem anda sozinha à noite, e incluir, ainda, a diferença de salários. Falar sobre a possibilidade de meninos e homens assumirem a carga emocional e ajudar-nos mais em nossas experiências. Quando conseguirmos conversar de maneira franca e sincera sobre nossas vulnerabilidades e nossos medos, sobre confusão e raiva, e, quando pudermos convidar os homens para uma discussão aberta em termos de igualdade, não na defensiva, talvez não precisemos mais sofrer daquela maneira internalizada tão violenta.

Pare de usar rótulos

Quando acusamos outras mulheres de "puxar nosso tapete", quando colocamos rótulos nelas, entramos no jogo do patriarcado. Quando rotulamos a nós mesmas, fazemos o mesmo. Nosso autodiagnóstico de toda espécie de transtorno de saúde – de tonturas à depressão – nos cancela *para eles*. Os inventários clássicos usados nas unidades básicas de saúde corroboram que é muito mais fácil para a medicina perguntar se uma mulher está transtornada em vez de zangada.

Estamos perdendo uma oportunidade valiosa de interceptar os cuidados com a mulher em nível que custa pouco, mas pode, no fim, providenciar auxílio mais personalizado. Se formos sinceras, sabemos que a quantidade de energia cinética da raiva reprimida dentro de nós nos faria praguejar, espernear, jogar excremento nas paredes de instituições poderosas e inibidoras e vomitar as entranhas e a bile em todos os que nos olharam com malícia, ou nos difamaram, desvalorizaram, disseram que devíamos nos portar como uma dama, ficar calmas, ou que menina direita não age assim... Sabemos disso.

Uma aula de *kickboxing* e dez sessões de conversa terapêutica com um psicólogo psicodinâmico, especialista em pôr a mão na massa na transferência de relacionamentos passados e presentes, podem poupar uma vida inteira de exames impactantes e caros que não chegam a resultados conclusivos, ou de sucesso apenas mínimo após o uso de antidepressivos. Mesmo seis semanas de sessões de terapia em grupo para "mulheres com raiva" (ou seja, todas as mulheres) pode oferecer espaço eficiente e seguro, livre de julgamentos, para podermos expressar nossa raiva até então represada. Sonho com uma sala para quebrar pratos oferecida pelo Serviço Nacional de Saúde, aulas de gritar debaixo d'água em uma piscina municipal, gritos de ira em almofadas limpas... Precisamos criar uma linguagem e canais prontamente disponíveis para termos uma conversa comum sobre os sentimentos diários de injustiça, raiva, opressão e arrependimento – em vez de recorrermos aos rótulos.

Na terapia, quero que as pacientes tenham papel ativo no tratamento. Pensamos juntas sobre como continuar o trabalho das sessões fora do consultório. "Observações" ("diário", se você preferir) são feitas, eventos, registrados, conversas experimentais, incentivadas e depois relatadas. Como sua terapeuta de bolso, encorajo a leitora a ser *sua própria* terapeuta, como faço com minhas pacientes. Espero que algumas dessas ideias lhe deem força e se tornem, até certo ponto, sua voz interior, como pais sensatos que dão conselhos sobre coisas que você provavelmente sabe que precisa fazer, mas se esquece. Conforme já expliquei antes, chamo esse suporte de "andaime interno", que consiste em escutar com atenção o próprio corpo, confiar nele e em seu instinto; saber que você não está errada, mas talvez as outras pessoas estejam. E comportar-se de acordo com essas novas regras. Aquelas que deviam ser suas, desde o início. O básico.

O que podemos fazer

- Aprender a regular o corpo.
- Escanear os sentimentos regularmente.
- Lembrar que um cérebro saudável é aquele que normalmente passa por diversos estados de sentimento.
- Permitir um canal aberto de comunicação. Aprender a dizer o que sentimos. Na hora.

- Conversar sobre tudo na família, na escola e no local de trabalho; nenhum assunto é proibido, de menstruação à violência doméstica.
- Não separar mais meninos e meninas quanto ao que esperamos deles, mas também em termos mais práticos.
- Incluir os meninos na conversa, mesmo antes que eles comecem a falar.
- Perguntar a esses meninos, e continuar perguntando quando se tornarem homens: o que podemos fazer juntos? Como podemos falar de nossos sentimentos de inveja e ressentimento antes que se calcifiquem em raiva?
- Juntas, pensarmos na resposta a esta pergunta: "Estamos com tudo?". Desconfio de que sim.

Observação Final: E Agora?

Ao escrever sobre os sentimentos que as mulheres me trazem, achei que seria possível ser objetiva e usar tom neutro, minha voz mais poderosa pela distância e pelo posicionamento passivo. A técnica de coletânea de dados na psicoterapia me proporcionaria as evidências, assim como dá elementos no consultório. Terapia é um processo natural, que corre no mundo real, diferente do cenário de laboratório, e, assim, abre-me uma janela para ver como os seres humanos funcionam de fato e que comportamentos exibem fora do consultório.

Entretanto, à medida que me aprofundava de maneira objetiva nos estudos de caso, descobrindo exemplos de violações flagrantes do bem-estar da mulher em atos pequenos ou grandes de empresas, profissionais da saúde, companheiros e pais, percebi que era cada vez mais incapaz de moderar meus sentimentos de raiva. Eu não podia ser apenas a "pesquisadora". Notei que minha fisiologia reage de modo que reflete as reações de minhas pacientes. As experiências dessas mulheres se encontram com as minhas, bem como com as de amigas e também com as de mulheres da minha família, e meu corpo não me deixa esquecer. Quando permito que reverberem em mim, esses sentimentos de raiva se tornam mais estridentes e autoritários. Começo a compreender. Vivemos em uma era de encarceramento feminino. As estruturas misóginas encontram novos meios de burlar os limites que estabelecemos para nos proteger.

O que percebo é que, em determinado ponto, esses sintomas transcendem a privacidade individual. Quando tantas mulheres descrevem o mesmo conjunto de "sintomas", o mesmo padrão de causas, devemos parar e observar. Como profissionais, precisamos admitir que nem tudo já foi abordado em nível psicossocial. Aliás, algo nesse mito de que fomos emancipadas bloqueia nossos argumentos e nos silencia ainda mais. A mentira atua contra nós. E, pior ainda, nós mesmas mentimos. Participamos de nossa própria destruição. É uma meta distorcida.

Enquanto escrevia este livro, fui assolada por sentimentos conflitantes. Se estamos de fato no início de uma nova onda de feminismo, eu me colocaria em perigo por me aliar a ela? Afinal, não é uma atitude clinicamente neutra. No entanto, creio que me permeava um sentimento de bloqueio feminino: uma espécie de misoginia assustada, programada, queria me calar também. Temia ser cancelada por agitar minhas penas e irritar colegas da medicina, os quais poderiam sentir que eu criticava sua dedicação e desprezava seus serviços cuidadosos e, às vezes, difíceis. De repente, vivemos em um mundo muito menos previsível e inseguro. Não faz muito tempo que nós, mulheres, temos alguns privilégios. E somos sempre as últimas a entrar; com ressentimento, os homens nos concedem lugar à mesa e somos as mais dispensáveis quando a situação se complica. Cuidado, mulheres. Para alguns, seremos sempre as bruxas. Bruxas ou vagabundas.

E, quanto mais eles nos desejam, mais nos odeiam; mais invejam nosso poder e querem nos destruir. Vi como é difícil manter a tocha acesa, fazer rufar o tambor quando muita gente prefere tapar os ouvidos. São homens temerosos e confusos. São mulheres que não querem ser vistas pelos maridos como insípidas ou furiosas e tentam bajular o ego masculino para continuar sendo protegidas. Virar o rosto para a parede é um jeito de acelerar nosso destino. Enquanto o mundo arder em chamas e as populações recorrerem a meios cada vez mais desesperados de sobrevivência, a vontade oprimida será a primeira a cair, a primeira a encarar o sacrifício.

É uma misoginia sistêmica, da qual os homens também são vítimas. Cada vez mais homens procuram psicoterapia, e, com base no trabalho com eles, vejo que estão igualmente presos a um sistema no qual os papéis são desempenhados como estereótipos. Os homens também podem congelar e não saber como agir – o que podem dizer, o que podem pedir, como devem expressar suas necessidades em um mundo que tenta polarizar e dividir os sexos. Sentem-se frustrados, impotentes e mal compreendidos. Homens e mulheres são encurralados e têm medo do sexo oposto.

Ao entrarmos no futuro, precisamos usar um léxico inequívoco para denunciar abusos e redistribuir o poder. Termos como microagressão, abuso financeiro, engodo, mistificação e mordaça são úteis para ilustrar esses processos. Precisamos garantir que essas expressões não sejam deturpadas e utilizadas de maneira que desvalorize o significado verdadeiro. A comunicação deve ser a ponte nesse panorama. Necessitamos de linguagem clara para expressar mecanismos claros que estamos aprendendo a identificar. Precisamos nos sentir mais confiantes para falarmos umas com as outras com mais franqueza, desde a mais tenra idade, se quisermos construir uma linguagem capaz de nos libertar dessas posições de beco sem saída.

Às vezes me pergunto se o modo como falamos dos problemas da mulher faz parte da realidade que os perpetua. Se começássemos um discurso formal com: “Metade da população global atual tem medo de andar nas ruas de sua cidade depois que escurece...”. Ou: “Levando em conta os 75% de indivíduos no mundo todo que são cuidadores...”. Ou:

"49,74% da população global tem medo de se sentar em um sofá branco...". Ou: "64 milhões de empregos foram perdidos por causa da pandemia de covid-19! O que equivale a 800 bilhões de dólares de renda!"... Haveria uma percepção melhor.

Quando categorizamos essas realidades como "problemas de mulher", permitimos que nos apaguem, nos desvalorizem e nos diminuam. Ficamos congeladas.

Contudo, há um problema também quando homens e mulheres são chamados coletivamente de "pessoas". As mulheres têm necessidades diferentes. Mas os homens podem aprender a ouvir melhor. E podemos aprender a falar melhor com eles. São problemas da mulher, mas afetam todos os seres humanos. Em vez de nos fecharmos nessas experiências e desistirmos da mudança, podemos todos conversar mais sobre elas.

O medo de dizer algo errado é o que afasta os homens desse tipo de conversa. O silêncio, marca registrada do homem, é percebido como "forte"; mas talvez indique, na realidade, temor e confusão. Mesmo assim, nós, mulheres, podemos nos empenhar, a começar com uma abordagem simples: falar de nosso corpo e de nossas experiências físicas. Quando nossas filhas não se envergonham mais de tantos aspectos de sua vida, ganham autoconfiança e liberam energia. Essa energia confiante mantém a conversa dinâmica e viva. Estamos falando aqui de um feminismo adaptado ao mundo em que vivemos agora, onde os problemas são mais bem resolvidos quando nos unimos para encará-los.

Com atitude mais honesta em relação ao nosso corpo e conversa franca sobre nossa experiência dele, poderemos requisitar de nossos familiares, parceiros e profissionais da saúde, bem como de empregadores e até de políticos, aquilo de que mais precisamos na vida. As mulheres não são simplesmente homenzinhos ou homens com partes extras no corpo. Somos diferentes deles. E há muito tempo tentamos nos comportar como se fôssemos iguais, com os mesmos privilégios e as mesmas liberdades. Vamos parar de fingir. Sejamos mais realistas. A diferença é boa. Não precisamos ter medo dela nem diminuí-la. Podemos nos sentir mais coerentes com nós mesmas e com as pessoas à nossa volta, desde que paremos de fingir e reconheçamos essa diferença. Podemos ser realistas quanto aos eventos hormonais e à linguagem do corpo, sem embaraços. A partir dessa posição franca e aberta, temos condições de pedir as coisas de que necessitamos e de reconhecer quando não nos são dadas. Não precisamos ser impelidas para um local de ira e mal-estar até compreendermos o que nos falta.

Em um cenário mais amplo, talvez a sociedade como um todo tenha prioridades erradas. Quanto maior for nossa remuneração e mais esperarmos dela, mais altos ficarão nosso preço. Todas as pessoas contribuem não só para a inflação econômica, mas também para a inflação dos problemas de saúde mental. Talvez não seja possível criar jovens psicologicamente saudáveis e equilibrados quando as pessoas esperam de si próprias o impossível. Não somos o modelo de algo moderado e "bom o suficiente", nas palavras do pediatra e psicanalista Donald Winnicott. Em vez disso, criamos um exemplo no qual a insatisfação e a inveja são o nome do jogo, e homens e mulheres se tornam rivais em uma corrida até as profundidades psicológicas.

Claro que as mulheres são as atuais perdedoras. Mas acho que os homens não estão muito atrás. Tipicamente, eles descarregam a ansiedade ou a insegurança sobre as mulheres em forma de raiva, induzindo nelas uma reclusão amedrontada e uma aquiescência resignada. O uso da esposa como terapeuta é prejudicial a ela. Os homens também são vítimas desse sistema antiquado. Por experiência pessoal e profissional, sei que eles também se sentem tão presos e desrespeitados pelo processo e pelas estruturas do patriarcado quanto as mulheres. Se pudessem, não escolheriam esse desequilíbrio. Mas nem por isso podem despejar essa frustração em nós. Precisamos de apoio diante de um sistema social que mantém esses problemas muito vivos, de maneiras cada vez mais enganosas e ultrajantes. Se aprendermos a falar, desde cedo, sobre nossas diferenças e semelhanças, poderemos trabalhar juntos para proporcionar a cada um aquilo que lhe faz falta. Talvez o fato de todos os gêneros tentarem se conformar com as ideias tradicionais do "masculino" como rei nos faça escravos de um sistema que, em termos básicos, é o modo como o capitalismo nos aprisiona. Queremos *realmente* isso?

Revolução

De acordo com os estudos de caso em cada capítulo, existe outro caminho – outro jeito de organizar nossa saúde, nossos estilos de vida e nossos relacionamentos. Você, leitora, me acompanhou em uma jornada do nascimento à morte. Juntas, aferimos o cenário ao qual chegamos e onde agora vivemos. Um cenário que silencia nossos gritos e, no fim, nos anula. Aprendemos como é crucial identificar a raiva e processá-la ou descarregá-la. Nosso corpo tem sido o receptáculo de todo esse sentimento, e agora precisamos usá-lo do modo certo, como ferramenta de recuperação e empoderamento, em vez de um objeto que nos ameaça e coopta. Raiva como emoção pró-social. Raiva como combustível.

Como já vimos, um cérebro com dor causa uma enxurrada de sinais inflamatórios, alertando o corpo para uma situação interna de alto risco. Tudo fica bloqueado, as reações se acentuam. O sistema está sob ataque, e respondemos de acordo com essa perspectiva.

Apesar de nosso relativo progresso no campo da saúde mental nos últimos quarenta anos, desde o conhecimento do impacto do ambiente de uma pessoa à epigenética e à genômica até as mais recentes revelações em torno da inflamação, a causa principal dos maiores transtornos de humor nos escapa. Assim como nos escapam as razões para os altos índices de depressão profunda nas mulheres. É como se o cérebro primitivo tivesse alcance limitado de respostas aos danos, e a ansiedade e a depressão fossem a última rota comum, acessível por meio de inúmeras trilhas. Começamos a aprender também que, quando o cérebro sofre dessa maneira invasiva, crônica e furtiva, pode *causar* problemas ao corpo. Ao transcrever a jornada de uma mulher desde o nascimento até a morte, este livro tentou esclarecer as causas de nosso sofrimento. E como podemos inverter esses efeitos catastróficos.

Like a Girl

She drives just like a girl you know
She throws just like one too
She fights just like a girl as well
She's just no match for you

She also runs just like a girl
And there's the way she plays
But when they say 'just like a girl'
I think they mean to say

Worse
And somehow less
Somehow slower, somehow weaker
They think that if she's 'like a girl'
They'll easily defeat her

But girls will go to battle
When they already are bleeding
And girls are great at throwing themselves
Upwards through glass ceilings

Girls are busy navigating progress,
Driving change
And girls are busy winning
Whilst you criticise their game

So tell her that she's 'like a girl' –
She may just prove you right
She may out-play, out-last you,
Win the race and win the fight

'Cause she's a driving force
Fighting for her place in this world
And if you try to talk her down
She'll rise up

Like a girl

Becky Hemsley

Como uma garota

Ela dirige como uma garota, sabe?
Joga bola como garota também
Briga como garota também
Não é páreo para você

Também corre como uma garota
E tem aquele jeito

Mas quando dizem “como uma garota”
Acho que querem dizer, na verdade,

Pior
E inferior
Mais lenta, mais fraca
Acham que se ela é “como uma garota”
Será fácil derrotá-la

Mas as garotas vão à luta
Quando já estão sangrando
E as garotas são ótimas para pular
Pelos telhados de vidro

As garotas se empenham e progridem,
Forçam a mudança
E acabam vencendo
Enquanto você critica o modo como jogam

Portanto, diga a ela que é “como uma garota”
Ela vai provar que tem razão
Pode vencer você, aguentar mais tempo,
Ganhar a corrida e ganhar a luta

Porque ela é uma força propulsora
Lutando por seu lugar no mundo
E se você tentar menosprezá-la
Ela se levantará

Como uma garota

Poema de Becky Hemsley

Agradecimentos

Como eu poderia não escrever este livro? E como teria sido possível sem o infalível apoio e incentivo de algumas pessoas fundamentais? Agradeço a:

Minha magnífica e confiável agente, Elly James. Minha incrível editora, Michele Signore, que via o mesmo que eu e sabia como era urgente que todos vissem. Minha editora de copidesque, Julia Kellaway, pela delicadeza e pelo rigor intelectual. E Madiya Altaf, Matt Phillips, Eleanor Stammeijer, Tamara Douthwaite, Charlotte Brown e todos na Bonnier. O esforço de vocês por mim me comoveu.

Professora Jennifer Graham-Engeland, minha mentora e hoje amiga.

Sabine Nollau, minha supervisora clínica e muito mais que isso. Anouchka Grose, meu terreno sólido e meu cérebro calmo. Linda Harakis, por me trazer a este ponto.

Comunidade WAM e nossos ouvintes locais. Vocês fazem tudo valer a pena.

Salima. Se não ouço *literalmente* sua voz em meu ouvido, ouço-a mesmo assim. E o que seria de mim sem essa voz?

Agradeço também a: Andie, meu pilar e meu coração; Scout, porta-voz da geração futura; Jenny B, meu recurso e meu oráculo em tudo; Mel, sem a qual *tudo* seria impossível; Ekow, que me mostrou como canalizar minha raiva; Helen R, pelo verdadeiro direcionamento; Hannah, minha prima e melhor Embaixadora da Raiva; Tamsin, pela coerência e pelo profundo coleguismo; Katy, motivada como eu por *chegar* lá; Sarah-Lou, que fez o livro acontecer; Giles, pela visão e eterna assistência; Maria, pela generosidade e ênfase na importância deste trabalho; Fran, por me dar atenção nos primeiros dias e tornar este trabalho possível; Olly, escritor nato e defensor perene; Lulu, por contribuir com a perspectiva acadêmica e visão mais ampla e mais sábia; Frog, por compreender *por quê*. Minha nova amiga Stacey, pela abertura. Charlotte e Jamie, pelo apoio e por acreditarem em mim; Juliet, estrela de cinema e irmã na causa; Julie B, pelas deliciosas fantasias e animação de torcida; Jonathan e Laura, pelo olhar jornalístico.

Andrea, Antonella, Judith, Julie, Mags, Caro, Lynn, Tara: sempre do meu lado; Shappi, pelo apoio desde o início; Soraya, farol em um mar tempestuoso; Tilly, por me mostrar o que era o Instagram; Jane, por nos lançar em órbita; Ania e Kordian, que me apoiaram a distância; Pessoal do consultório – Abby, Jenny P, Karen: meu bote salva-vidas e meus pulmões; Ify, pela franca generosidade; Meninas Weymouth, por me aguentarem.

Minha família profundamente feminista, que me ensinou a instalar tomadas, a trocar pneus e a perguntar "Por quê?" (e por encorajar a cirurgia gastrintestinal em minhas bonecas).

Sally, por quem aprendi a lutar.

Simon. O melhor dos homens, meu parceiro mais verdadeiro.

Meus meninos lindos, que são a esperança de um amanhã mais brilhante.

Notas finais

Introdução

Página 13 As mulheres são duas vezes mais propensas que os homens a sofrer de depressão [...].

Anxiety and Depression Association of America (n.d.). Women and depression. Disponível em: https://adaa.org/find-help-for/women/depression.

Página 13 [...] três vezes mais passíveis de ter enxaqueca [...].

Walter, K. (2022). What is migraine? *JAMA*, 327(1), 93.

Página 13 [...] quatro vezes mais suscetíveis a doenças autoimunes.

Kronzer, V. L., Bridges Jr, S. L., & Davis III, J. M. (2021). Why women have more autoimmune diseases than men: An evolutionary perspective. *Evolutionary Applications, 14*(3), 629-33.

Página 13 Parece que houve uma reviravolta global da igualdade sexual depois que as economias agrícolas começaram a dominar e nos adaptamos a um estilo de vida mais sedentário.

Lockard, C. A. (2014). *Societies, Networks, and Transitions: A Global History*. Cengage Learning, 88-9.

Página 13 O próprio Darwin tinha certas posições sobre a diferença entre os sexos e, de fato, difundiu a visão de que as mulheres eram inferiores no corpo e na mente.

Darwin, C. (1896). *The Descent of Man and Selection in Relation to Sex*. D. Appleton and Company.

Bergman, G. (2002). The history of the human female inferiority ideas in evolutionary biology. *Rivista di biologia*, 95(3), 379-412.

Página 13 Já houve inúmeras oportunidades de abordarmos essas questões, desde que a palavra "sexismo" foi imortalizada pela feminista estadunidense Caroline Bird Mahoney, mais de meio século atrás, no discurso: "Sobre nascer mulher".

City News Publishing Company (1969). *Vital Speeches of the Day 1968-1969*, 35(3), 90.

Página 15 Um mundo *patriarcal*; um mundo onde história, geografia, privilégio e estrutura têm sido dominados pelos homens.

Hunnicutt, G. (2009). Varieties of patriarchy and violence against women: Resurrecting "patriarchy" as a theoretical tool. *Violence Against Women*, *15*(5),553-73.

Capítulo 1: Você está sendo ludibriada

Página 22 De fato, dados recentes da campanha Pregnant Then Screwed ("Grávida e depois zerada") indicam que 52% das mulheres enfrentam discriminação durante a gravidez, a licença-maternidade ou a volta ao trabalho.

Pregnant Then Screwed (19 de julho de 2023). 1 in 61 pregnant women say their boss insinuated they should have an abortion. Disponível em: https://pregnantthenscrewed.com/1-in-61-pregnant-women-say-their-boss-insinuatedthey-should-have-an-abortion/#:~:text=A%20new%20study%20from%20Pregnant,a%20negative%20or%20discriminatory%20experience.

Capítulo 2: O que a raiva faz com nosso corpo

Página 25 Quando ocorre disparidade entre nossas expectativas e a realidade, entre o que visualizávamos como "recompensa" e a frustração desta, a amígdala cerebral (região do cérebro envolvida nos processos emocionais) é alertada, e os sentimentos de raiva fluem.

Blair, R. J. R. (2012). Considering anger from a cognitive neuroscience perspective. *Wiley Interdisciplinary Reviews: Cognitive Science*, 3(1), 6-74.

Página 26 Os psicólogos Stanley Schachter e Jerome Singer foram figuras importantes no esforço de ilustrar até que ponto a *interpretação* das emoções é essencial para a experiência.

Schachter, S. & Singer, J. (1962). Cognitive, social, and physiological determinants of emotional state. *Psychological Review*, 69(5), 379.

Página 26 Inúmeras meta-análises indicam que os níveis dessas mesmas proteínas de fase aguda e citocinas inflamatórias são elevados em pacientes com depressão grave.

Nemeroff, C. B. (2020). The state of our understanding of the pathophysiology and optimal treatment of depression: Glass half full or half empty? *American Journal of Psychiatry*, 177(8), 671-85.

Página 27 Consideremos a função ordinária da inflamação. Ela ocorre quando mediadores químicos produzidos pelos glóbulos brancos do corpo entram na corrente sanguínea e nos tecidos.

Chen, L., Deng, H., Cui, H., Fang, J., Zuo, Z., Deng, J. [...] & Zhao, L. (2018). Inflammatory responses and inflammation-associated diseases in organs. *Oncotarget*, 9(6), 7.204-18.

Página 27 O tecido danificado envia os próprios sinais químicos, aos quais os glóbulos brancos respondem liberando compostos que incitam a divisão celular e novo crescimento de tecido.

Punchard, N. A., Whelan, C. J. & Adcock, I. (2004). *The Journal of Inflammation*, 1, 1.

Página 27 Em doenças autoimunes como artrites, o sistema imunológico desencadeia inflamação desnecessária, causando danos ao combater tecido regular como se estivesse infectado ou doente.

Tanaka, Y. (2020). Rheumatoid arthritis. *Journal of Inflammation and Regeneration*, *40*, 20.

Página 27 Entretanto, elevações mais duradouras da inflamação também podem estar associadas à experiência de sentimentos crônicos como a raiva.

Castle, R., Bushell, W. J., Mills, P. J., Williams, M. A., Chopra, D., Rindfleisch, J. A. (12 de outubro de 2021). Global Correlations Between Chronic Inflammation and Violent Incidents: Potential Behavioral Consequences of Inflammatory Illnesses Across Socio-Demographic Levels. *International Journal of General Medicine*. 14:6677-6691. doi: 10.2147/IJGM.S324367. PMID: 34675629; PMCID:PMC8520436.

Página 27 Com o passar do tempo, níveis mais elevados de inflamação podem impactar o DNA celular, e sabe-se que eles têm relação com doenças como diabetes e câncer e até obesidade.

Coussens, L. M., Werb, Z. (2022). Inflammation and cancer. *Nature*. 19-26 dez.; 420(6917):860-7. doi: 10.1038/nature01322. PMID: 12490959; PMCID: PMC2803035.

Página 27 A correlação entre depressão e doença autoimune é fato reconhecido, o que significa que pessoas com essas doenças – de esclerose múltipla e tireoidite autoimune à síndrome do intestino irritável – também são passíveis de cair em depressão profunda.

Euesden, J., Danese, A., Lewis, C. M. & Maughan, B. (2017). A bidirectional relationship between depression and the autoimmune disorders – New perspectives from the National Child Development Study. *PloS One*, *12*(3), e0173015.

Coussens, L. M., & Werb, Z. (2002). Inflammation and cancer. *Nature*, *420*(6917), 860-7.

Página 28 Os dois estados mentais também parecem ocorrer com inflamação, e a raiva reprimida pode funcionar, em parte, como fator de predisposição. Interessante para nosso estudo, o impacto de um trauma com inflamação nos primeiros anos de vida é observado em pacientes com depressão profunda.

Perozzo, P., Savi, L., Castelli, L., Valfrè, W., Lo Giudice, R., Gentile, S. [...] & Pinessi, L. (2005). Anger and emotional distress in patients with migraine and tension-type headache. *The Journal of Headache and Pain*, 6, 392-9.

Página 28 Muitos pesquisadores defendem que há ricas evidências clínicas e pré-clínicas de que eventos negativos na infância resultam em elevação progressiva de inflamação.

Grosse, L., Ambrée, O., Jörgens, S., Jawahar, M. C., Singhal, G., Stacey, D. [...] & Baune, B. T. (2016). Cytokine levels in major depression are related to childhood trauma but not to recent stressors. *Psychoneuroendocrinology*, 73, 24-31.

Página 28 A eletromiografia de superfície (que mede a ativação muscular) indica a constrição dos músculos nos antebraços e nos ombros durante a experiência emocional da raiva.

Huis in't Veld, E. M. J., Van Boxtel, G. J. & de Gelder, B. (2014). The Body Action Coding System I: Muscle activations during the perception and expression of emotion. *Social Neuroscience*, 9(3), 249-64.

Página 29 Estudos enfocam a associação entre enxaqueca e problemas com a expressão da raiva, mas abordaremos isso mais tarde.

Shaygan, M., Saranjam, E., Faraghi, A. & Mohebbi, Z. (2022). Migraine headaches: The predictive role of anger and emotional intelligence. *International Journal of Community Based Nursing and Midwifery*, *10*(1), 74-83.

Página 29 De modo geral, o estado prolongado de raiva suprimida pode aumentar a probabilidade de derrame, diabetes tipo 2, doenças cardiovasculares e infartos.

Staicu, M. L. & Cuţov, M. (2010). Anger and health risk behaviors. *Journal of Medicine and Life*, 3(4), 372-5.

Página 29 Mal começamos a aprender que as leituras de inflamação elevada são fisicamente destrutivas. Nesse caso, podem aumentar o risco de doença pulmonar.

Lehrer, P. (2006). Anger, stress, dysregulation produces wear and tear on the lung. *Thorax*, *61*(10), 833-4.

Página 30 As mesmas áreas do córtex acendem como sinais luminosos em estudos com ressonância magnética que exploram rejeição social e dor emocional, assim como na dor física.

Wager, T. D., Atlas, L. Y., Lindquist, M. A., Roy, M., Woo, C. W. & Kross, E. (2013). An fMRI-based neurologic signature of physical pain. *New England Journal of Medicine*, *368*(15), 1388-97.

Página 30 Pesquisadores observaram que as sensações de dor física podem ser incitadas por emoção negativa forte.

Yarns, B. C., Cassidy, J. T., & Jimenez, A. M. (2022). At the intersection of anger, chronic pain, and the brain: A mini-review. *Neuroscience & Biobehavioral Reviews*, *135*, 104558.

Página 30 Além disso, uma inflamação maior provoca níveis piores de dor.

Omoigui, S. (2007). The biochemical origin of pain: the origin of all pain is inflammation and the inflammatory response. Part 2 of 3 – inflammatory profile of pain syndromes. *Medical Hypotheses*. 69(6):1169-78. doi: 10.1016/j.mehy.2007.06.033. Epub 28 de agosto de 2007 PMID: 17728071; PMCID: PMC2771434.

Página 31 Esse sistema separado pode, de fato, funcionar de maneira independente do cérebro, com mais neurônios que toda a medula espinhal (por volta de 400-600 milhões).

Fleming, M. A. 2nd, Ehsan., L, Moore, S. R., Levin, D. E. (8 de setembro de 2020). The Enteric Nervous System and Its Emerging Role as a Therapeutic Target. Gastroenterol Res Pract. 2020:8024171. doi:10.1155/2020/8024171. PMID: 32963521; PMCID:PMC7495222.

Página 31 O caminho do nervo vago compartilha informações entre o cérebro e o aparelho gastrintestinal por meio de neurotransmissores e hormônios (todos juntos, com papel fundamental no sono, no estresse, na dor e na regulação do humor).

Han, Y., Wang, B., Gao, H., He, C., Hua, R., Liang, C. [...] & Xu, J. (2022). Vagus nerve and underlying impact on the gut microbiota-brain axis in behavior and neurodegenerative diseases. *Journal of Inflammation Research, 15*, 6213-30.

Página 32 Se essa relação for prejudicada por raiva suprimida, a qual induz sintomas como SII, esses problemas retornarão ao cérebro, e a pessoa ficará presa em um círculo vicioso.

Carabotti, M., Scirocco, A., Maselli, M. A. & Severi, C. (2015). The gut-brain axis: Interactions between enteric microbiota, central and enteric nervous systems. *Annals of Gastroenterology: Quarterly Publication of the Hellenic Society of Gastroenterology*, 28(2), 203-9.

Página 32 Assim como a reatividade no trato intestinal, a pele pode se ferir com a sobrecarga emocional e a liberação invertida de elementos inflamatórios como a raiva.

Mento, C., Rizzo, A., Muscatello, M. R. A., Zoccali, R. A. & Bruno, A. (2020). Negative emotions in skin disorders: A systematic review. *International Journal of Psychological Research, 13*(1), 71-86.

Página 32 Determinados estudos abordam a ocorrência de urticárias severas e psoríase associadas à comunicação da raiva.

Altınöz, A. E., Taşkıntuna, N., Altınöz, S. T., Ceran, S. (30 de setembro de 2014). A cohort study of the relationship between anger and chronic spontaneous urticaria. *Adv. Ther.* (9):1000-7. doi: 10.1007/s12325-014-0152-6. Epub 2014 (11 de setembro). PMID: 25209876.

Hughes, O., Hunter, R. (17 de março de 2022) Understanding the experiences of anger in the onset and progression of psoriasis: A thematic analysis. *Skin Health and Disease* 2(4):e111. doi: 10.1002/ski2.111. PMID: 36479265; PMCID:PMC9720208.

Capítulo 4: Bebê

Página 42 Para início de conversa, tudo para ela é cor-de-rosa.

Zemach, I. K. & Teller, D. Y. (2007). Infant color vision: Infants' spontaneous color preferences are well behaved. *Vision Research*, 47(10), 1362-7.

Rippon, G. (2019). *The Gendered Brain*. Vintage.

Eliot, L. (2012). *Pink Brain, Blue Brain*. Oneworld Publications.

Página 46 Sabemos que a raiva reprimida pode ser fator determinante na experiência da dor.

Lumley, M. A., Cohen, J. L., Borszcz, G. S., Cano, A., Radcliffe, A. M., Porter, L. S. [...] & Keefe, F. J. (2011). Pain and emotion: A biopsychosocial review of recent research. *Journal of Clinical Psychology*, 67(9), 942-68.

Página 46 Descobertas científicas recentes mostram que pessoas com enxaqueca ou dor de cabeça tensional também apresentam altos níveis de raiva suprimida e estresse emocional.

Hatch, J. P., Schoenfeld, L. S., Boutros, N. N., Seleshi, E., Moore, P. J. & Cyr-Provost, M. (1991). Anger and hostility in tension – type headache. *Headache: The Journal of Head and Face Pain, 31*(5), 302-04.

Página 47 [...] cataplasmas frias sobre a carótida e o pescoço diminuem a dor de forma significativa e, de acordo com recentes meta-análises, exercem efeito instantâneo no tratamento da enxaqueca.

Sprouse-Blum, A. S., Gabriel, A. K., Brown, J. P. & Yee, M. H. (2013). Randomized controlled trial: Targeted neck cooling in the treatment of the migraine patient. *Hawaii Journal of Medicine & Public Health*, 72(7), 237-41.

Página 47 Além de lidar com a inflamação do fluxo sanguíneo em si, a crioterapia incentiva a produção de anti-inflamatórios e citocinas pró-inflamatórias.

Hsu, Y. Y., Chen, C. J., Wu, S. H. & Chen, K. H. (2023). Cold intervention for relieving migraine symptoms: A systematic review and meta-analysis. *Journal of Clinical Nursing*, 32(11-12), 2455-65.

Página 48 Sabemos que os níveis de raiva internalizada são muito mais altos em pacientes anoréxicas que no restante da população.

Horesh, N., Zalsman, G. & Apter, A. (2000). Internalized anger, self-control, and mastery experience in inpatient anorexic adolescents. *Journal of Psychosomatic Research*, 49(4), 247-53.

Página 50 Parece um luxo abrir os olhos para os níveis elevados de raiva em pessoas com sintomas de TOC.

Cludius, B., Schmidt, A. F., Moritz, S., Banse, R., & Jelinek, L. (2017). Implicit aggressiveness in patients with obsessive-compulsive disorder as assessed by an Implicit Association Test. *Journal of Behavior Therapy and Experimental Psychiatry*, 55, 106-12.

Radomsky, A. S., Ashbaugh, A. R. & Gelfand, L. A. (2007). Relationships between anger, symptoms, and cognitive factors in OCD checkers. *Behaviour Research and Therapy*, 45(11), 2712-25.

Capítulo 5: Garotinha

Página 59 Para não parecer totalmente desanimada (tudo bem, um pouco desanimada), um estudo recente sobre mensagens de gênero nas histórias das crianças nos faz pensar na questão do ensinamento persistente da passividade nas Garotinhas.

Pownall, M., & Heflick, N. (2023). Mr. Active and Little Miss Passive? The transmission and existence of gender stereotypes in children's books. *Sex Roles*, 89(11), 758-73.

Lewis, M., Cooper Borkenhagen, M., Converse, E., Lupyan, G. & Seidenberg, M. S. (2022). What might books be teaching young children about gender? *Psychological Science*, 33(1), 33-47.

Página 60 A escrita no "fluxo de consciência" foi um conceito elaborado em 1892 pelo psicólogo William James, que define um modo de acessar os produtos dinâmicos e ocultos da mente.

James, W. (1892). "The stream of consciousness". In: *Psychology*, Capítulo XI. Cleveland & New York, World.

Página 61 A vida doméstica na qual foi criada era, na realidade, uma instituição de "sexismo benevolente".

Barreto, M. & Doyle, D. M. (2023). Benevolent and hostile sexism in a shifting global context. *Nature Reviews Psychology*, 2(2), 98-111.

Página 64 Na idade da Garotinha, verificamos que as famílias elogiam os meninos de maneira diferente, contribuindo para comportamentos relacionados à autoconfiança mais tarde.

Gunderson, E. A., Gripshover, S. J., Romero, C., Dweck, C. S., Goldin-Meadow, S. & Levine, S. C. (2013). Parent praise to 1-to 3-year-olds predicts children's motivational frameworks 5 years later. *Child Development*, 84(5), 1526-41.

Página 64 Nossa Garotinha *passiva* cresce, mas é compreensível que permaneça ainda em papéis inferiores (posições infantilizadas, apologéticas) e não progrida tanto quanto poderia quando sai de licença-maternidade (enquanto os colegas do sexo masculino recebem promoções).

International Labour Organization (fevereiro de 2022). The gender gap in employment: What's holding women back? InfoStories. Disponível em: https://www.ilo.org/infostories/en-GB/Stories/Employment/barriers-women#intro.

Página 65 Um artigo excelente de Alena Papayanis em *HuffPost* explica tudo.

Papayanis, A. (7 de janeiro de 2022). Women are taught to be nice. Here's what happened when I stopped. HuffPost. Disponível em: https://www.huffpost.com/entry/women-socialized-to-be-nice_n_61d7612be4b04b-42ab7d7196.

Página 66 Seja qual for a mensagem na escola, as crianças aprendem por meio da observação, na qual captam padrões de como o mundo funciona.

Bouchrika, I. (8 de fevereiro de 2024). Social learning theory & its modern application in education in 2024. Research.com. Disponível em: https://research.com/education/social-learning-theory.

Shukla, A. (4 de dezembro de 2021). Why did humans evolve pattern recognition abilities?

Cognition Today. Disponível em: https://cognitiontoday.com/why-did-humansevolve-pattern-recognition-abilities/.

Página 66 Atualmente, 41% das mulheres no Reino Unido trabalham em período integral (em comparação com 25%, em 2010).

Governo do Reino Unido (27 de julho de 2023). Childcare and early years survey of parents. Disponível em: https://explore-education-statistics.service.gov.uk/find-statistics/childcare-andearly-
years-survey-of-parents.

Página 66 Nos Estados Unidos, 37,3%.

Guzman, G. & Kollar, M. (12 de setembro de 2023). Income in the United States: 2022. United States Census Bureau. Disponível em: https://www.census.gov/library/publications/2023/demo/p60-279.html#:~:text=In%202022%2C%2065.6%20percent%20of,percent%20between%202021%20and%202022.

Página 66 De acordo com um artigo de 2022 do jornal *The Guardian*, mulheres de casais heterossexuais ainda cuidam de 65% das tarefas de casa.

Saner, E. (15 de agosto 2022). "The woman's to-do list is relentless": How to achieve an equal split of household chores. The *Guardian*. Disponível em: https://www.theguardian.com/money/2022/aug/15/how-to-achieve-an-equal-split-ofhousehold-chores-kate-mangino.

Página 66 Uma reportagem da CBS indica que, em comparação com os homens, mesmo as esposas que "ganham o pão" passam em torno de 3,5 horas a mais no trabalho doméstico e nos cuidados da família.

Picchi, A. (13 de abril de 2023). Even "breadwinner" wives do more housework than husbands. CBS News. Disponível em: https://www.cbsnews.com/news/women-breadwinnerstripled-since-1970s-still-doing-more-unpaid-work/.

Página 66 "Menino é assim mesmo": essa visão aparentemente constante é a responsável pelos meninos se perceberem de modo diverso.

Skipper, Y. & Fox, C. (2022). Boys will be boys: Young people's perceptions and experiences of gender within education. *Pastoral Care in Education, 40*(4), 391-409.

Página 74 Nos nossos cinco primeiros anos de vida, bilhões de conexões neuronais se formam.

Rushton, S. (2011). Neuroscience, early childhood education and play: We are doing it right! *Early Childhood Education Journal*, 39, 89-94.

Página 74 E alguns [bebês] são "mais exigentes" com pais que não têm a capacidade de lidar com essa situação.

Sears, B. (n.d.). 12 signs your baby is high need. Askdrsears.com. Disponível em: https://www.askdrsears.com/topics/health-concerns/fussy-baby/high-needbaby/12-features-high-need-baby/.

Página 75 Agora, preciso reiterar que o cérebro humano é plástico, ou seja, capaz de reorganização estrutural.

Diniz, C. R. A. F. & Crestani, A. P. (2023). The times they are a-changin': A proposal on how brain flexibility goes beyond the obvious to include the concepts of "upward" and "downward" to neuroplasticity. *Molecular Psychiatry*, 28(3), 977-92.

Página 76 Pobre Garotinha!

Ferguson, T. J., Stegge, H., Miller, E. R. & Olsen, M. E. (1999). Guilt, shame, and symptoms in children. *Developmental Psychology*, 35(2), 347-57.

Capítulo 6: Pré-adolescente

Página 79 Isso ocorre porque a sociedade nunca nos permite nem fornece o vocabulário para expressar com facilidade a raiva que sentimos.

Crofton Winsor, S. (2009). Sugar and spice: The hidden world of pre-adolescent female aggression. Smith College. Disponível em: https://scholarworks.smith.edu/cgi/viewcontent.cgi?article=1524&context=theses.

Página 80 Esses sentimentos mais complexos, que aparentam ser tão diferentes da raiva, parecem nos proteger da expressão socialmente destrutiva de pura fúria, em um estágio da vida em que a conformidade social começa a ganhar supremacia.

Moretti, M. M., Catchpole, R. E. & Odgers, C. (2005). The dark side of girlhood: Recent trends, risk factors and trajectories to aggression and violence. *The Canadian Child and Adolescent Psychiatry Review*, *14*(1), 21-5.

Página 80 É quando ocorre a primeira divisão social entre meninos e meninas.

Kågesten, A., Gibbs, S., Blum, R. W., Moreau, C., Chandra-Mouli, V., Herbert, A. & Amin, A. (2016). Understanding factors that shape gender attitudes in early adolescence globally: A mixed-methods systematic review. *PloS One*, *11*(6), e0157805.

Página 83 Do contrário, viveria apavorada por sua segurança (possivelmente com razão, se levarmos em consideração o comportamento dos colegas masculinos e como ela se sentia humilhada ou rejeitada).

Acas (15 de março de 2021). Sexual harassment: What sexual harassment is. Disponível em: https://www.acas.org.uk/sexual-harassment.

Página 86 Zara resolveu não mencionar seu relacionamento ao RH (ou dar parte do comportamento do chefe à polícia) e preferiu se encontrar com o assediador em uma sala envidraçada no meio do escritório.

Marks, G. (20 de fevereiro de 2020). Employers can't forbid romance in the workplace – but they can protect workers. *Guardia*n. Disponível em: https://www.theguardian.com/business/2020/feb/20/workplace-romances-metoo-rules-protection.

Página 86 A pré-adolescência é o período em que a mídia social começa a agir sobre a mente de vítimas recém-suscetíveis.

Ofcom (29 de março de 2023). Children and parents: Media use and attitudes 2023. Disponível em:https://www.ofcom.org.uk/__data/assets/pdf_file/0027/255852/childrens-media-use-and-attitudes-report-2023.pdf

Página 87 O vício, porém, só tira o poder da mulher e diminui sua voz ativa, o que é desastroso para todas as mulheres, pois poderíamos canalizar melhor nossa energia para tentar suster um substancioso poder na vida real.

Abrams, Z. (3 de agosto de 2023). Why young brains are especially vulnerable to social media. American Psychological Association. Disponível em: https://www.apa.org/news/apa/2022/social-media-children-teens.

Página 88 A fenda entre homens e mulheres surge nos anos da pré-adolescência, quando a sociedade se impõe com suas mensagens idiotas e ideias enfadonhas acerca de meninos e meninas.

Velding, V. (1º de janeiro de 2015). Growing up tween: Femininity, masculinity, and coming of age. Wayne State University. Disponível em: https://digitalcommons.wayne.edu/cgi/viewcontent.cgi?article=2352&context=oa_dissertations.

Página 88 As conversas, a intimidade e a maturidade, encorajadas e até esperadas das pré-adolescentes, contrapõem-se à amizade simplista agressiva dos meninos.

Määttä, K. & Uusiautti, S. (2020). Nine contradictory observations about girls' and boys' upbringing and education – the strength-based approach as the way to eliminate the gender gap. *Frontiers in Education*, 5, 134.

Página 89 Um deles pode ser a inversão, ou seja, atos danosos contra a própria pessoa, desde repressão até trauma físico real.

Young, R., Van Beinum, M., Sweeting, H. & West, P. (2007). Young people who self-harm. *The British Journal of Psychiatry*, *191*(1), 44-9.

Capítulo 7: Adolescente

Página 103 Nomear corretamente o tipo de comportamento molestador assusta algumas mulheres, sobretudo se forem mais jovens e ainda não passaram pelo escrutínio social que foram condicionadas a aceitar.

Bentivegna, F. & Patalay, P. (2022). The impact of sexual violence in mid-adolescence on mental health: A UK population-based longitudinal study. *The Lancet Psychiatry*, 9(11), 874-83.

Página 103 São forçadas a reviver a experiência várias vezes, tendo de se explicar e passar por outro escrutínio.

Murphy-Oikonen, J., McQueen, K., Miller, A., Chambers, L. & Hiebert, A. (2022). Unfounded sexual assault: Women's experiences of not being believed by the police. *Journal of Interpersonal Violence*, 37(11-12), NP8916-40.

Página 104 Embutida no contexto social está a ideia de que, quando uma mulher tem muita raiva ou até ojeriza de um homem, é porque, no fundo, se sente atraída por ele.

Halffield, C. (abril de 2017). "She brought it on herself": A discourse analysis of sexual assault in teen comedy film. DePauw University. Disponível em: https://core.ac.uk/download/pdf/214031367.pdf.

Página 104 Através dessa lente, podemos ver como essa narrativa diminui e menospreza as emoções da mulher.

Robbins, A. (7 de março de 2023). Stop normalizing sexual assault in teen movies. Odyssey. Disponível em: https://www.theodysseyonline.com/stop-normalizingsexual-assault-movies.

Página 106/107 Claro que os meninos também têm seus problemas na mesma idade, mas sem o pavor mensal de que seu corpo o traia de maneira que pode ser catastrófica no futuro, tanto em termos sociais quanto acadêmicos.

Klass, P. (13 de janeiro de 2020). When heavy periods disrupt a teenager's life. *New York Times*. Disponível em: https://www.nytimes.com/2020/01/13/well/family/teenagers-heavy-periods-menstrual-cycle-menstruation.html.

Página 109 Era normal.

Department of Psychiatry (1° de julho de 2019). Self-harm in children and adolescents: A major health and social problem of our time. University of Oxford. Disponível em: https://www.psych.ox.ac.uk/news/self-harm-in-children-and-adolescents-a-majorhealth-and-social-problem-of-our-time.

Página 111 Com base na ideia psicanalítica da realização do desejo, poderíamos deduzir certa fantasia com a morte dos pais.

Pataki, T. (2014). *Wish-fulfilment in Philosophy and Psychoanalysis: The tyranny of desire*. Routledge.

Parte 112 Ouço muito isso. A Adolescente parece tão digna e madura que mesmo pais gentis podem cometer o erro de negligenciá-la.

Friedersdorf, C. (21 de fevereiro de 2023). Adults are letting teen girls down. *The Atlantic*. Disponível em: https://www.theatlantic.com/newsletters/archive/2023/02/adultsare-letting-teen-girls-down/673144/.

Página 114 Deve ter sido apenas temporário, motivo por que se tornou uma repetição obsessiva.

Streep, P. (2 de fevereiro de 2015). 8 toxic patterns in mother-daughter relationships. *Psychology Today*. Disponível em: https://www.psychologytoday.com/gb/blog/techsupport/201502/8-toxic-patterns-in-mother-daughter-relationships.

Página 119 Nossa maturação mínima do córtex pré-frontal é responsável pela dificuldade de nos inserirmos em um contexto mais amplo.

National Institute of Mental Health (2023). The teen brain: 7 things to know. Disponível em: https://www.nimh.nih.gov/health/publications/the-teen-brain-7-things-to-know#:~:text=The%20brain%20finishes%20developing%20and,prioritizing%2C%20and%20making%20good%20decisions.

Edwards, S. (9 de agosto de 2010). Deciphering the teenage brain. Harvard Medical School. Disponível em: https://hms.harvard.edu/news/deciphering-teenage-brain.

Capítulo 8: Jovem

Página 125 Muitos psicanalistas e neurocientistas diriam que, em termos de comportamento e nível de desenvolvimento cerebral, somos adolescentes até os 30 anos.

Somerville, L. (2016) Searching for Signatures of Brain Maturity: What Are We Searching For? Neuron (92) 6 pp. 1.164-1.167.

Página 126 Entrar no mundo do trabalho quando a vida sexual está em alta, mas a habilidade para exigir respeito, em baixa, é um terreno difícil.

Carnegie, M. (20 de julho de 2023). Breaking the office bias: Smashing the workplace stereotypes holding women back. *The Independent*. Disponível em: https://www.independent.co.uk/life-style/galaxy-the-ripple-effect/breaking-bias-workplacestereotypes-b2366688.html.

Página 126 Você não acreditaria – ou talvez sim – no que ouço de tantas Jovens Promissoras que afirmam ter medo de "rejeitar" afeições porque querem proteger sua posição ou conquistar os favores do chefe.

TUC (12 de maio de 2023). New TUC poll: 2 in 3 young women have experienced sexual harassment, bullying or verbal abuse at work. Disponível em: https://www.tuc.org.uk/news/new-tuc-poll-2-3-young-women-have-experienced-sexualharassment-bullying-or-verbal-abuse-work.

Página 126 Fico perplexa com as repetidas narrativas de minhas pacientes que se veem na área do "Clube do Bolinha", da publicidade à tecnologia, do cinema ao recrutamento e à saúde; patriarcado, misoginia e assédio moderado a grave proliferam.

Powell, K. & Heath, L. (4 de setembro de 2023). Beating the business "boys club": Why there is still so much to be done. Maddyness. Disponível em: https://www.maddyness.com/uk/2023/09/04/beating-the-business-boys-club-why-there-is-stillso-much-to-be-done/.

Página 128 De acordo com a OMS, uma em cada três mulheres grávidas é vítima de violência doméstica.

Agarwal, S., Prasad, R., Mantri, S., Chandrakar, R., Gupta, S., Babhulkar, V. [...] & Wanjari, M. B. (2023). A comprehensive review of intimate partner violence during pregnancy and its adverse effects on maternal and fetal health. *The Cureus Journal of Medical Science*, *15*(5), e39262.

Página 130 Posicionei a lente para mostrar a Rubia as sutilezas do sistema sadomasoquista, no qual sua prática de Pessoa Oprimida – priorizando as necessidades dos outros, cumprindo o papel que os outros esperavam dela – foi útil.

Fedoroff, J. P. (2008). Sadism, sadomasochism, sex, and violence. *The Canadian Journal of Psychiatry*, 53(10), 637-46.

Página 131 Concordei que, como em qualquer tipo de vício, quando a dopamina é liberada, o gosto desses neurotransmissores assinala aos receptores que devem buscar mais.

Johnson, J. L. (3 de janeiro de 2023). The complex science behind itch in atopic dermatitis. National Eczema Association. Disponível em: https://nationaleczema.org/blog/science-of-itch/#:~:text=Experiencing%20itch%20causes%20the%20desire,of%20pleasure%20associated%20with%20scratching.

Página 132 Assim como em nossos anos mais jovem, ainda há poucas outras plataformas para as mulheres expressarem suas emoções fortes, seus desejos ou sua agressividade.

Abrams, A. (23 de fevereiro de 2020). The power and shame of women's anger. *Psychology Today*. Disponível em: https://www.psychologytoday.com/gb/blog/nurturing-selfcompassion/202002/the-power-and-shame-women-s-anger.

Página 135 Portanto, a verdadeira igualdade ainda é uma ilusão.

Carrazana, C. (27 de abril de 2023). The "open secret" in most workplaces: Discrimination against moms is still rampant. The 19th. Disponível em: https://19thnews.org/2023/04/workplace-discrimination-mothers-open-secret/.

Página 137 [...] talvez porque nos tenham convencido da importância de deixar a casa em ordem, enquanto o mesmo não se espera dos meninos.

Save the Children (n.d.). Gender roles can create lifelong cycle of inequality. Disponível em: https://www.savethechildren.org/us/charity-stories/how-gendernorms-impact-boys-and-girls.

Página 138 É aí que entra a interface baseada em gênero, vitalícia, com instituições médicas, seja para o controle de natalidade, exames de Papanicolau, interrupção da gravidez, questões reprodutivas, endometriose ou infecções por fungos.

Health and Social Care Services Research (23 de novembro de 2022). Women's health: Why do women feel unheard? National Institute for Health and Care Research. Disponível em: https://evidence.nihr.ac.uk/collection/womens-health-whywomen-feel-unheard/.

Página 138 Aqui no Reino Unido, um chanceler recente realocou um imposto de um quarto de milhão, obtido das vendas de absorventes, para uma organização em prol da vida.

Britton, A. (29 de outubro de 2017). Anti-abortion charity to receive money from tampon tax. *The Independent*. Disponível em: https://www.independent.co.uk/news/uk/politics/tampon-tax-anti-abortion-group-towels-a8025851.html.

Página 138 Veja os problemas persistentes da medicação para a menopausa: falta de remédios, relutância em prescrevê-los, insistência em exame de sangue e falta de conhecimento apropriado dos clínicos gerais responsáveis por encaminhamento.

The Menopause Charity (n.d.). How to ask your GP for help. Disponível em: https://www.themenopausecharity.org/wp-content/uploads/2021/05/How-to-askyour-GP-for-help-rev.pdf.

Página 139. Seria, talvez, pelo fato de os livros contemporâneos de medicina nem ao menos incluírem uma representação realista da genitália feminina normal?

Hayes, J. A. & Temple-Smith, M. J. (2022). New Context, New Content: Rethinking Genital Anatomy in Textbooks in Anatomical Sciences Education,Volume 15, Issue 5 pp. 943-956.

Página 140 Também tem a ver com a sensação de que nosso corpo é demais para nós.

Jain, P. & Bruzek, L. (10 de junho de 2022). In a world built for men, we don't know much about women's bodies. *Fortune*. Disponível em: https://fortune.com/2022/06/10/world-built-for-men-women-bodies-gender-gap-health-researchmedicine-care-jain-bruzek/.

Página 141 Historicamente, os discursos acerca da infertilidade e do aborto espontâneo apontam a mulher como responsável, apesar do conhecimento cada vez maior de que 50% dos casos relatados de infertilidade são masculinos.

Newcastle University (10 de janeiro 2022). Breakthrough into the cause of male infertility. Disponível em: https://www.ncl.ac.uk/press/articles/archive/2022/01/maleinfertilitystudy/#:~:text=It%20is%20estimated%20that%20up,cases%2C%20the%20cause%20is%20unexplained.

Página 141 E aquele possível DNA danificado e a saúde generalizada do esperma têm sido uma área mais bem pesquisada.

Wighton, K. (4 de janeiro de 2019). Recurrent miscarriage linked to faulty sperm. Imperial College London. Disponível em: https://www.imperial.ac.uk/news/189690/recurrent-miscarriage-linked-faulty-sperm/.

Alahmar, A. T., Singh, R. & Palani, A. (2022). Sperm DNA fragmentation in reproductive medicine: A review. *Journal of Human Reproductive Sciences*, *15*(3), 206-18.

Página 141 Entretanto, as implicações históricas e a imaginação identificam o corpo da mulher como suspeito, o que ainda significa que uma mulher não se permite sentir a verdadeira experiência da dor, caso tenha um aborto espontâneo.

Bello, C. (10 de junho de 2023). Fertility is not just a 'women's problem' but a fifth of men think it is, a new study finds. Euronews. Disponível em: https://www.euronews.com/health/2023/06/10/fertility-is-not-just-a-womens-problem-yet-afifth-of-men-think-it-is-study-finds.

Bueno, J. (22 de junho de 2019). Why do women blame themselves after miscarriage? *Psychology Today*. Disponível em: https://www.psychologytoday.com/gb/blog/thebrink-being/201906/why-do-women-blame-themselves-after-miscarriage.

Página 146 Uma dica sobre dinheiro para a mulher jovem: informe-se. Assusto-me – de novo – com o clima dos anos 1950, quando uma mulher me diz que o marido controla todo o dinheiro e todas as contas, e ela "não sabe muito bem o que está acontecendo".

Hanna, S. D., Kim, K. T., Lindamood, S. & Lee, S. T. (2021). Husbands, wives, and financial knowledge in wealthy households. *Financial Planning Review*, 4(1), e1110.

Página 146 Segundo a "Roda de Poder e Controle" Duluth, que denota categorias de abuso financeiro, dar uma mesada a uma pessoa ou não lhe permitir acesso aos registros de renda familiar é prenúncio de desequilíbrio de poder.

Domestic Abuse Intervention Programs (n.d.). Wheel information center. Disponível em: https://www.theduluthmodel.org/wheels/.

Página 146 Até agora, porém, a experiência de uma mulher dar à luz um natimorto parece não ter o devido escrutínio.

Hopkins Leisher, S. (4 de novembro de 2020). Stillbirth leaves millions suffering in silence – we must do more to prevent it and end the stigma. *Telegraph*. Disponível em: https://www.telegraph.co.uk/globalhealth/

women-and-girls/stillbirth-leaves-millions-suffering-silencemust-do-prevent/?WT.mc_id=tmgoff_psc_ppc_performancemax_dynamiclandingpages&gclid=CjwKCAjwvfmoBhAwEiwAG2tqzHjO8u4_VAlOyxybGxcaroty6dHW-lXwcfp2uCxqYltzFS_wVx1ykRoCX0UQAvD_BwE.

Página 147 Embora seja oferecido apoio psicológico, se "ela quiser", um psicólogo entra e segura a mão da mulher: ela não é levada ao consultório *dele*.

Kelley, M. C. & Trinidad, S. B. (2012). Silent loss and the clinical encounter: Parents' and physicians' experiences of stillbirth – a qualitative analysis. *BMC Pregnancy and Childbirth*, *12*, 137.

Página 147 O Royal College of Obstetricians and Gynaecologists fala da importância de um parto normal para o natimorto por questões de saúde da mãe e de futuros bebês.

Royal College of Obstetricians & Gynaecologists (fevereiro de 2019). When your baby dies before birth. Disponível em: https://www.rcog.org.uk/for-the-public/browseour-patient-information/when-your-baby-dies-before-birth/.

Página 147 No entanto, sinto, em várias ocasiões, que o impacto psicológico é desconsiderado, pouco abordado, pois como uma mulher poderia dar *feedback*?

Cena, L. & Stefana, A. (2020). Psychoanalytic perspectives on the psychological effects of stillbirth on parents: A protocol for systematic review and qualitative synthesis. *Frontiers in Psychology*, *11*, 1.216.

Página 148 A Jovem começa a entender, mesmo que só em nível inconsciente, que o campo da medicina, povoado quase totalmente por homens até o século XXI, deixou no rastro um legado incontestável sobre a experiência da mulher, incluindo suas necessidades e sua saúde mental.

Leonard, J. (17 de junho de 2021). Gender bias in medical diagnosis. Medical News Today. Disponível em: https://www.medicalnewstoday.com/articles/gender-biasin-medical-diagnosis#what-are-the-causes.

Página 149 No Reino Unido, a saúde da mulher é mal pesquisada e parca em recursos.

Bird, C. (11 de fevereiro de 2022). Underfunding of research in women's health issues is the biggest missed opportunity in health care. RAND. Disponível em: https://www.rand.org/pubs/commentary/2022/02/underfunding-of-research-in-womenshealth-issues-is.html.

Winchester, N. (1º de julho de 2021). Women's health outcomes: Is there a gender gap? House of Lords Library. Disponível em: https://lordslibrary.parliament.uk/womens-health-outcomes-is-there-a-gender-gap/.

Página 149 O trabalho com parteiras ou *home care* oferece soluções aparentemente mais naturais.

NHS (8 de abril de 2021). Where to give birth: The options. Disponível em: https://www.nhs.uk/pregnancy/labour-and-birth/preparing-for-the-birth/where-to-givebirth-the-options/.

Página 150 Mas, na realidade, a falta de profissionais pode fazer com que essas opções sejam perigosas, além de criar trauma em torno de intervenção não planejada.

Baby Loss and Maternity All Party Parliamentary Groups (outubro de 2022). Safe staffing: The impact of staffing shortages in maternity and neonatal care. Sands. Disponível em: https://www.sands.org.uk/sites/default/files/Staffing%20shortages%20-%20APPG%20report,%20Oct%2022%20(final).pdf.

Página 150 Mais uma vez, preocupo-me com os serviços superficiais de certas maternidades que, sem profissionais capacitados, deixam as mulheres menos capazes de decidir e mais expostas ao perigo.

Linton, D. (14 de fevereiro de 2022). "The maternity ward felt dangerous – we were so shortstaffed I had to work after my miscarriage". *Telegraph*. Disponível em: https://www.telegraph.co.uk/health-fitness/body/maternity-ward-felt-dangerous-shortstaffed-had-work-miscarriage/.

Página 150 A falta de apoio financeiro e de pesquisa acadêmica sobre problemas que afetam as mulheres, desde o parto até a menopausa e a fibromialgia, expõe a posição típica e deprimente dos serviços que deveriam beneficiar a saúde da mulher e de fato ajudá-la a contribuir com geração de renda.

Graham, S. (16 de março de 2021). Women are still branded "hysterical" because of chronic illnesses which are under-researched and under-funded. *inews*. Disponível em: https://inews.co.uk/opinion/chronic-illness-women-me-fibromyalgiaresearch-treatment-905879.

Onarheim, K. H., Iversen, J. H. & Bloom, D. E. (2016). Economic benefits of investing in women's health: A systematic review. *PloS One*, *11*(3), e0150120.

Página 150 Descobertas atrozes na mídia revelam a tendência de ignorar o que as mulheres dizem aos profissionais de saúde sobre o próprio corpo.

Wellbeing of Women (15 de novembro de 2022). Over half of UK women feel their pain is ignored or dismissed, new report shows. Disponível em: https://www.wellbeingofwomen.org.uk/news/over-half-of-uk-women-feel-their-pain-is-ignoredor-dismissed-new-report-shows/.

Northwell Health (n.d.). Gaslighting in women's health: No, it's not just in your head. Disponível em: https://www.northwell.edu/katz-institute-for-womenshealth/articles/gaslighting-in-womens-health.

Página 151 Pelo que vejo, a cena é triste.

Home Affairs Committee (12 de abril de 2022). Investigation and prosecution of rape – Report summary. UK Parliament. Disponível em: https://publications.parliament.uk/pa/cm5802/cmselect/cmhaff/193/summary.html

Página 152 Um processo presidido e legislado por homens nunca oferece a neutralidade e a segurança necessárias a uma mulher que se expõe publicamente em um julgamento.

Mahdawi, A. (2 de outubro de 2021). The US criminal justice system is failing sexual assault survivors. It needs a feminist overhaul. *Guardian*. Disponível em: https://www.theguardian.com/commentisfree/2021/oct/02/us-criminal-justice-system-failingsexual-assault-survivors-feminist-overhaul.

Página 153 Por que o corpo e as experiências da mulher ainda tão tratados com tanto desdém?

Bhatia, S. (13 de dezembro de 2021). "What were you wearing?" – How the criminal justice
system is failing to deliver access to justice for women who are victims of sexual assault and rape. The official blog of the UCL Centre for Access to Justice and Student Pro Bono Committee. Disponível em: https://reflect.ucl.ac.uk/access-tojustice/2021/12/13/what-were-you-wearing-how-the-criminal-justice-system-isfailing-to-deliver-access-to-justice-for-women-who-are-victims-of-sexual-assaultand-rape/.

Página 154 Apoie outras mulheres como se fosse por reflexo. Esse instinto tem base de dados.

Rape Crisis England & Wales (5 de outubro de 2022). Our comment on granting suspects anonymity. Disponível em: https://rapecrisis.org.uk/news/our-comment-ongranting-suspects-anonymity/.

Capítulo 9: Adulta

Página 157 E muitos ainda se ocupam, claro.

Dunn, J. (17 de maio de 2023). What to do about uninvolved grandparents. Parents.com. Disponível em: https://www.parents.com/parenting/dynamics/grandparents/uninvolved-grandparents/.

Página 157 Ou moram longe porque, na tentativa de "Estar com Tudo, a Mulher Adulta talvez não resida mais na cidade em que nasceu.

Anon (2 de janeiro de 2023). My parents are too busy to be grandparents. *Telegraph*. Disponível em: https://www.telegraph.co.uk/family/parenting/

parents-busygrandparents/?WT.c_id=tmgoff_psc_ppc_performancemax_dynamiclandingpages&gclid=CjwKCAjw-KipBhBtEiwAWjgwrKpLDgH-cvMSDbzxGrJ5tO-PbBXb62rWCZzwrOfF8n5kj7a9Diso9ghoClxMQA-vD_BwE.

Página 157 É possível que tenha mudado de cidade por causa do trabalho do parceiro; mas, por outro lado, os pais podem estar muito idosos para ajudar.

Guardian (19 de agosto de 2017). A letter to [...] my in-laws, who are apathetic grandparents. Disponível em: https://www.theguardian.com/lifeandstyle/2017/aug/19/a-letter-to-my-in-laws-who-are-apathetic-grandparents.

Página 157 Entre ter de lidar com um sistema de saúde contrário a ela e o retorno à carreira "apropriada" depois da licença-maternidade, farta de noites maldormidas, vômitos e cocô mole, a mulher adulta é aquela que vejo com a maior sobrecarga de raiva feminina, a mais visceral, sublimada e manifestada no corpo.

Ou, C. H., Hall, W. A., Rodney, P. & Stremler, R. (2022). Seeing red: A grounded theory study of women's anger after childbirth. *Qualitative Health Research*, 32(12), 1.780-94.

Página 158 Barreiras impostas ao nosso progresso, colisão frontal com a desigualdade absurda e a futilidade de um sistema de círculo vicioso são os obstáculos que permeiam os Anos Procriativos, refletindo até que ponto temos as mãos atadas.

Alhosseiny, H. (2023). Glass-ceiling: The never-ending anguish of working women. *Journal of Entrepreneurship Education*, 26(S3), 1-12.

Página 158 Normalmente, enterramos a raiva lá no fundo e a observamos emergir na forma dos mais variados sintomas.

Thomas, S. P. (2005). Women's anger, aggression, and violence. *Health Care for Women International*, 26(6), 504-22.

Página 158 Embora seja inegável que a neurologia da mulher muda no momento do parto, percebo que as estruturas patriarcais exploram esses eventos biológicos.

Duarte-Guterman, P., Leuner, B. & Galea, L. A. (2019). "The long and short term effects of motherhood on the brain." *Frontiers in Neuroendocrinology*, 53, 100740.

Página 158 E, como já vimos, somos programadas para carregá-la mesmo antes de nascermos.

Reich-Stiebert, N., Froehlich, L. & Voltmer, J. B. (2023). Gendered mental labor: A systematic literature review on the cognitive dimension of unpaid work within the household and childcare. *Sex Roles*, 88(11), 475-94.

Página 159 Uma quantidade assustadora de mulheres me conta que teve de abandonar a profissão por causa das demandas da maternidade.

Artz, B., Kaya, I. & Kaya, O. (2022). Gender role perspectives and job burnout. *Review of Economics of the Household*, *20*(2), 447-70.

Página 159 Na psicologia, aprendemos a enxergar os problemas através da lente do biopsicossocial.

PsychDB (27 de janeiro de 2024). Biopsychosocial model and case formulation. Disponível em: https://www.psychdb.com/teaching/biopsychosocial-case-formulation.

Página 159 Para os homens, isso pode significar mais reconhecimento e aceitação desse estado.

Regus, P. (3 de agosto de 2007). The emerging medicalization of postpartum depression: Tightening the boundaries of motherhood. Georgia State University. Disponível em: https://scholarworks.gsu.edu/cgi/viewcontent.cgi?article=1015&context=sociology_theses.

Página 161 O perigo de nomear os sentimentos daquela raiva impotente que surgiu com a nova "depressão pós-parto" estremece sua relação

com as outras pessoas; justamente aquelas que esperavam de você um(a) filho(a)/sobrinho(a)/netinho(a).

Cho, H., Lee, K., Choi, E., Cho, H. N., Park, B., Suh, M. [...] & Choi, K. S. (2022). Association between social support and postpartum depression. *Scientific Reports, 12*(1), 3.128.

Página 161 O registro no cérebro de uma experiência traumática de quase morte no parto é perfeitamente plausível.

NCT (julho de 2022). Traumatic birth and post-traumatic stress disorder. Disponívelem:https://www.nct.org.uk/labour-birth/you-after-birth/traumatic-birth-andpost-traumatic-stress-disorder.

Página 161 Até 45% das mulheres sentem isso. Além disso, acordam suadas à noite, têm imagens em *flashback* e ataques de pânico.

Beck, C. T., Watson, S. & Gable, R. K. (2018). Traumatic childbirth and its aftermath: Is there anything positive? *The Journal of Perinatal Education*, 27(3), 175-84.

Página 162 Observo que essa tendência tem crescido.

Thombs, B. D., Levis, B., Lyubenova, A., Neupane, D., Negeri, Z., Wu, Y. [...] & Benedetti, A. (2020). Overestimation of postpartum depression prevalence based on a 5-item version of the EPDS: Systematic review and individual participant data meta-analysis. *The Canadian Journal of Psychiatry*, 65(12), 835-44.

Página 162 Os números aparentemente "confusos" durante a pandemia, quando as mães novatas sofriam em dobro, foram, na realidade, reveladores e autênticos.

UCL (11 de maio de 2021). New mothers twice as likely to have post-natal depression in lockdown. Disponível em: https://www.ucl.ac.uk/news/2021/may/new-motherstwice-likely-have-post-natal-depression-lockdown.

Página 162 O que minha paciente vê quando se torna Mãe é um grande risco de perder a posição arduamente conquistada na sociedade.

The Economist (15 de dezembro de 2018). Why so little is done to help new mums cope. Disponível em: https://www.economist.com/international/2018/12/15/why-so-little-is-done-to-help-new-mums-cope?utm_medium=cpc.adword.pd&utm_source=google&ppccampaignID=18156330227&ppcadID=&utm_campaign=a.22brand_pmax&utm_content=conversion.directresponse.anonymous&gclid=Cj0KCQjwpompBhDZARIsAFD_Fp8LQit21t55AAjfv14Vn6NO8nlAdmYAGuuvJyCUNuNojno7aD5OFz8aAg8hEALw_wcB&gclsrc=aw.ds.

Página 163 Para muitas mulheres na idade Adulta, a licença-maternidade significa grande queda financeira.

Almond, D., Cheng, Y. & Machado, C. (2023). Large motherhood penalties in US administrative microdata. *Proceedings of the National Academy of Sciences*, *120*(29), e2209740120.

Página 163 Essas minhas pacientes relatam sentimento enorme de desconforto por não terem mais segurança financeira ou estarem na posição de pedir dinheiro ou receber mesada do marido (é bom lembrar que a mesada tem a classificação legal de abusiva).

Keynes, S. (8 de setembro de 2023). Motherhood is full of surprises – the economic ones sting the most. *Financial Times*. Disponível em: https://www.ft.com/content/8fcb72d2-d36f-4c60-8a2a-c97d76773bbb.

Página 163 Isso pode gerar pressões e tensões em uma relação igualmente vítima da Voz do Patriarcado: se uma mulher passa a vida sempre perdendo, duas mulheres juntas enfrentam tantas perdas que temos dificuldade de quantificar.

Schneebaum, A. & Badgett, M. L. (2019). Poverty in US lesbian and gay couple households. *Feminist Economics*, 25(1), 1-30.

Zandri, P. (15 de agosto de 2023). Are women financially worse off than men after divorce? LinkedIn. Disponível em: https://www.linkedin.com/pulse/womenfinancially-worse-off-than-men-after-divorce-paige-zandri/.

Página 163 Com tantas mulheres esperando até os 30 e poucos anos para dar à luz o primeiro filho (no caminho até a tal *gravidez geriátrica*...), poderíamos dizer que ela *tem* sorte. E, comparados à dor de não engravidar quando há desejo desesperado por um bebê, esses sentimentos pós-parto tão complexos podem parecer, na melhor das hipóteses, desvairados; e, na pior, horrendos.

Office for National Statistics (27 de janeiro de 2022). Childbearing for women born in different years, England and Wales: 2020. Disponível em: https://www.ons.gov.uk/peoplepopulationandcommunity/birthsdeathsandmarriages/conceptionandfertilityrates/bulletins/childbearingforwomenbornindifferentyearsenglandandwales/2020.

Página 164 E agora já sabemos o que acontece com a raiva internalizada...

Billotte Verhoff, C., Hosek, A. M. & Cherry, J. (2023). "A fire in my belly: Conceptualizing US women's experiences of 'mom rage". *Sex Roles*, 88(11-12), 495-513.

Página 164 E, como supostamente temos tanto domínio sobre o próprio corpo e a fertilidade hoje, essa mulher não pode alegar que o bebê foi uma surpresa. Aos olhos dos outros, é um ultraje o fato de sentimentos conflitantes surgirem por causa do tal bebê. A falta de compreensão das pessoas mais próximas contribui para aqueles sentimentos de traição, ira e vergonha que ela me relata.

Meeussen, L. & Van Laar, C. (2018). Feeling pressure to be a perfect mother relates to parental burnout and career ambitions. *Frontiers in Psychology*, 9, 342086.

Página 168 Quando nos enturmamos com outras em situação semelhante, começa a brotar aquele sentimento de importância e conexão.

Cramer, K. M. & Pawsey, H. (2023). Happiness and sense of community belonging in the world value survey. *Current Research in Ecological and Social Psychology*, *4*, 100101.

Página 170 Se o casamento ou a relação acaba (e para isso contribui a má divisão da Carga), veja quantos maridos mudam os dias de ficar com a criança e manipulam ou até burlam os acordos de guarda compartilhada conforme a conveniência deles, mesmo que tudo tenha sido decidido no tribunal.

Parker, G., Durante, K. M., Hill, S. E. & Haselton, M. G. (2022). Why women choose divorce: An evolutionary perspective. *Current Opinion in Psychology*, *43*, 300-6.

Página 171 As mulheres são punidas tanto fora quanto na instituição do casamento.

American Sociological Association (22 de agosto de 2015). Women more likely than men to initiate divorces, but not non-marital breakups. Disponível em: https://www.asanet.org/women-more-likely-men-initiate-divorces-not-non-marital-breakups/.

Página 171 Numa instituição que deveria protegê-la muito bem, espera-se que a mulher providencie os presentes e se lembre dos aniversários dos familiares.

Niedźwieńska, A. & Zielińska, M. (2021). Gender differences in remembering about things to do depend on partnership status. *Sex Roles*, *84*(3), 139-51.

Página 171 A esposa, portanto, precisava "acelerar" e também já começava a sofrer as repercussões médicas disso: pressão arterial alta e batimentos cardíacos irregulares.

Buckley, U. & Shivkumar, K. (2016). Stress-induced cardiac arrhythmias: The heart–brain interaction. *Trends in Cardiovascular Medicine*, *26*(1), 78-80.

Página 172 E homens assustados geralmente se tornam agressivos.

Monbiot, G. (16 de janeiro de 2019). The fear that lies behind aggressive masculinity. *Guardian*. Disponível em: https://www.theguardian.com/commentisfree/2019/jan/16/men-masculinity-gillette-advertisement.

Página 173 Quando veio ao meu consultório, Bianca fora recém-diagnosticada com fibromialgia.

Galvez-Sánchez, C. M., Reyes del Paso, G. A., Duschek, S. & Montoro, C. I. (2022). The link between fibromyalgia syndrome and anger: A systematic review revealing research gaps. *Journal of Clinical Medicine*, *11*(3), 844.

Página 176 A sociedade faz isso com todas nós e depois joga-nos umas contra as outras, enquanto rastejamos no pântano de tantos condicionamentos.

Kiner, M. (14 de abril de 2020). It's time to break the cycle of female rivalry. *Harvard Business Review*. Disponível em: https://hbr.org/2020/04/its-time-to-break-thecycle-of-female-rivalry.

Página 176 O DNA masculino é identificado no cérebro feminino, sugerindo que pequenas partes do filho ficam para sempre presentes no cérebro da mãe.

Chan, W. F., Gurnot, C., Montine, T. J., Sonnen, J. A., Guthrie, K. A. & Nelson, J. L. (2012). Male microchimerism in the human female brain. *PLoS One*, 7(9), e45592.

Página 177 Com o passar do tempo, isso tem implicações para o corpo da mãe, em termos de certas vulnerabilidades a doenças.

Relton, C. L. (2014). What is it about boys? *International Journal of Epidemiology*, 43(1), 5-7.

Página 178 Perverso também é o fato de a mãe perder as promoções ou correr o risco de demissão, e de não ter onde se apoiar, enquanto as outras à sua volta parecem tão bem comprometidas e desembaraçadas.

Jarvis, D. (19 de maio de 2023). Employers must stop penalising women for having children. *New Statesman*. Disponível em: https://www.newstatesman.com/spotlight/economic-growth/cost-of-living-crisis/2023/05/employers-penalisingwomen-children-pregnancy-redundancy-bill.

Página 179 Já que 95% da serotonina é produzida no estômago, faz sentido que o vazio ocorra ali.

Appleton, J. (2018). The gut-brain axis: Influence of microbiota on mood and mental health. *Integrative Medicine: A Clinician's Journal*, *17*(4), 28-32.

Página 182 Pior ainda é o modo como as mulheres se adaptam à perda da verdadeira igualdade e da parceria no relacionamento quando chegam os bebês.

Morgan, K. (22 de junho de 2023). Why many women prioritise their partners' jobs. BBC Worklife. Disponível em: https://www.bbc.com/worklife/article/20230620-whymany-women-prioritise-their-partners-jobs.

Página 183 Essa sutil desvalorização e exploração constitui a evidência daquela violação comum e invisível da mulher adulta de que falamos.

UN Women (n.d.). FAQs: Types of violence against women and girls. Disponível em: https://www.unwomen.org/en/what-we-do/ending-violence-against-women/faqs/types-of-violence.

Página 184 Em 2020, o equivalente a 11% das mulheres e garotas perderam a vida a cada minuto, no seio da própria família.

United Nations (n.d.). UNODC Research: 2020 saw a woman or girl being killed by someone in their family every 11 minutes. Disponível em: https://www.unodc.org/unodc/frontpage/2021/November/unodc-research_-2020-saw-every-11-minutes-a-woman-or-girl-being-killed-by-someone-in-their-family.html.

Página 184 Também devemos nos lembrar de que metade dos casos nunca são registrados.

European Institute for Gender Equality (21 de novembro de 2017). Gender Equality Index 2017: We cannot be silent about violence. Disponível em: https://eige.europa.eu/news/gender-equality-index-2017-we-cannot-be-silent-about-violence.

Página 185 Só um tipo diferente de homem – emocionalmente mais forte, talvez após também ter feito terapia – permite à mulher essa oportunidade de florescer nas mais variadas ocupações e não se sentir intimidado ou sufocado pelo crescimento da parceira.

Pappas, S. (2019). APA issues first-ever guidelines for practice with men and boys. American Psychological Association. Disponível em: https://www.apa.org/monitor/2019/01/ce-corner.

Página 187 Recentemente, ri diante do aparente absurdo de um pedido formal de desculpas do Parlamento Escocês às mulheres do século XVII que perderam a vida após acusações de bruxaria.

Cramer, M. (9 de março de 2022). Scotland apologizes for history of witchcraft persecution. *New York Times*. Disponível em: https://www.nytimes.com/2022/03/09/world/europe/scotland-nicola-sturgeon-apologizes-witches.html#:~:text=Nicola%20Sturgeon%2C%20the%20first%20minister,the%2016th%20and%2018th%20centuries.

Página 188 A desregulação neuroendócrina desencadeada por emoção negativa extrema pode causar várias doenças crônicas e até a mortalidade precoce.

Chapman, B. P., Fiscella, K., Kawachi, I., Duberstein, P. & Muennig, P. (2013). Emotion suppression and mortality risk over a 12-year follow-up. *Journal of Psychosomatic Research*, 75(4), 178.

Korte, S. M., Koolhaas, J. M., Wingfield, J. C. & McEwen, B. S. (2005). The Darwinian concept of stress: Benefits of allostasis and costs of allostatic load and the trade-offs in health and disease. *Neuroscience & Biobehavioral Reviews*, 29(1), 3-38.

Página 189 Por que não há mais empresas que oferecem licença-paternidade compartilhada, permitindo ao pai usufruir dessa forma de renda?

Topping, A. (26 de abril de 2021). Shared parental leave: Scrap "deeply flawed" policy, say campaigners. *Guardian*. Disponível em: https://www.theguardian.com/money/2021/apr/26/shared-parental-leave-scrap-deeply-flawed-policy-say-campaigners.

Capítulo 10: Mulher na menopausa

Página 191 Para onde foram todas as mulheres? Essa é uma pergunta comum nos centros financeiros, no setor jurídico, nas funções administrativas mais altas e nos painéis executivos.

Wichert, I. (2011). *Where Have All The Senior Women Gone?* Palgrave Macmillan.

Bamford, A. (8 de março de 2023). "Where have the women gone?": Exploring industry equality. Design Week. Disponível em: https://www.designweek.co.uk/issues/6-march-10-march-2023/international-womens-day-exploring-industry-equality/.

Página 191 De acordo com o Primeiro Relatório da Sessão 2022-2023 do Parlamento Britânico sobre Menopausa e Ambiente de Trabalho, 900 mil mulheres deixaram o emprego por causa de experiências intoleráveis da menopausa.

Women and Equalities Committee (28 de julho de 2022). Menopause and the workplace. UK Parliament. Disponível em: https://publications.parliament.uk/pa/cm5803/cmselect/cmwomeq/91/report.html.

Página 191 Entretanto, as empresas reconhecem a perda em conhecimento e sabedoria causada pelo êxodo de empregadas (que, em termos

históricos, só entraram em cena recentemente) decorrente das ondas de complicações internas e externas dessa fase da vida da mulher.

Treasury Committee (22 de março de 2010). Women in the City – Tenth report. House of Commons. Disponível em: https://publications.parliament.uk/pa/cm200910/cmselect/cmtreasy/482/48202.htm.

Página 192. A lendária Síndrome da Abelha-Rainha não ajuda; falamos aqui da mulher em posição de chefia que trata as subalternas mais jovens de jeito diferente.

Ellemers, N., Van den Heuvel, H., De Gilder, D., Maass, A. & Bonvini, A. (2004). The underrepresentation of women in science: Differential commitment or the queen bee syndrome? *British Journal of Social Psychology*, *43*(3), 315-38.

Página 192 Pesquisadores inferem que essa atitude está associada ao conhecimento da mulher mais velha sobre o que passou até chegar à posição em que está, além de ter que se preocupar que as outras também *estejam comprometidas* com a carreira ou, ao menos, tenham capacidade de se comprometer.

Elsesser, K. (31 de agosto 2020). Queen bees still exist, but it's not the women we need to fix. *Forbes*. Disponível em: https://www.forbes.com/sites/kimelsesser/2020/08/31/queen-bees-still-exist-but-its-not-the-women-we-need-tofix/?sh=1358767e6ffd.

Página 193 Muitas mulheres relatam esse problema com o DIU, seja ele de cobre ou hormonal.

Sinha, R. & Singh, S. K. (2020). Migrated intrauterine contraceptive device into urinary bladder and peritoneal cavity: A friend turned foe if forgotten. *International Journal of Clinical Obstetrics and Gynaecology*, *4*(2A), 29-31.

Página 194 Compartilhado de modo mais igualitário, o poder tem a capacidade de beneficiar a todos.

UN Women (fevereiro de 2024). Facts and figures: Economic empowerment. Disponível em: https://www.unwomen.org/en/what-we-do/economic-empowerment/factsand-figures.

Página 194 Por ser um meio relativamente barato e eficaz de tratar inúmeras condições, e porque tantas mulheres se dão muito bem com o dispositivo, ele parece atuar como espécie de bala de prata.

Lanzola, E. L. & Ketvertis, K. (2022). Intrauterine device. *StatPearls* [internet]. Disponível em: https://www.ncbi.nlm.nih.gov/books/NBK557403/.

Página 194 Mas você tem a impressão de ser ignorada e, se sofre, é forçada a crer que as coisas são assim mesmo, e a mulher tem de aceitar.

Levantamento da Newson Health (13 de outubro de 2021). My doctor won't budge! – Shared decision making with your healthcare professional. Disponível em: https://www.balance-menopause.com/menopause-library/my-doctor-wont-budge-shareddecision-making-with-your-healthcare-professional/

Página 196 Juntas, elas descobriram que repetidas infecções do trato urinário eram a fonte do problema.

Hui, C. K. (2014). Recurrent extended-spectrum beta-lactamase-producing Escherichia coli urinary tract infection due to an infected intrauterine device. *Singapore Medical Journal*, 55(2), e28-30.

Página 196 Concluíram que o DIU talvez não fosse o melhor caminho para ela e, em comum acordo, planejaram um pacote alternativo de cuidados.

Disponível em: https://thebms.org.uk/wp-content/uploads/2022/01/HRT-Equivalentpreparations-7th-January-22.pdf.

Página 200 O mesmo acontece com minhas pacientes em posição de liderança e autoridade, pois se declaram esmagadas por pressões,

para que sejam muita coisa para muita gente, e ainda sentem que não "conquistaram".

Ro, C. (19 de janeiro de 2021). Why do we still distrust women leaders? BBC Worklife. Disponível em: https://www.bbc.com/worklife/article/20210108-why-do-we-stilldistrust-women-leaders.

Página 200 Em contrapartida, parece que as mulheres em cargos de chefia sentem impulso em tratar mal outras mulheres; são condescendentes, tirânicas e geralmente avessas às mulheres que se tornaram mães; difamadas por colegas e subordinados do sexo masculino e detestadas pelas funcionárias.

Ade, Y. (31 de janeiro de 2022). Genuine reasons why some women don't want female bosses. Medium. Disponível em: https://aninjusticemag.com/genuine-reasonswhy-some-women-dont-want-female-bosses-df9524058c.

Cosmopolitan (6 de março de 2014). Why are we so hard on women bosses? Disponível em: https://www.cosmopolitan.com/career/advice/a5872/women-bosses/.

Página 202 Como vimos anteriormente, a inflamação está associada a níveis crônicos de raiva.

Pederson, T. Intermittent explosive disorder: Anger disorder linked to inflammation. Acesso em: 11 dez. 2017.

Página 202 Ela também propicia ambiente favorável para a formação de tumor e metástase.

Zhao, H., Wu, L., Yan, G., Chen, Y., Zhou, M., Wu, Y. & Li, Y. (2021). Inflammation and tumor progression: Signaling pathways and targeted intervention. *Signal Transduction and Targeted Therapy*, 6(1), 263.

Página 202 Por exemplo, doenças intestinais inflamatórias crônicas, como colite ulcerativa, carregam o risco de câncer de cólon.

National Cancer Institute (29 de abril de 2015). Chronic inflammation. Disponível em: https://www.cancer.gov/about-cancer/causes-prevention/risk/chronicinflammation.

Página 202 Inúmeros estudos revelam níveis excepcionalmente baixos de raiva entre pacientes com câncer, o que leva os pesquisadores a concluírem que a raiva está sendo reprimida.

Thomas, S. P., Groer, M., Davis, M., Droppleman, P., Mozingo, J. & Pierce, M. (2000). Anger and cancer: An analysis of the linkages. *Journal of Cancer Nursing*, 23(5), 344-9.

Página 202 Evidências significativas também apontam a raiva suprimida como precursora do câncer e como componente no avanço da doença após sua manifestação.

Ibid.

Página 203 A ciência médica atual enfatiza as descobertas acerca da relação de *feedback* entre cérebro e estômago, mente e corpo.

Schächtle, M. A. & Rosshart, S. P. (2021). The microbiota-gut-brain axis in health and disease and its implications for translational research. *Frontiers in Cellular Neuroscience*, *15*, 698172.

Página 204 Resultados de estudos científicos indicam forte associação entre privação de sono e humor, com base no fato de que a amígdala tem papel fundamental em ambos.

Saghir, Z., Syeda, J. N., Muhammad, A. S., Abdalla, T. H. B. & Abdalla, T. H. B. (2018). The amygdala, sleep debt, sleep deprivation, and the emotion of anger: A possible connection? *The Cureus Journal of Medical Science*, *10*(7).

Página 204 Muitas mulheres fantasiam largar as funções intensas do trabalho porque se sentem exaustas. Algumas largam, de fato.

Viotti, S., Guidetti, G., Sottimano, I., Travierso, L., Martini, M. & Converso, D. (2021). Do menopausal symptoms affect the relationship between job demands, work ability, and exhaustion? Testing a moderated mediation model in a sample of Italian administrative employees. *International Journal of Environmental Research and Public Health, 18*(19), 10029.

Página 205 As experiências dela nos lembram, em nível muito básico, de que tudo, desde o humor até o sistema imunológico, fica comprometido quando não dormimos bem, e esses fundamentos são essenciais para o nosso bem-estar.

Olsen, E. J. (28 de novembro de 2018). Lack of sleep: Can it make you sick? Mayo Clinic. Disponível em: https://www.mayoclinic.org/diseases-conditions/insomnia/expertanswers/lack-of-sleep/faq-20057757#:~:text=Certain%20cytokines%20need%20to%20increase,don%27t%20get%20enough%20sleep.

Página 205 Precisamos dormir para o corpo lidar com a inflamação, mas também para o bem da imunidade emocional.

D'Acquisto, F. (2017). Affective immunology: Where emotions and the immune response converge. *Dialogues in Clinical Neuroscience, 19*(1), 9-19.

Página 208 Alguns ainda insistem em testar os níveis de hormônios, prática que sabemos não ser nada útil, pois esses níveis flutuam constantemente.

British Menopause Society (2022). NICE: Menopause, diagnosis and management – from guideline to practice. Disponível em: https://thebms.org.uk/wp-content/uploads/2022/12/09-BMS-TfC-NICE-Menopause-Diagnosis-and-Managementfrom-Guideline-to-Practice-Guideline-Summary-NOV2022-A.pdf.

Página 209 Há evidências de que longas caminhadas podem aliviar o estresse psicológico, e sabemos que o movimento bilateral de caminhar é emocionalmente reparador.

Mau, M., Aaby, A., Klausen, S. H. & Roessler, K. K. (2021). Are long-distance walks therapeutic? A systematic scoping review of the conceptualization of long-distance walking and its relation to mental health. *International Journal of Environmental Research and Public Health*, *18*(15), 7.741.

Diamond, M. (2016). The physical and mental health benefits of walking. Imperial Health + Wellbeing. Disponível em: https://www.imperialhealthatwork.co.uk/blog/2016/1/27/the-physical-and-mental-healthbenefits-of-walking#:~:text=The%20natural%2C%20rhythmic%2C%20side%2D,healing%20from%20issues%20such%20as.

Página 209 Pesquisas apontam redução na atividade da amígdala mesmo após uma hora de caminhada.

Sudimac, S., Sale, V. & Kuhn, S. (2022). How nature nurtures: Amygdala activity decreases as the result of a one-hour walk in nature. *Molecular Psychiatry*, 27(11), 4.446-52.

Capítulo 11: Mulher mais velha

Página 213 Para começar, a mulher mais velha corre mais risco de sofrer negligência e abuso.

United Nations (2013). Neglect, abuse and violence against older women. Disponível em: https://www.un.org/esa/socdev/documents/ageing/neglect-abuseviolence-older-women.pdf.

Página 213 Também nos atolamos em uma velhice fria e solitária ou nos cuidados de um marido doente.

Centre for Ageing Better (26 de novembro de 2020). Later life prospects for women much worse than for men, report warns. Disponível em: https://ageing-better.org.uk/news/later-life-prospects-women-much-worse-men-report-warns.

Página 213 Trabalhadoras idosas são duplamente mais passíveis que os homens de ocupar a posição de cuidadora, de acordo com o Censo de 2021 do Reino Unido.

Disponível em: https://www.ons.gov.uk/peoplepopulationandcommunity/birthsdeathsandmarriages/ageing/articles/livinglongerhowourpopulationischangingandwhyitmatters/2019-03-15.

Página 213 Um estudo em 2022 demonstrou claramente que as cuidadoras de homens eram "mais passíveis de sofrer estresse, permanecer estressadas ou começar a se estressar após um ano de trabalho".

Li, W., Manuel, D. G., Isenberg, S. R. & Tanuseputro, P. (2022). Caring for older men and women: Whose caregivers are more distressed? A population-based retrospective cohort study. *BMC Geriatrics*, 22(1), 890.

Página 214 Interessante, a mulher mais velha corre mais risco de não ter assistência médica, pois é vista como frágil demais para aguentar os efeitos colaterais do tratamento.

Chrisler, J. C., Barney, A., & Palatino, B. (2016). Ageism can be hazardous to women's health: Ageism, sexism, and stereotypes of older women in the healthcare system. *Journal of Social Issues*, 72(1), 86-104.

Página 214 Além disso, também há o perigo da exclusão e da pobreza na idade avançada.

Disponível em: https://eige.europa.eu/publications-resources/toolkits-guides/gender-equalityindex-2021-report/gender-and-intersecting-inequalities-access-health?language_content_entity=en.

Página 217 Pelo que observo e com o endosso de estatísticas globais, você tem uma profissão mal remunerada em uma área de predominância feminina ou exerce um cargo no qual a remuneração é inferior à dos homens.

International Labour Organization (fevereiro de 2022). The gender gap in employment: What's holding women back? InfoStories. Disponível em: https://www.ilo.org/infostories/en-GB/Stories/Employment/barriers-women#intro.

Página 219 A música é um delicioso conforto nos tratamentos paliativos.

Cavalli-Price, J. (2 de dezembro de 2020). The soothing role of music in hospice care. Music in Hospices. Disponível em: https://www.musicinhospices.org.uk/post/thesoothing-role-of-music-in-hospice-care.

Página 219 Dizia que, ao cantarolar junto, sentia-se tranquila e centrada; as vibrações suaves preenchiam o interior de seu corpo e não deixavam entrar irritações externas.

Room 217 (2020). Guide for using music in hospice palliative care: Music collections and more. Disponível em: https://irp.cdn-website.com/6f97673f/files/uploaded/Guide%20for%20Using%20Music%20in%20HPC%20FINAL.pdf.

Página 219 Ela ouvia discos inteiros de Nina Simone sem que a maioria das pessoas notasse.

Gallagher, L. M., Lagman, R. & Rybicki, L. (2018). Outcomes of music therapy interventions on symptom management in palliative medicine patients. *American Journal of Hospice and Palliative Care*, 35(2), 250-7.

Página 223 Esse legado parece que nos guia no decorrer da vida profissional e além dela.

Germano, M. (27 de março de 2019). Women are working more than ever, but they still take on most household responsibilities. *Forbes*. Disponível em: https://www.forbes.com/sites/maggiegermano/2019/03/27/women-are-working-more-thanever-but-they-still-take-on-most-household-responsibilities/?sh=6f34a02852e9.

Página 225 O problema é que o cérebro não gosta disso.

Sullivan, R. M. (2012). The neurobiology of attachment to nurturing and abusive caregivers. *The Hastings Law Journal*, 63(6), 1.553-70.

Página 225 No decorrer dos anos, tive muitas pacientes que puseram em prática separações estratégicas, desde apertos de mão anuais à alienação total.

Coleman, J. (10 de janeiro de 2021). A shift in American family values is fueling estrangement. *The Atlantic*. Disponível em: https://www.theatlantic.com/family/archive/2021/01/why-parents-and-kids-get-estranged/617612/.

Página 227 Não se trata de um manifesto para reunir famílias, de modo nenhum. Muitas são irremediavelmente perdidas e tóxicas; mas é um lembrete para não jogarmos partes ou experiências nossas, com as quais não estamos bem, de volta ao abismo entre nós e as outras pessoas, onde tenderão a infeccionar.

Scharp, K. M., Thomas, L. J., & Paxman, C. G. (2015). "It was the straw that broke the camel's back": Exploring the distancing processes communicatively constructed in parent–child estrangement backstories. *Journal of Family Communication*, *15*(4), 330-48.

Capítulo 12: Fale o que pensa

Página 235 Se quisermos ajudá-lo [esse aparelho] a dar forma à nossa vida, devemos operar com base em um estado de calma e conservação, onde a energia é gasta em "repousar e digerir", ao contrário dos estados em que o sistema simpático de "lutar ou fugir" predomina.

Tindle, J. & Tadi, P. (2022). Neuroanatomy, parasympathetic nervous system. *StatPearls* [internet]. Disponível em: https://www.ncbi.nlm.nih.gov/books/NBK553141/.

Página 235 Quanto mais tempo passamos em estados de calma, maior é a permissão de nosso corpo para seguir com a regulação e as complexidades da homeostase (as condições estáveis necessárias à sobrevivência).

Porges, S. W. (2022). Polyvagal theory: A science of safety. *Frontiers in Integrative Neuroscience*, *16*, 871227.

Página 235 O tempo persistente gasto nessa excitação simpática força o corpo a lidar com níveis elevados de cortisol e adrenalina. Sem controle, isso pode causar danos sérios [...].

Office on Women's Health (17 de fevereiro de 2021). Stress and your health. Disponível em: https://www.womenshealth.gov/mental-health/good-mental-health/stress-andyour-health.

Página 236 Enquanto desperta, alongue-se bastante, pois isso fará o sangue fluir e acordar os músculos delicadamente.

Sudo, M. & Ando, S. (2020). Effects of acute stretching on cognitive function and mood states of physically inactive young adults. *Perceptual and Motor Skills, 127*(1), 142-53.

Página 236 O alongamento é ótimo para aumentar a emoção positiva, encorajando um intercâmbio dinâmico entre a atividade cerebral e o sistema nervoso.

Imagawa, N., Mizuno, Y., Nakata, I., Komoto, N., Sakebayashi, H., Shigetoh, H. [...] & Miyazaki, J. (2023). The impact of stretching intensities on neural and autonomic responses: Implications for relaxation. *Sensors*, 23(15), 6.890.

Página 236 Respire como um bebê, a partir do estômago: você é um ser primitivo, um bebê mamífero de novo. Ocupe *esse* corpo ao acordar.

Hamasaki, H. (2020). Effects of diaphragmatic breathing on health: A narrative review. *Medicines*, 7(10), 65.

Página 237 No decorrer das horas de um novo dia, experimente outros escaneamentos do corpo.

Gibson, J. (2019). Mindfulness, interoception, and the body: A contemporary perspective. *Frontiers in Psychology, 10*, 475917.

Página 237 Nosso cérebro e nossa propriocepção (sentido de localização do corpo no espaço) são mapeados por todos os receptores do corpo, significadores totalmente sensoriais.

Pathways.org (2023). What is proprioception? Understanding the 'body awareness'sense. Disponível em: https://pathways.org/what-is-the-proprio ception-sense/.

Página 242 Essa é a estrada para a assertividade.

Gazipura, A. (2017). *Not Nice*. B. C. Allen Publishing.

Página 242 É o caminho para ganharmos confiança.

Reid, R. (2022). *The Power of Rude*. Trapeze.

Página 246 Há centenas de sugestões: alternar a respiração entre as narinas, pontos de pressão, visualização.

Mind (2024). Relaxing and calming exercises. Disponível em: https://www.mind.org.uk/need-urgent-help/what-can-i-do-to-help-myself-cope/relaxing-and-calmingexercises/.

Página 247 Tentamos evitar um ataque invejoso.

Flake Matsoso, A. (8 de agosto de 2022). Envy, the wall between women. *Public Square Magazine*. Disponível em: https://publicsquaremag.org/dialogue/tolerance/envythe-wall-between-women/.

Página 249 Temos medo de que alguém nos mate se falarmos com clareza de nossas necessidades; então, achamos melhor ficar em paz.

Women's Aid (2024). Why don't women leave abusive relationships? Disponível em: https://www.womensaid.org.uk/information-support/what-is-domesticabuse/women-leave/.

Página 249 Nós, mulheres, estamos acostumadas a cair nas armadilhas das projeções e das demandas das outras pessoas.

Nejatian, M., Alami, A., Momeniyan, V., Delshad Noghabi, A., & Jafari, A. (2021). Investigating the status of marital burnout and related factors in married women referred to health centers. *BMC Women's Health*, *21*(25).

Página 249 Desde nossos mais tenros vínculos familiares, somos condicionadas a reagir e a responder a estímulos para desempenho de acordo com determinadas expectativas.

Hurry, A., Novick, J. & Novick, K. K. (1976). Freud's concept of projection. *Journal of Child Psychotherapy*, 4(2), 75-88.

Página 250 É digno de nota o fato de atualmente a conversa corporativa se concentrar no "uso da vulnerabilidade" nas tomadas de decisão.

Schmidt, L. (n.d.). Vulnerability in the workplace: A leadership skill. World of Work Project. Disponível em: https://worldofwork.io/2020/01/vulnerability-inthe-workplace/.

Página 250 Do que falamos aqui é a realidade de que, como mulher, você provavelmente tem medo de falar de seus sentimentos a uma pessoa, achando que talvez *você* esteja errada, e, portanto, seus pensamentos e sentimentos também estão.

Kay, K. & Shipman, C. (maio de 2014). The confidence gap. *The Atlantic*. Disponível em: https://www.theatlantic.com/magazine/archive/2014/05/the-confidencegap/359815/.

Página 251 Os próprios pilares de todas as instituições e ideias se fundamentam na premissa da superioridade e do poder dos homens.

Ananthaswamy, A. & Douglas, K. (18 de abril de 2018). The origins of sexism: How men came to rule 12,000 years ago. *New Scientist*. Disponível em: https://www.newscientist.com/article/mg23831740-400-the-origins-of-sexism-how-men-cameto-rule-12000-years-ago/.

Página 252 É algo que não podemos controlar.

Prasko, J., Ociskova, M., Vanek, J., Burkauskas, J., Slepecky, M., Bite, I. [...] & Juskiene, A. (2022). Managing transference and countertransference in cognitive behavioral supervision: Theoretical framework and clinical application. *Psychology Research and Behavior Management*, *15*, 2.129-55.

Observação final: E agora?

Página 259 "Levando em conta os 75% de indivíduos no mundo todo que são cuidadores...".

Barnes, S. B. & Ramanarayanan, D. (abril de 2022). Global health & gender policy brief, no. 1. Wilson Center. Disponível em: https://www.wilsoncenter.org/sites/default/files/media/uploads/documents/The%20Care%20Economy%20-%20MHI%20Policy%20Brief%20Apr%202022.pdf.

Página 260 Ou: "64 milhões de empregos foram perdidos por causa da pandemia de covid-19! O que equivale a 800 bilhões de dólares de renda!"

International Labour Organization (25 de janeiro de 2021). ILO monitor: COVID-19 and the world of work. 7th edition. Disponível em: https://www.ilo.org/global/topics/coronavirus/impacts-and-responses/WCMS_767028/lang-en/index.htm.

Página 261 Não somos o modelo de algo moderado e "bom o suficiente", nas palavras do pediatra e psicanalista Donald Winnicott.

Winnicott, D. W. (1973). *The Child, the Family, and the Outside World*. Penguin, 173.

Página 262 Assim como nos escapam as razões para os altos índices de depressão profunda nas mulheres.

Zhao, L., Han, G., Zhao, Y., Jin, Y., Ge, T., Yang, W. [...] & Li, B. (2020). Gender differences in depression: Evidence from genetics. *Frontiers in Genetics*, *11*.